Ponto

Wirtschaft auf dem Prüfstand

Jürgen Ponto

Wirtschaft auf dem Prüfstand

Econ Verlag
Düsseldorf · Wien

1. Auflage 1975

Gesetzt aus der 10 Punkt Times der Linotype GmbH
Satz: Industriedruck AG, Essen-Werden
Herstellung: Mohndruck Reinhard Mohn OHG, Gütersloh
Printed in Germany
ISBN 3 430 17596 8

Inhalt

Vorwort

Der Anregung des Verlegers, eine Auswahl von Vorträgen und Ansprachen der letzten Jahre in einem Buch zusammenzufassen, bin ich nur zögernd gefolgt. Das gesprochene Wort, aus einer bestimmten Situation heraus an einen bestimmten Zuhörerkreis gerichtet, stellt andere Ansprüche als das für den Leser eines Buches bestimmte Wort.

So kann dieses Buch nur eine Stimme im Widerstreit der Meinungen festhalten, wie sie für die erste Hälfte der siebziger Jahre kennzeichnend waren. Diese Zeit wird sich im Rückblick wohl kaum das Prädikat goldener Jahre erwerben können. Sie stellt sich vielmehr dar als eine Phase des Übergangs von vielfältigen theoretischen Modellen auf den Gebieten der Konjunktursteuerung, der Inflationsbekämpfung und der internationalen Ordnung der Währungen, hin zu der praktischen – oft enttäuschenden – Erfahrung in der Anwendung neuer Formeln. Unsere Zukunft wird auch davon abhängen, wieweit uns diese Erfahrungen zur Einsicht und unser Erleben zur Erkenntnis werden. Vielleicht kann dieses Buch dazu beitragen, die Kontrolle unserer künftigen Überlegungen und Entscheidungen zu erleichtern. J. P.

Die Rolle der Banken in der Welt von morgen

Es ist mir eine Ehre und Freude, anläßlich des Abschlusses eines Lehrganges der Bankakademie einige Worte an Sie zu richten. Sie, die jungen Kollegen aus dem Bankfach, haben es auf sich genommen, wesentliche Teile Ihrer freien Zeit einem zusätzlichen Ausbildungsweg zu widmen, und Sie haben Ihre Erfahrungen, so wie Sie sie in der täglichen Praxis gemacht haben, durch einen fundierten Überblick des gesamten Bankgeschäfts ergänzt. Sie beherrschen nun nicht nur die Banktechnik, sondern Sie wissen wahrscheinlich – sehr frei nach Goethe – auch, was diese Bankenwelt im Innersten zusammenhält. Gleichzeitig aber haben Sie die Erfahrung gemacht, daß Ihr Wissen ganz sicher nicht an sein Ende, in seine letzte Dimension gelangt ist, und daß Sie, wie wir alle, in dieser Welt eines ständigen Wandels täglich neu hinzulernen müssen. Niemanden von uns muß dieser ständige Zwang erschrecken, wenn und soweit uns eine einigermaßen befriedigende Antwort auf die Frage zuteil wird: Was sollen wir nun neu hinzulernen, und zu welchem Ziel soll unser Eifer führen?

Kein Zweifel, die Beschäftigung mit dem »morgen« war immer das eigentliche Element des Bankiers. Sein Metier ist der Zukunft verschwistert; nahezu alles, was durch seine Hände geht, ist Zukunft, und das Vertrauen in ihn weitgehend das Vertrauen in seinen Weitblick – frei von aller Hellseherei –, und sein Geschick, dem Wandel der Zeit zu folgen.

Vortrag in der *Bankakademie* in Berlin am 28. Oktober 1970

Ist dem Manne des Geldes also der Umgang mit der Zukunft durchaus eine vertraute Sache, so mag man doch manchmal daran zweifeln, ob er den künftigen Wandlungen, denen seine eigene Profession ausgesetzt sein wird, mit der nötigen Vorsorge folgt. Lassen Sie uns also einiges von der Zukunft des Bankiers miteinander besprechen. Ich will mich dabei durch das Ihnen angekündigte Thema nicht dazu verleiten lassen, etwa die Beschäftigung mit dem Futurum in die modische Passion auszuweiten, Futurologie zu betreiben. Träume, und seien sie noch so angenehme, anregende und legitime Begleiter auf einem gedanklichen Ausflug in die Zukunft, haben bei uns auszuscheiden. Meine Absicht ist es vielmehr, einige Überlegungen darüber anzustellen, welche ökonomischen Schwerpunkte die Welt von morgen bestimmen werden und wie sich die Banken in dieser Welt zu verhalten haben, welche technischen Schwerpunkte sie sich selbst setzen sollten, um den neuen Erfordernissen gerecht zu werden. Aus der Praxis unseres täglichen Geschäftes wachsen uns die Tendenzen zu, Tendenzen, die sich zu einem Trend verstärken, dessen erste und eindeutige Aussage lautet: Wir verlassen ein Zeitalter der Improvisation und treten in eine Epoche der Planung ein. Unsere Freude und unsere Erfahrung im Umgang mit der Flexibilität hat sich auszusöhnen mit der Nüchternheit und der Phantasie und auch mit der Priorität des planenden Elementes. Planen – in welche Richtung?

*

Was sich in der Wirtschaft in einer wahrscheinlich sehr raschen Evolution ändern wird, sind die Dimensionen und die Struktur. Schon heute haben wir es mit Unternehmensgrößen zu tun, die frühere Vorstellungen davon, was durch eine einheitliche Leitung gerade noch bewältigt werden kann, weit in den Schatten stellen. Aber auch die einzelnen Investitionsobjekte wachsen in völlig neue Größenordnungen hinein. Supertanker, Großraumflugzeuge, Kernkraftwerke, automatisierte »Geisterfabriken«, Städtesanierungen und andere Infrastrukturvorhaben sind markante Beispiele. Bei aller Problematik längerfristiger, durch die Veränderungen des Geldwertes beeinträchtigter Vergleiche ist es doch eindrucksvoll, wenn wir uns vergegenwärtigen, daß sich allein die Entwicklungskosten für den als europäisches Gemeinschaftsprojekt konzipierten Airbus auf 1,8 Mrd. DM belaufen, während etwa der Etat des Deutschen Reiches im Jahre 1912 nur ein Volumen von 2,9 Mrd. DM umfaßte, ein Betrag, mit dem man sich eine schimmernde Wehr, eine beachtliche Flotte und vieles mehr leisten konnte.

Gleichzeitig sind die überkommenen Wirtschaftsstrukturen in Bewegung geraten. Man muß sich die Frage stellen, ob es z. B. auf dem Energiesektor bei der Zurückdrängung der Kohle bleibt oder ob andere konventionelle Energieträger ebenfalls in den Hintergrund treten (oder im Untergrund bleiben). Solchen vornehmlich durch den technischen Fortschritt bedingten Wandlungen stehen Nachfrageumschichtungen gegenüber, die durch die steigenden Einkommen breiter Bevölkerungsschichten und die sich verändernden Lebensgewohnheiten bedingt sind; Freizeit und Freizeitindustrie sind die Stichworte. Weitere gravierende Einflüsse auf die Wirtschaftsstruktur gehen von der wirtschaftlichen Integration, vom allmählichen Einrücken der Entwicklungsländer in das Fertigwarenangebot, von der fortschreitenden Verkehrs- und Nachrichtentechnik aus. Das Prinzip der internationalen Arbeitsteilung wird neue Bedeutung, neue Realität erlangen.

Aus all dem ergibt sich, daß wir nicht nur mit erheblichen Wachstumsunterschieden zwischen den einzelnen Wirtschaftsbereichen – sachlich und geographisch gesehen – zu rechnen haben, sondern auch mit dem Aufkommen völlig neuer Tätigkeitsgebiete einerseits und der verstärkten Verdrängung von nicht umstellungsfähigen Grenzbetrieben andererseits.

Als weiteres Datum müssen wir annehmen und akzeptieren, daß sich die staatliche Einflußnahme auf die Wirtschaft verstärken wird. Manche Wirtschaftszweige können mit einem wachsenden Volumen an öffentlich finanzierten Forschungsaufträgen rechnen und so in ihrer Entwicklung gesteuert werden. Subventionen und Garantien, die nur der Erhaltung überholter Strukturen dienen, werden in einer zur Überbeschäftigung neigenden Wirtschaft dagegen eher zu Raritäten werden.

In jedem Falle wird in den vor uns liegenden Jahrzehnten das wirtschaftliche Wachstum fast ausschließlich durch verstärkten und verbesserten Kapitaleinsatz getragen werden müssen, da der Trend zur Arbeitszeitverkürzung und die demographische Struktur einen Rückgang des Arbeitsvolumens erwarten lassen. In der Investitionsfinanzierung, das läßt sich ohne viel Aufwand an Phantasie sagen, wird künftig ein oder sogar *der* Schwerpunkt der Tätigkeit der Banken liegen, während das klassische Geschäft der Umsatzfinanzierung mehr und mehr zu einem Selbstläufer werden wird. Die Bilanzentwicklung der letzten Jahre mit einem stetig steigenden Spareinlagenteil auf der einen und einer weit überproportionalen Zunahme der längerfristigen Ausleihungen auf der anderen Seite zeigt die Richtung schon unverkennbar an. Die Banken werden sich nicht darauf beschränken dürfen, neue Finanzierungstechniken zu entwickeln, so wichtig das beispielsweise auch im Hinblick auf die nur durch internationale Gemeinschaftsfinanzierungen zu bewältigenden Großprojekte sein mag. Sie werden vielmehr sehr aktiv an der Schaffung einer soliden Basis für die Kapitalbildung mitwirken müssen. Ich darf darauf noch zurückkommen.

Die Kapitalbeschaffung bisher unbekannten Ausmaßes, die sich bei aller noch zunehmenden Breite des Bankgeschäfts doch auf relativ wenige Großobjekte konzentrieren wird, bringt für die Banken ein absolut erhöhtes Risiko mit sich. Das gilt natürlich auch dann, wenn sie auf dem Wege der Kapitalvermittlung nur ein indirektes Obligo eingehen. Die Konsequenz muß eine qualitativ verbesserte, der Dynamik der wirtschaftlichen Entwicklung entsprechende Analyse – vornehmlich Kreditanalyse – sein. Bei aller Unterstützung, die wir auch hier vom Computer erwarten können – die Kreditentscheidung ist und bleibt die verantwortungsvollste Aufgabe der leitenden Mitarbeiter jeder Bank. Sie wird zwar weiterhin Intuition, vor allem aber mehr Wissen und Rationalität erfordern. Jede allein rückwärts gewandte Betrachtungsweise, die sich nur an Bilanzen, an Sicherheiten, an der Dauer einer bis dato bewährten Geschäftsverbindung orientiert, kann in die Irre gehen. Den Banken darf künftig nicht in erster Linie daran gelegen sein, ihren Kundenkreis zu konservieren. Sie werden vielmehr manchem Unternehmer einen guten Dienst dadurch erweisen, daß sie ihn vor falschen Träumen bewahren, etwa vor Investitionen in einen Markt hinein, der sich schon bald als nicht mehr aufnahmefähig erweisen wird.

Wenn auch die Kunst des Neinsagens ein sicherer Maßstab für die Qualität des Bankiers bleiben wird, so will ich sie doch nicht zur Primärtugend erheben. Weit stärker noch als in dieser Hinsicht sollte der künftige Bankier seine Vorgänger an konstruktiven Ideen übertreffen. Die Banken sind durch die Verzweigtheit ihres Geschäfts und durch die intime Vertrautheit mit den Problemen aller Branchen die berufenen Kontaktstellen für Kooperationen, für Beteiligungen, für Fusionen, für Unternehmensneuordnungen. Sie sollten nicht darauf warten, bis derartige Kundenintentionen an sie herangetragen werden, sie sollten selbst die Initiative ergreifen, bei aller Delikatesse, die mit solchen Vorschlägen im Einzelfall verbunden sein mag.

Überhaupt meine ich, daß die Banken den Kundenunternehmen weit mehr werden bieten müssen als ihre Dienste im Finanzierungsgeschäft (einschließlich des wahrscheinlich sehr stark auszuweitenden Emissionsgeschäfts), im Zahlungsverkehr und im Anlagegeschäft. Denn auf jedem dieser Teilgebiete gibt es außerbankliche Konkurrenz. Deren Herausforderung müssen wir annehmen, und wir können den erweiterten Wettbewerb nur dann erfolgreich bestehen, wenn wir das bewährte Konzept der Universalbank zielbewußt weiter ausbauen. Zu den ergänzenden Anbauten wird nach meiner Überzeugung ein gut funktionierender finanzieller Beratungsdienst gehören. Bei aller schon heute erreichten hohen Qualifikation der Finanzchefs in den großen Unternehmen brauchen sowohl diese als vor allem auch die zahlreichen kleineren Unternehmen künftig Banken, die sich auf ein umfassendes »financial engineering« verstehen. Rationalisierungserfolge in Produktion und Vertrieb, die heute im Vordergrund aller Bemühungen stehen, werden künftig nicht mehr ausreichen, im Wettbewerb zu bestehen; die Finanzierungsfrage wird bei wachsender Kapitalintensität und Ausdehnung der Unternehmen immer diffiziler werden. Solcher Beratungsdienst wird innerhalb des Angebots der Banken zunehmend eine selbständige, profilierte Leistung werden, die – hoffentlich – auch ihren eigenen Marktpreis haben wird.

Wenn so das Verhältnis zwischen Bank und Unternehmenskunden in mancher Hinsicht enger werden wird als bisher, so gibt es doch sicher kein Zurück zur alleinigen und exklusiven Hausbank, wenn man einmal von kleineren Unternehmen absieht. In wesentlichen Teilen unseres Geschäfts wird die konsortiale Zusammenarbeit einer großen Zahl von Banken die Epoche des Individualkredits ablösen. Wir treten in ein Zeitalter der Konsortien ein, wobei mir die Tendenz dahin zu gehen scheint, daß wir uns bei einer Vielzahl von Sondergeschäften, national und vor allem international, mehr und mehr an prozentual bescheidene, betragsmäßig aber gleichwohl gewichtige Konsortialquoten zu gewöhnen haben, wie sie etwa in der Versicherungsbranche üblich sind. Daraus sollten Sie aber nicht den Schluß ziehen, daß nun alle Banken Brüder werden, daß es ein Weniger an Wettbewerb geben wird; das Gegenteil dürfte der Fall sein.

Gleichzeitig möchte ich die Prognose wagen, daß die Industrie- und Handelsbeteiligungen der deutschen Banken weiter an Bedeutung für das gesamte Geschäftsvolumen verlieren werden. Die Banken werden verstärkt bemüht sein, ihre Beteiligungen zur strukturellen Neuordnung in den betreffenden Wirtschaftszweigen einzusetzen; sie werden nicht an diesen Beteiligungen kleben. Visionen, die für die nächsten Jahrzehnte gewaltige Industriekonglomerate mit Banken an der Spitze sehen, brauchen von Freunden solcher Ideen nicht erhofft und von Gegnern nicht befürchtet zu werden.

Etwas völlig anderes ist die direkte Mitwirkung der Banken bei der Eigenkapitalbeschaffung kleiner und mittlerer Unternehmen, wie sie mit der Gründung von Kapitalbeteiligungsgesellschaften erfolgreich in die Wege geleitet wurde. Hier könnte sich sogar ein neuer Schwerpunkt bankwirtschaftlicher Betätigung entwikkeln. Allerdings meine ich, daß hier auf jeden Fall das Prinzip der ständigen Umschichtung gelten muß, daß also solche Beteiligungen frühestmöglich wieder veräußert werden sollten, um neuen Engagements ähnlicher Art Platz zu machen.

*

Das bisher Ausgeführte gewinnt erst dann seine für die Zukunft prägnante Kontur, wenn wir es auf die internationale Ebene übertragen. Manchem Pessimismus zum

Trotz wird das kommende Jahrzehnt durch eine die alten Grenzen überschreitende Integration gekennzeichnet sein. Von den Banken wird man entscheidende Beiträge zur Lösung der damit verbundenen Strukturprobleme erwarten, also auch einen wesentlich erweiterten Aktionsradius. Wir werden uns einer wachsenden Zahl multinationaler Konzerne gegenübersehen, und diese werden nach Art und Umfang neuartige Anforderungen an uns stellen. Die Banken müssen in der Lage sein, auch diesen Konzernen »full service« zu bieten. Dies ist aber nicht mit einer langen Reihe von Dienstleistungen getan, die irgendwo verfügbar sind; die Bank muß praktisch an jedem Ort der Welt erreichbar sein. Im Prinzip bieten sich für die Meisterung dieser Aufgabe nur zwei Alternativen: Entweder einzelne Banken wachsen mit den Industrieunternehmen zu weltumspannender Größe heran, oder aber man findet Wege perfektionierter Kooperation, die Gruppen selbständiger Banken nach außen als Einheit in Erscheinung treten lassen.

Die erste Lösung muß meines Erachtens als unrationell, unpraktikabel und damit als rein theoretisch betrachtet werden. Bei den großen US-amerikanischen Instituten sind zweifellos Ansätze vorhanden, den Status von »Weltbanken« anzusteuern. Der werbewirksame »man on the spot« mag diese Denkrichtung anschaulich demonstrieren. Der europäische Beobachter ist sich aber gewärtig, daß die Banken in den USA keine Universalbanken sind, daß sie also einem multinationalen Konzern kontinentaleuropäischen Ursprungs nicht den gewohnten und erwarteten umfassenden Service bieten können. Sie sind im übrigen einzelstaatlicher Gesetzgebung unterworfen, was ihre Niederlassungsfreiheit im Inland auf den jeweiligen Staat und mitunter sogar noch weiter einengt. Bei derart beschränkter heimischer Basis und trotz ihres imponierenden Bilanzvolumens können auch die amerikanischen Banken kein weltweites Geschäftsstellennetz brauchbarer Dichte aufbauen; es hätte zumindest in den USA ein großes Loch.

Alle vernünftigen Überlegungen deuten auf neue Formen enger internationaler Bankenkooperation. Wir sind in dieser Hinsicht keineswegs blank in die 70er Jahre eingetreten. Es gibt einige vielversprechende Versuche mit Gemeinschaftsgründungen, mit gemeinsam von mehreren Banken unterhaltenen Repräsentanzen, mit zunehmend enger werdenden Verbindungen aller Art, die über das traditionelle Zusammenwirken in Konsortien weit hinausgehen. Es sind dies Anfänge, die einer systematischen Fortentwicklung offenstehen. Vertraglich und vielleicht auch kapitalmäßig eng verzahnte Gruppenbildungen, wie man sie sich vorstellen könnte, würden natürlich nicht nur der Zusammenarbeit mit den multinationalen Unternehmen dienen. Sie würden das gesamte internationale Geschäft befruchten und rationeller gestalten. Ich denke dabei insbesondere auch an die Wegbereitung und Unterstützung für Direktinvestitionen deutscher Unternehmen im Ausland, die sich keinesfalls auf die großen Konzerne beschränken. Eine auf dem Gedanken der Kooperation beruhende Konzeption schließt im übrigen natürlich die Errichtung einzelner Auslandsfilialen einer Bank an besonderen Schwerpunkten der Stammkundenbetreuung nicht aus.

Ein besonders intensiv zu nutzender Betätigungsspielraum wird sich den Banken im Zuge des Ausbaus der EWG zu einer Wirtschafts- und Währungsunion öffnen. Die Idee einer europäischen Währung ist heute, im Jahre 1970, keine Utopie mehr. Der deutsche Bundeskanzler hat die einheitliche europäische Währung als eines der politischen Ziele für das Ende dieses Jahrzehnts bezeichnet. Wir sollten daran denken, daß uns auch vieles von dem, was seit Gründung der Europäischen Wirtschaftsgemeinschaft verwirklicht worden ist, Mitte der 50er Jahre zunächst als Phantasie erschien. Und ich bin zuversichtlich genug anzunehmen, daß der beschrittene Weg nicht da endet, wo wir gerade stehen. Wir dürfen heute annehmen, uns vorstellen, daß es vielleicht schon in 10, 15 oder 20 Jahren die Deutsche Mark nur noch im Münzkabinett geben wird.

Unter den vielfältigen Konsequenzen der Entwicklung hin zur europäischen Währung eröffnet sich auch die Perspektive einer Neuordnung des Währungsverhältnisses zum US-Dollar. Ich glaube, daß wir die Bemühungen um eine Europäische Währungsunion nicht zuletzt unter diesem Gesichtspunkt sehen sollten. Das amerikanische Zahlungsbilanzdefizit stellt in unserem heutigen Währungssystem des Zu-wenig-Gold- und Zu-viel-Dollar-Standards eine ständige Bedrohung der weltwirtschaftlichen Stabilität dar. Alle bisherigen Reformansätze und auch die beiden Aufwertungen der D-Mark konnten erwartungsgemäß nicht bewirken, wieder Ruhe und Vertrauen in das System zu bringen. Ständig sehen wir uns der Gefahr konfrontiert, daß mit einem Flickwerk von dirigistischen Maßnahmen und Gegenmaßnahmen das Prinzip der internationalen Freizügigkeit durchbrochen wird. Gerade als Banken müssen wir uns aufgerufen fühlen, solchen Rückschritten nach Kräften entgegenzuwirken. Ein neben dem US-Dollar stehender Währungsblock in Europa könnte am ehesten dazu beitragen, eine stabilere Währungsordnung entstehen zu lassen. Auch in den USA scheint das Verständnis für eine solche Konzeption zuzunehmen. Wir Banken sollten die Politiker in ihrem Vorgehen intensiv beraten und unterstützen, denn hier werden wirklich epochemachende Entscheidungen getroffen – auch was etwa die Konjunktursteuerung durch ein europäisches Zentralbanksystem betrifft.

Unmittelbar hat schon die Schwerpunktverlagerung des deutschen Außenhandels auf die Partnerländer des Gemeinsamen Marktes hin diese Ländergruppe zu einem bedeutenden Faktor im grenzüberschreitenden Zahlungs- und Kreditverkehr der Banken werden lassen. Während 1958 nur 27% unserer Ausfuhren in die EWG-Länder gingen, sind es heute bereits über 40%; bei den Einfuhren treten die Folgen der Integration sogar noch ausgeprägter hervor. Wenn nun Schritt für Schritt eine echte Wirtschaftsunion, auch mit einheitlichem Steuer- und Gesellschaftsrecht, entsteht, so werden dem zum Binnenhandel werdenden Außenhandel in zunehmendem Maße Niederlassungen, Kapitalbeteiligungen, joint ventures, Kooperationen und Fusionen über die Staatsgrenzen hinweg folgen. Der europäische Markt schafft neue Standortbedingungen für Industrieansiedlungen, er erfordert neue Unternehmensdimensionen und Wirtschaftsstrukturen. Als Mittler und Baumeister einer europäischen Großraumwirtschaft kommen auf die Banken hier ähnliche Aufgaben zu, wie – in bescheidenerem Rahmen – vor hundert Jahren im Zuge der Entstehung des Deutschen Reichs. Damals wurden auf Initiative von Privatbankiers in verschiedenen deutschen Ländern die ersten überregionalen Aktienbanken gegründet, die von einem breiten finanziellen Fundament aus das Emissions- und Finanzierungsgeschäft aufbauten und damit die entscheidenden Voraussetzungen für die Gründung von Unternehmungen schufen, welche den neuen Maßstäben entsprachen. In ähnlicher Weise eröffnet sich heute den Banken in Europa die Aufgabe, durch Intensivierung ihrer Zusammenarbeit den Aufbau eines europäischen Finanz- und Kapitalmarkts und die Bildung europäischer Unternehmensgruppierungen zu fördern.

Innerhalb der Banken wird der internationale Verbund manche organisatorische Konsequenz haben. Ich könnte mir vorstellen, daß die heute noch allenthalben anzutreffende Abgrenzung von In- und Auslandsgeschäft obsolet wird und daß andererseits neue Spezialisierungen erforderlich werden. Kein Bankier wird mehr mit der ganzen Branchenvielfalt eines Landes und ihren

Problemen vertraut sein können. Aber es wird Experten geben, die eine Branche international kennen, so weit das Auge eines multinationalen Konzerns reicht. Den Bankleitungen stellt sich dann die Aufgabe, die vielschichtigen Verbindungen des eigenen Instituts oder der Gruppe zu einem weitverzweigten Konzern wieder im ganzen zu sehen. Mit konventionellen Mitteln wäre das wahrscheinlich ein aussichtsloses Unterfangen. Neue Computer-Generationen werden aber Informationssysteme ermöglichen, die uns die notwendigen Entscheidungshilfen auch für ein derart erweitertes Geschäft in die Hand geben.

*

Mit diesem Stichwort komme ich zu dem da und dort schon angeklungenen Komplex der Banktechnik von morgen, ohne daß Sie befürchten müßten, daß ich Ihnen jetzt eine Vorlesung über EDV halten werde. Wir Banken haben uns zu den Dienstleistungsunternehmen zu zählen und teilen mit anderen Sparten dieser Gruppe das gleiche Schicksal, vielleicht sogar in besonders ausgeprägter Form: Die Nachfrage nach unseren Diensten steigt unentwegt, aber das Arbeitskräfteangebot hält nicht Schritt. Es ist hier sicher das richtige Forum festzustellen, daß wir nicht nur der Zahl, sondern vor allem der Qualifikation nach besonders hohe Anforderungen an den sogenannten Arbeitsmarkt zu stellen haben. Sosehr wir die Mitwirkung ausländischer Arbeitskräfte am Produktionsprozeß zu schätzen wissen – wir selbst können von diesem Angebot nur wenig profitieren. Um so beachtlicher ist es, daß die Zahl der Beschäftigten im Kreditwesen von 1960 bis heute um rd. 60% auf rd. 370 000 angestiegen ist, während die entsprechende Wachstumsziffer in der Wirtschaft insgesamt nur etwa 35% beträgt. Personalintensität ist aber nicht nur ein Beschaffungsproblem, sondern vor allem eine Kostenfrage. So gern wir Ihnen, unseren tüchtigen jungen Mitarbeitern, hohe Bezüge zahlen, so sehr müssen wir uns darüber im klaren sein, daß das Entgelt für die menschliche Arbeitskraft »dynamisiert« ist; als personalintensives Dienstleistungsunternehmen bekommen wir das in von Jahr zu Jahr steigenden Pro-Kopf-Aufwendungen für unsere Mitarbeiter besonders intensiv zu verspüren.

Unsere einzige Chance besteht also darin, alle sich bietenden Möglichkeiten der modernen Technik zielbewußt zu nutzen, um die mechanischen Tätigkeiten vom Menschen weitestgehend auf den Kapitaleinsatz zu übertragen, im wesentlichen also auf die elektronische Datenverarbeitung, die im Bankwesen ihr ergiebigstes Einsatzgebiet finden dürfte. Wir brauchen dazu einen neuen Typ von Mitarbeitern, den Banktechniker, eine Art Zahleningenieur, dessen endgültiger Platz in der Personalstruktur des Bankbetriebs wohl noch nicht gefunden ist, über dessen wachsende Bedeutung es aber keinen Zweifel geben kann.

Wenn auch bereits beachtliche Rationalisierungserfolge erzielt worden sind, so bewegen wir uns in der Banktechnik doch in mancher Hinsicht noch in der Welt von gestern und vorgestern – Opfer unserer Anhänglichkeit an Tradition und Würde. Berge von Überweisungen, Schecks, Wechseln, effektiven Wertpapierstücken und Kupons sind täglich von Hand zu bewegen und zu bearbeiten, bevor sie überhaupt die »Computer-Reife« erlangen. Wir betreiben auf diesem Gebiet eine Verschwendung von Arbeitskraft und Intelligenz, wie sie einer besseren Sache würdig wäre. Die Aktie über 50 DM Nominalbeteiligung ist mit der Feierlichkeit eines Meisterbriefes ausgestattet, obwohl sie außerhalb der Druckereien und Tresore kaum jemand zu sehen bekommt; aufbewahrt wird sie mit der Akribie eines Kunstsammlers. Und der Besuch einer Hauptversammlung erfordert einen Aufwand, als gelte es, die Staatsangehörigkeit zu wechseln. Hier liegen noch ungeahnte Rationalisierungsreserven, die zu ihrer Realisierung auch die Mitwirkung des Gesetzgebers, etwa in der zeitgemäßen Fortentwicklung des Wertpapierrechts, voraussetzen. Erfreulicherweise stellt man sich heute auch bereits im Zentralbanksystem die Frage, ob es wirklich unerläßlich sei, den Refinanzierungskredit auf dem umständlichen Weg über die Rediskontierung einer Unzahl von Wechseln, diesen illustren Grüßen aus dem Mittelalter, abzuwickeln.

Ich sprach von den Kosten unseres Geschäfts, und ich kann nicht umhin, ein Wort auch zu den Erlösen zu sagen. Der bisher markanteste Wandel in der Geschäftsstruktur der Banken war ihre breite Öffnung für das Privatkundengeschäft. Hinter den imponierenden Kundenzahlen der Kreditinstitute steht jedoch einstweilen noch viel zuwenig Geschäft. Viele der neuen Kunden beschränken sich auf ein Gehaltskonto, das nur die Lohntüte ersetzt und das nach Eingang der monatlichen Gutschrift sogleich auf einen Pegelstand in der Nähe von Normal-Null zurückgeführt wird. Die Führung solcher Konten bringt den Banken kaum einen Zinsnutzen, erfordert aber trotz Elektronik einen hohen Verwaltungsaufwand. Die Erwartung, daß die vielen neu gewonnenen Konten ein echtes Wachstumspotential für Einlagen, für das Wertpapiergeschäft und für andere Bankssparten darstellen würden, ist nur in bescheidenem Maße in Erfüllung gegangen. Die allgemein verringerte Sparneigung und die höchst unerfreuliche Kursentwicklung an den Wertpapiermärkten haben zu dieser Enttäuschung beigetragen.

Wir waren uns zwar von vornherein bewußt, daß wir mit der Einführung des sogenannten Massengeschäfts eine Investition auf lange Sicht vornehmen, daß wir diese Sparte zunächst mit Erträgen aus anderen Bereichen unseres Geschäfts subventionieren müssen. Die mittlerweile eingetretene Kostenentwicklung, die vor allem in den letzten 12 Monaten alles Frühere in den Schatten stellt, muß uns aber doch zu einem Umdenken veranlassen. In anderen Ländern ist es seit je selbstverständlich, daß gute Dienstleistungen auch dann ihren Preis haben, wenn sie von Banken erbracht werden. Dieses Verständnis hat sich bei uns noch nicht durchgesetzt. Mit aller erforderlichen Behutsamkeit werden wir aber dahin kommen müssen, daß man uns für alle unsere Dienstleistungen einen an den Kosten orientierten Preis zugesteht.

Das gilt natürlich auch für das Kreditgeschäft selbst. Die Entwicklung des letzten Jahres hat uns hier manchen Anlaß zum Nachdenken gegeben. Während unsere Geldbeschaffungskosten zuvor nicht gekannte Höhen erklommen, lag der Diskontsatz der Notenbank permanent außerhalb des Marktes. Da er aber traditionell als Richtgröße für einen großen Teil des Aktivgeschäfts der Banken herangezogen worden war, gerieten die Ertragsrechnungen der Banken zwangsläufig aus den gewohnten Proportionen. Wir müssen daher Wege suchen, die unsere Kreditzinsen beweglich halten bzw. sie an einem repräsentativen Satz von Geldbeschaffungskosten orientieren. In den USA hatten die Banken mit der *prime rate* schon seit langem ein flexibles Instrument; die Diskontbindung der Kredite ist aber auch in anderen maßgebenden Ländern im Rückzug begriffen. Am Euromarkt beispielsweise spielt die Interbankrate für Sechsmonatsgelder als Richtgröße eine immer größere Rolle. In London haben die Finanzhäuser die Diskontklausel durch eine sog. *basic rate* ersetzt, in der Schweiz orientieren sich die Kreditzinsen zunehmend an der Verzinsung der von den Banken ausgegebenen Kassenobligationen oder an der Rendite der Staatsobligationen, und in Frankreich hat sich ein gleichfalls vom Diskontsatz unabhängiger *taux banque* durchgesetzt. Wir sind also gar nicht so originell, wie es scheinen mag, wenn wir einmal unsere Kunden um Verständnis für veränderte Zinsklauseln in den Kreditverträgen bitten sollten.

*

Es scheint das Schicksal der Banken zu sein, in der Öffentlichkeit oft mißverstanden und falsch interpretiert zu werden. Das liegt einmal daran, daß ihre Funktionen zum Teil sehr viel abstrakter sind als etwa die Tätigkeit eines Produktionsbetriebes. Das liegt ferner daran, daß den Kritikern unserer freiheitlichen Wirtschaftsordnung offensichtlich die Banken ein besonderer Dorn im Auge sind, wobei so abgegriffene Schlagworte wie die »Macht der Banken« immer wieder eine bevorzugte Rolle spielen. In einer Restriktionsperiode, wie wir sie mangels konzertierter Aktion nun bis zur Neige auskosten müssen, kommt hinzu, daß die Banken hohe Zinsen fordern oder auch die Kreditanträge sehr selektiv behandeln müssen. Das negative Urteil hierüber hindert aber keineswegs daran, ihnen auch die Schuld für inflationäre Spannungen aufzubürden, die sie angeblich durch ein Übermaß an Kreditgewährung verursachen. Kursrückgänge von Wertpapieren, die bei der Bank gekauft wurden und von ihr verwahrt werden, verhelfen den Banken ebenfalls nicht zu Sympathiekundgebungen.

Wenn ich damit eine Auswahl aus dem Standardrepertoire der Bankkritiker geboten habe, so deshalb, weil ich daran die Frage knüpfen möchte, ob es für die Banken ausreichen wird, mit ihrem Geschäft und ihrer Technik die Zukunft bewältigen zu wollen. Meine Antwort auf diese Frage ist ein klares Nein. Die Leistung der Banken wird künftig weniger denn je an Bilanzsummen gemessen werden, sondern daran, wie sie als motorische und zugleich regulierende Kraft dazu beitragen, den Entwicklungsprozeß von Wirtschaft und Gesellschaft in vernünftige Bahnen zu lenken. Und nicht minder wichtig wird es sein, daß die Banken ihr Licht nicht unter den Scheffel stellen. Sie werden nicht nur ein Optimum an Leistungen zu vollbringen haben, sie werden auch mehr darüber reden müssen, keineswegs nur defensiv, sondern manchmal auch mit Selbstbewußtsein.

Aus dem Vertrauen, das den Banken von den Sparern und Einlegern entgegengebracht wird und das in jeder Phase ihr wichtigstes Grundkapital darstellen wird, erwächst ihnen vor allem die Verpflichtung zu einer klaren Stellungnahme in der Frage der Stabilerhaltung des Geldwertes. Es ist keine rein theoretische Erwägung, wenn man sich vorstellt, daß es über den Vorrang der Stabilität vor anderen wirtschaftspolitischen Zielsetzungen zu Konfliktsituationen zwischen Notenbank und Regierung kommen kann. Auch in solchen Fällen darf es für die Banken keinen Opportunismus, gleich welcher Richtung, geben.

Lassen Sie mich hier auch der irrigen, anscheinend aber unsterblichen Auffassung entgegentreten, nach der in der Stabilitätsfrage ein prinzipieller Interessengegensatz zwischen den Sparern und Anlegern einerseits und der investierenden Wirtschaft andererseits bestehen muß, und daß es für die Banken als Mittler zwischen Anbietern von und Nachfragern nach Kapital ergo fast unmöglich sei, eine andere als eine halbherzige Stellung zu beziehen. Ich glaube, daß spätestens die Entwicklung der letzten zwölf Monate jedem klarmachen konnte, daß der bemerkenswerterweise nur von Politikern als harmlos bezeichnete Inflationsvirus den Unternehmensbereich letztlich ebenso schädigt wie den Sparer und den Bezieher fixierter Einkommen. Die Periode der in der Welt als »Wirtschaftswunder« bezeichneten größten Erfolge der deutschen Wirtschaft war eine Periode weitgehender Stabilität, und in den USA hebt sich die erste Hälfte der 60er Jahre mit nur minimal steigenden Kosten und Preisen im Gesamtergebnis ebenfalls äußerst vorteilhaft von den darauffolgenden Jahren ab.

Wir müssen uns auch gegen den neuen verführerischen Gedanken wehren, als sei der Verzicht auf ein Höchstmaß an Stabilität der Preis für das Zustandekommen der Europäischen Währungsunion. Eine Harmonisierung inflationärer Tendenzen, wie sie in anderen Ländern schon über längere Zeiträume hinweg toleriert wurden, kann und darf nicht das gemeinsame Ziel sein. Eine wesentliche Kraftquelle Europas muß in einem breiten und kostengünstigen Kapitalfundus liegen; er läßt sich nicht durch Zauberei herbeiführen, sondern nur durch erfolgreiche Stabilitätspolitik sicherstellen.

Wenn wir uns als private Banken – die wir auch bleiben wollen, ohne einem öffentlich-rechtlichen Sektor in der Kreditwirtschaft seine Koexistenzberechtigung zu bestreiten – in besonderem Maße der privaten Wirtschaft verbunden fühlen, so dürfen wir uns doch keinesfalls der Bedeutung der in den kommenden Jahrzehnten zu lösenden Gemeinschaftsaufgaben – hier und in den Entwicklungsländern – verschließen. Dabei wird es durchaus nicht allein auf die Bereitstellung von Finanzierungsmitteln ankommen. Man sollte von den Banken vielmehr auch gestalterische Mitwirkung erwarten dürfen, wobei sie sich sowohl als Impulsgeber wie auch als Warner vor allzu kühnen, die Stabilität und das Vertrauen der Sparer in Mitleidenschaft ziehenden Projekten Verdienste erwerben können.

Zur Vernunft mahnen müssen die Banken vor allem auch dann, wenn engagierte Vertreter der öffentlichen Hand glauben, den vermeintlich vorrangigen Kapitalbedarf des Staates »zinsrobust«, also mit Brachialgewalt decken zu sollen. Kein denkender Mensch stellt den Rang der staatlichen Aufgaben in Frage. Wenn wir es am Kapitalmarkt aber zu einem Kampf aller gegen alle kommen lassen, so wird sich die öffentliche Hand mit überzogenen Zinsangeboten nur einen sehr kurzfristigen Vorteil verschaffen können. Eine solche Politik wäre verhängnisvoll, da sie dem unmittelbar produktiven Teil der Volkswirtschaft die notwendigen Investitionsmittel entziehen würde. Ohne ein hohes privatwirtschaftliches Investitionsvolumen fehlt aber auf die Dauer unweigerlich die Grundlage für noch so dringende öffentliche Investitionsvorhaben.

Lassen Sie mich allgemeiner formulieren: Die Banken sind nun einmal derjenige Wirtschaftsbereich, der den wohl weitesten Überblick und den wohl tiefsten Einblick in die konkreten Zusammenhänge der Volkswirtschaft besitzt. Diese Position und Sachkenntnis verpflichtet die Banken, immer wieder mit Nachdruck vor punktuellem Denken in der Wirtschafts- und Finanzpolitik zu warnen, auf Konsequenzen und Sekundärwirkungen hinzuweisen, die bei optisch oft so glanzvoll anmutenden Entscheidungen bewußt oder unbewußt übersehen werden.

Ein sehr aktuelles Beispiel mit der Gefahr ernsthafter Fehlentwicklungen ist die Diskussion um neue Formen breitgestreuter Vermögensbildung. Um von vornherein Mißverständnisse auszuschließen: Wir sprechen hier pro domo, d. h. von Haus aus engagiert, jede Vermögensbildung zu fördern. Auf diesem Gebiet haben die Banken als die berufenen Sachverständigen, wenn ich so sagen darf, schon lange vor jeder staatlichen Initiative Schrittmacherdienste geleistet: durch die intensive Pflege des Konten- und Wertpapiersparens, vor allem durch die Einführung des Investmentsparens mit immer neuen Varianten, nicht zuletzt auch durch ihr Eintreten gegen gefährliche Praktiken auf dem Investmentgebiet.

Das in der vorigen Woche nunmehr bekanntgewordene Konzept der vier Staatssekretäre zur Vermögensbildung ist zwar eilends als inoffiziell bezeichnet und von den Ministern wieder in die Schublade befördert worden. Es zeigt aber doch in sehr aufschlußreicher Weise die Denkrichtung an. Von Vermögens*bildung* ist eigentlich gar nicht mehr die Rede. Im Kern sehen die Pläne die Einführung einer neuen Steuer vor – die Bezeichnung »Gewinnabgabe« ändert daran nichts –, deren Aufkommen in Form von Vermögenstiteln an die Bevölkerung verteilt werden soll. Pikanterweise geschieht das zu einem Zeitpunkt, in dem die rückläufigen Erträge der Unternehmen ohnehin mit zusätzlichen Abgaben überlastet sind – mit der Ergänzungsabgabe und dem Konjunkturzuschlag –, in dem aber außerdem eine das Steuersystem vereinfachende und wirtschaftlich sinnvolle, die echte private Ersparnisbildung fördernde Steuerreform in Vorbereitung sein soll. Die Widersprüche liegen hier auf der Hand. Man kann nicht vorgeben, die Beteiligungsfinanzierung durch eine Verringerung oder Beseitigung der steuerlichen Doppelbelastung der Aktie fördern zu wollen, und dann gleichzeitig neue Belastungen einführen. Das angepeilte Aufkommen an Gewinnabgabe von 4 Mrd. DM jährlich entspricht – um eine anschauliche Vergleichsgröße zu nennen – annähernd der Hälfte des in diesem Jahr zu erwartenden Körperschaftsteueraufkommens. Derjenige, der in den letzten Jahren aus eigener Ersparnis Aktien erworben hat, vielleicht Belegschaftsaktien seines Unternehmens, muß also mit einer staatlich verordneten Ertragsminderung seiner Anteile rechnen; das würde natürlich auf die Börsenkurse nicht ohne Einfluß bleiben. Daß neue Belastungen der Unternehmen auch nicht gerade einen Beitrag zur Preisstabilität darstellen, braucht wohl nicht besonders betont zu werden.

Gerade weil wir in den Banken der Überzeugung sind, daß die Zukunft unserer Wirtschaftsordnung von einer breit fundierten Vermögensstruktur ebenso abhängig sein wird wie von der Leistungsfähigkeit der Unternehmen, müssen wir nachdrücklich vor Experimenten warnen, die den Eigentumsbegriff in Frage stellen und vorhandenes Vermögen in seinem Wert beeinträchtigen. Das Verteilen stößt sehr rasch an seine Grenzen. Dagegen sind dem echten Vermögensbilden in einer chancenreichen Zukunft Grenzen praktisch nicht gesetzt. Immer aber steht am Anfang aller Substanz nun einmal der Verzicht auf Konsum. Die Aspekte einer Verteilungspolitik, der Ruf nach Gerechtigkeit und gleichen Gewichten, lassen sich durch einen sinnvollen Ausbau der staatlichen Sparförderungsmaßnahmen verwirklichen – wenn auch nicht von heute auf morgen.

Welche falschen Vorstellungen und Hoffnungen im übrigen mit solchen Programmen geweckt werden, wird klar, wenn man die bereits genannten 4 Mrd. DM pro Jahr auf rd. 20 Millionen Arbeitnehmer umlegt; pro Kopf ergibt die Gesamtsumme dann einen Betrag von 200 DM! Kann man hier von Vermögensbildung sprechen? Hat sich wirklich niemand überlegt, daß jedem der 20 Millionen Arbeitnehmer nur ein einziger 1000 DM-Schein beschafft werden könnte, wenn 20 Mrd. DM bereitstehen? Muß man hier daran erinnern, daß die Dividendensumme aller deutschen Aktiengesellschaften im Jahre 1970 nur etwa 6,5–7 Mrd. DM betragen wird?

Und schließlich müssen wir Banken unverändert an der Forderung festhalten, dem Anleger die volle Entscheidungsfreiheit für die Art seiner Anlage zu überlassen. Dem Staatsbürger hier einengende Vorschriften zu machen – die dann sehr leicht sogar zu seinem Nachteil ausschlagen können, und man bedenke die politischen Folgen! – hieße seine Mündigkeit in Frage stellen. In den persönlichsten Vermögensangelegenheiten muß das Selbstbestimmungsrecht unter Naturschutz stehen. Der in verschiedenen Vermögensbildungsplänen enthaltene Gedanke, nur »Beteiligung am Produktivkapital der Wirtschaft« sei vollwertiges Vermögen, ist einfach absurd. Im Lichte der Börsenerfahrungen der 60er Jahre sollte die Aktie nicht unbedingt als alleinseligmachender Träger der Vermögensbildung betrachtet werden; andere Anlageformen haben ihre Konkurrenzfähigkeit durchaus bewiesen. Im übrigen ist zu bedenken, daß nur solches »Produktivkapital« für eine breitgestreute Beteiligung in Frage kommt, das sich bereits in einer Konsolidierungsphase befindet. Es würde vermutlich dem Gedanken der Vermögensbildung schwere Rückschläge versetzen, wollte man versuchen, breitere Kreise bereits während der Aufbauphase von Unternehmungen oder neuen Unternehmenszweigen, die in der Regel mit hohen Risiken verbunden ist, zu Miteigentümern zu machen. Gerade diese Phase ist es aber wiederum, in der den hohen Risiken auch vergleichsweise höhere Ertragsaussichten und dementsprechend ein höherer Vermögenszuwachs gegenüberstehen als in der späteren Konsolidierungsphase. Wir müssen hier also auch sehr realistisch die Grenzen erkennen und aufzeigen, die im Überschwang publikumswirksamer Projekte allzu leicht übersehen werden.

*

Warum nun so viel Gegenwart in unserem Thema von der Rolle der Bank in der Welt von morgen? Nun, sehr einfach: Weil mir daran liegt, an Sie, meine jungen Kollegen hier im Saal, zu appellieren, es gerade in der Welt von morgen als einen Teil Ihres Berufes zu verstehen, Stellung zu beziehen – Stellung zu beziehen, um das in Sie gesetzte Vertrauen zu rechtfertigen. Vor nicht allzulanger Zeit hat sich ein sozialwissenschaftliches Institut mit einem Meinungsforschungsinstitut zusammengefunden, um im Wege der sattsam bekannten Befragungen mehr Licht auf das zu werfen, was die Institute »Eliten der Bundesrepublik« nennen. Sie sind hierbei, was manchen schon verwundern mag, an den Männern des Geldes nicht vorbeigegangen, und was nun als Destillat der Finanzwelt aus den Retorten aufsteigt, ist ein beängstigend liebenswertes Wesen aus Liberalität und Toleranz. So sehr wir auch diesen lobenswerten Eigenschaften nachhängen wollen, so sehr sie uns vielleicht auch zuwachsen aus dem ständigen Umgang mit unseren eigenen Schwächen und den Schwächen unserer Mitmenschen, so sehr wird das Wort eines großen Bankiers, der Teil der Geschichte dieser Stadt geworden ist, seine Geltung behalten. Es sind immerhin runde 123 Jahre her, daß David Hansemann im Preußischen Vereinigten Landtag den deutschen Sprachschatz an geflügelten Worten durch die Feststellung bereicherte: »In Geldsachen hört die Gemütlichkeit auf.« Ich bin ganz sicher, daß weitere 123 Jahre vergehen können, ohne daß sich an der Gültigkeit dieses Satzes etwas ändern wird.

Wir tragen unsere Verantwortung nicht nur in einzelnen Geschäften, sondern immer gesamtwirtschaftlich. Und wir haben uns der Aufgabe zu stellen, die Synthese von geschäftlich fortschrittlicher Aktivität und kritisch-konstruktivem Mitwirken an allen öffentlichen Dingen zu finden. Ihr öffentliches Engagement wird Ihnen nicht nur neue Freunde erwerben. Der Mut zum Inopportunen muß aber von uns allen aufgebracht werden, und ich glaube auch, daß sich der Einsatz lohnt. Nicht zuletzt deshalb, weil es uns nur so gelingen kann, die oft gespensterhaften Vorstellungen der Öffentlichkeit von unserem Beruf an eine lebendige Wirklichkeit heranzuführen. Nur dann kann unsere Rolle als das verstanden werden, was sie eh und je war: eine dienende Rolle – aber gewiß keine Nebenrolle.

Monetary Crisis and European Integration

I cannot help but admire your patience that after a week of discussions on monetary issues in Washington you apparently still are prepared to accept some further comments on monetary crises and in particular on what we should have learned from it on both sides of the Atlantic. I hope you will forgive me that I shall in this context touch some, as I feel, rather significant experiences of my country. The intention of all this will certainly be to keep in mind as clearly as possible the mistakes we have already made.

Over the last few years we have become accustomed to currency crises, crises certainly not always linked to the well-known problems of the U. S. dollar. This time, as we probably all agree, the whole monetary system is at stake. With so much trouble behind us, many of us seem to have become rather tired of the old system and only too glad to prove their genius of innovation by constructing something much better. Before rushing forward, let us briefly halt and evaluate how extremely well the monetary system of Bretton Woods has served us all.

During the past two decades, enormous progress has been made in building a closely-knit international economy. Remarkable growth in the volume of international commerce has gone hand in hand with an unprecedented rise in world prosperity; each has contributed to the

---

Vortrag vor der *German-American Chamber of Commerce in New York am 5. Oktober 1971*

other. Whilst between the two great wars the common problems were economic stagnation and large scale unemployment, paralleled by disruption and disintegration of international trade, we have now seen the volume of international trade and investment expand far more rapidly than ever before in human history. I am sure that all this would not have been possible if this process had not been assisted and facilitated by a well-functioning monetary system.

This world-wide movement towards multilateralism and internationalism has depended critically on United States' leadership; on the devotion of this country to overcome trade barriers and antiliberal obstacles what ever they may be. It has always been a particular phenomenon of the American position that, although the United States is by far the most important single exporting and importing country, the amount of its foreign trade remains relatively small in comparison to its domestic economy. This means besides other things that the U. S. balance-of-payments figures have always been a rather misleading indicator of U. S. economic power, and we should keep in mind that this balance certainly never has been the key to American influence and responsibility, and it is not necessarily identical with the future of the U. S. Our headaches today do not derive primarily from the often discussed balance-of-payments positions; they stem from the burdens of a reserve currency – burdens which were not foreseen in the days of Bretton Woods. Although many people still preserve a rather clear memory of the advantages of a reserve currency, it is generally agreed that something had to be done to remove some risks from the shoulders of this one member of the family.

If, as apparently felt by many people, time might be ripe now to depart from our present monetary system, and if we should really be prepared to say farewell to an age, then it should be agreed that it has been a very great and very successful epoch which we are going to leave.

Before we may start for new horizons, if there are any, we are definitely aware of the limits and burdens of any kind of system of reserve currency and of the permanent risk which will certainly always be a substantial ingredient of the exchange rates in their relation to each other, since, after all, these rates continue to be the conditions under which nations are working together.

We certainly have learned not to confuse the weakness of a monetary system with the weakness of national policies. We are well aware that no system can be better in the sum than its parts represented by the national economic policies of the participating countries. It all depends on what the major, in particular the larger countries make of it, and we have sufficient evidence that governments on all continents did not behave too well. The success of any international system, whether it is based on fixed parities or whether it operates with more flexible rates, lastly hinges on the successful control of domestic inflation and deflation. This is the heart of the matter and you may be assured that even your European competitors agree to applaud under these particular auspices the President's decision of the 15th of August. The monetary crisis of today basically reflects nothing but a crisis in general economic policy – a crisis in the choice of instruments with which governments can interfere in economic developments, and it certainly is a crisis for statistics and prophecies. We were taught, for instance, to master unemployment, but certainly at the cost of inflation, and our remedies to fight unemployment are always accompanied by the risk of having both. Let us see this very clearly: we will never have a chance to get out of monetary troubles, if our general economic policy is not improved fundamentally.

The monetary system itself has been under practically

continuous reform – to use a rather polite expression – during the last decade. Libraries have been filled with books and studies digging into the monetary problems. However, the attention paid to export performance, trade balance, balance-of-payments figures, and liquidity, was certainly out of any proportion with that paid to the much more crucial and certainly more delicate questions as to what the substance of sustaining confidence in the reserve currencies is made of.

Looking back at the many measures taken to keep the system "floating", we have to face the fact that for too long governments, central banks, and international organizations relied on technical manipulations among central banks, knitting a ready system of mutual credits and systematically expanding international liquidity. As much as we tend to appreciate this high sense of cooperation, we now have to realize that few or no attempts were made to go to the root of the troubles: gradual decline of confidence in the governments and their abilities, wherever they may reside.

Above all, let us not forget how disappointing on both sides of the Atlantic the results of any monetary policy to fight inflation has been over the years, how slowly – if at all – results were achieved, but how dangerous things may turn out in the international monetary field if easy money policy in the United States coincides with tight money policy in Europe. This seems to me one of the most important experiences of the last few years, and I would like to dwell on this question for a few minutes, just in order to correct somewhat our constant feeling that all troubles are due to balance-of-payments disequilibria.

The fact that in 1970/71 some European central banks – above all the Bundesbank – suddenly turned into powerful dollar magnets has little or nothing to do with the export performance of some of the countries and only a little with the U. S. balance-of-payments which, as a matter of fact, improved markedly compared with the previous year. What was at work were huge capital flows, mainly interest-induced and certainly not backed by any sophisticated analysis of knowledgeable men. In the specific case of Germany our monetary authorities certainly helped to bring about a sharp polarization of American and German interest rate policies. Since German borders are wide open to capital movement (except, alas, for certain restrictions imposed upon German banks only), the German tight and dear money policy inevitably attracted unbelievable amounts of dollars.

This experience, very similar to that of the dollar crisis of 1960, draws our attention dramatically to the dynamic power of interest differentials, causing gigantic shifts between currencies. As long as U. S. and Euro-dollar rates were high relative to national European markets, commercial banks very willingly held dollars; the solvency of the U. S. was never questioned. Dollars were even pulled out of central banks to benefit from high rates in international markets.

At the same time, private foreign dollar balances with U. S. banks or their foreign affiliates, mostly held by foreign commercial banks, rapidly soared from \$ 13 billion to more than \$ 28 billion – a figure which does not include the immense intra-European dollar holdings.

International liquidity in the form of dollars was superabundant, and certainly contributed to the world-wide surge of inflation we have all been living through. However, traditionally our experts are used to identify international liquidity exclusively in terms of official reserves, ignoring the growing amount of private dollar holdings. I fear this played its role to let governments rush into the ill-timed implementation of the SDR program, just when the U. S. balance-of-payments was about to generate international liquidity at an unprecedented pace.

Within a very short time the movement of dollars from bank portfolios into the windows of central banks acquired massive proportions. Such shifts are not very meaningful in terms of their monetary effects. But the difference in appearances is enormous and with it the effect on confidence. Nobody had worried while the dollars were spread throughout the network of thousands of foreign commercial banks outside the U.S. As soon as they began to converge upon a few central banks, concern spread about the stability of the dollar – even though at that time the U.S. suffered less inflation than did most countries in Europe.

Please excuse me if I went into some details about these capital flows, but it is most important to grasp fully this fateful working of interest differentials in causing sudden shifts of dollar balances between foreign commercial banks and their central banks. In it lies today the specific problem of any gold exchange standard. These are the fundamental limitations and burdens imposed on a reserve currency country. Everything seems all right as long as high interest rates retain dollars in the portfolios of commercial banks. The great dilemma is bound to arise as soon as the reserve currency country switches to easy money.

In the long run such a country – while it operates with open borders – can never simultaneously perform two functions: that of increasing liquidity and that of maintaining confidence in the convertibility of its currency, whatever the reserve asset may be. It is our common task now to remove this particular burden from a reserve currency and to overcome this dangerous deficieny of the exchange standard.

*

This brings me right into the middle of our monetary troubles and closer to the question of what the European answer will be. You certainly want me to show my Colour on a number of questions concerning the latest American measures and European reactions.

Forecasting, I am afraid, is a difficult enough business in any field; in the midst of present uncertainties, I have the feeling, the international monetary field is virtually a disaster area for forecasters. I would need to be a superdiplomat to be partly right, and to hurt nobody's feelings. Our problem does not have just an economic dimension.

All of us outside the United States are certainly confronted with a new type of American Challenge, a challenge that is connected with the fortunes and misfortunes of the United States. We all are aware of the fact that Europe as a whole has – at least for the time being – proved unable to respond to this challenge with a constructive concept of its own.

On the contrary, the currency crisis around the U.S. dollar has been accompanied by virtually the first real conflict between two of the great European partners – since two brilliant European brains confronted each other, one claiming that modern times ask for floating rates while the other was very sure that even modern troubles could not change the basic standards we are still living with. This is all the more astonishing and disappointing, because firstly there is a basic agreement that the EEC countries are going to form a currency union; and secondly because one should think that increasing trouble around the U.S. dollar should exercise a stimulating and integrating force on others. At least up to the beginning of the Washington Conference, competent Ministers of the various European countries have proved once more to be sons of a very colourful continent. A continent which will continue to have at least different ideas and priorities on what stability and independence should be composed of – patience certainly will remain to be the key to the Europa of tomorrow.

Even if we agree that the EEC group as a whole has proved to be unable to define a common policy, we should not overlook the fact that with the concept of the Werner Plan it has been agreed to freeze exchange rates within the EEC, which in the long run might automatically lead to a system within the European Community that might serve as a model to the international monetary family as long as the fixed rates have a realistic chance to survive.

Before the Washington meeting the EEC countries did at least agree on some common principles which – looking back now to the results of the conference – might have a special importance. Some of these principles are clearly reflected in Dr. Schweitzer's proposal.

They are, *firstly,* that the future international monetary system should again put emphasis on fixed parities, provided, of course, rates are realistic. *Secondly,* that international liquidity should be based on gold and increasingly on artificial media like the Special Drawing Rights. *Thirdly,* that all countries, without exception, should accept the discipline of the balance-of-payments. *Fourthly,* that it is necessary to take measures to contain international capital flows, possibly by means of wider bands in order to counter interest rate differentials. *Fifthly* and lastly, the EEC countries would like to restore freedom of action and authority to the International Monetary Fund. I may add a word which did not form part of official communiqués of the EEC. That is the view that it would be wrong to see the problems in isolation or to act individually, and that it would be equally unwise to unpack the package which the American government has put on the table.

Let me briefly try to explain some elements of the European position. In the first place, our American friends should know that there is certainly a complete understanding for the problems the United States is facing, and I am pretty sure that the statement of Sir Anthony Barber, which he delivered as a representative of the United Kingdom at the Washington Conference, will be fully endorsed by all European countries and, I hope, accepted in its consequences. He said, looking at the United States, that here is a nation which over the years has shown a generosity unparalleled in history, and that they are entitled to look at their friends and to call for a common solution to a common problem.

On the other hand, our American friends should understand that besides some uncomfortable feelings their turning back to protectionism might cause – if and in so far the measures taken by the United States government may last for too long – severe damage not only to the spirit of free trade and free enterprise but also to the sense of cooperation within the European Community, just when it is going to start. Further, I think we should ask our American partners to realize that the group of political and economic advisors who would prefer protectionism is at least as strong in Europe as in the United States, and it is, last not least, up to you that the party of the free traders in Europe – and you may be familiar with the fact that Germany always held a strong position in this regard – shall have a fair chance to survive. In my opinion it is a particular conflict of our time that we must overcome a period in which the immense burden of the United States coincides with a weakening position of the free-trade-minded people in the world and a decline of the growth rate of the economy worldwide. It would be a substantial help if the authorities of the United States of America stated as clearly as possible that their program for the protection of the American economy should only serve the purpose of returning to the open winds of free and fair competition as soon as possible.

You can certainly count on our understanding and support if you apply the brakes for a short period of time in order to gain a breathing spell. But any prolongation would be fatal, not only because it would make the Europeans change their minds drastically, but – which is even more important – because the full extent of the trouble would run into the developing countries.

*

Permit me to make a few technical remarks on two possibilities for a realignment of parities. I am rather sure that the position the Europeans will take on the issues of revaluation and/or further unlimited and uncontrolled floating will be influenced by their particular experiences with these instruments in the past.

As to the floating or a greater flexibility of exchange rates, we have to distinguish between a system under which parity changes are the exception, and a possible alternative under which they are considered an instrument to be applied as easily and freely as, for example, interest rates. A possible general inclination towards the latter is in my opinion a very dangerous tendency.

It may be that a flexible rate is helpful or unavoidable in specific cases of emergency, but even then it cannot be used indiscriminately. Careful timing is decisive. Definitely, it will never be a permanent answer, and it will certainly not reflect the free movements of the market as advocates of this system want us to believe. The gigantic liquid funds of today by no means operate in compliance with trade anymore. To those who are in love with flexible rates I can only recommend the German experience as a case-study. The recent upward float of the Deutschmark has absolutely nothing to do with our trade position. It results exclusively from interest rate differentials and from expectations that the exchange rate of the D-Mark cannot but rise. I have to admit that many Germans, some of whom enjoy great academic distinttion, have done their best to create such unfounded expectations. Furthermore, the brief experience of a few weeks has already given us a taste of the difficulties in preventing a manipulation of exchange rates.

Quite a number of people seem to have come back from the Monetary Conference in Washington with the idea that a transitional phase during which all exchange rates fluctuate freely in response to market forces might be a reasonable solution.

In this way it is claimed that some of our most intractable problems would be conjured out of existence. And, no doubt, these people are impressed by the experience of our days that costs and prices of all countries are bound to get out of line over the years, with the result that an adjustment in fixed exchange rates will be periodically necessary. I am sorry to say that I personally have absolutely no faith in this advice. I admit, it has the seductive charm of simple elegance. But strangely enough, it seems to have been completely forgotten that exactly this advice has been tried extensively after the First World War. With hardly any exception, all the European currencies were set free. It opened an era of unprecedent exchange rate movements, both in range as well as in the number of currencies involved. It was often more chaos than system. One country after another finally returned to fixed rates whenever governments thought that market forces had established the right rate. Economic historians today unanimously agree that in the end some fatally wrong exchange rates were chosen, in particular for the Sterling in 1925 and for the French Franc in 1926.

Experience of that time has amply proved that floating essentially leads to absurd results and to monetary warfare. No country has ever remained passive when its exchange rate deviates from a certain path. They are bound to intervene, and action in the exchange markets will logically always be in terms of some other currency, which, in turn, usually provokes retaliation. In fact, to put it briefly, it is difficult to postulate any rules of the game of the system of floating rates, and even more difficult, if not impossible, to check adherence to the rule; and it is simply hopeless to try to distinguish between legitimate and illegitimate or clean and dirty floating methods.

As to exchange rate adjustments by devaluation and revaluation of currencies, Europe certainly will keep in mind its experience of the last few years. Britain and France devalued their currencies whilst Germany corresponded by revaluation; in the German case, the current floating included, we have revalued against the U. S. dollar within 10 years three times at a rate of more than 20 per cent together. You may remember, these parity changes were undertaken for very different reasons on domestic considerations.

In the case of my country, hopes were riding high in some circles that this would isolate us from international inflation, whilst Great Britain wanted more external flexibility for its domestic growth policy. Besides, of course, the advocates of these parity changes felt pretty sure that their measures would at last stabilize the monetary system as a whole. Needless to add how grotesquely mistaken they were.

As to the Deutschmark, it now has in the eyes of many people become an eternal candidate for further revaluation, whatever the position of our current account may be. Revalueing your currency does not protect you from currency speculation; it may invite it in the long run.

If we take a closer look at the hope for stabilizing effects of revaluation on domestic costs and prices, it is difficult to detect any. The dose of inflation which the Federal Republic had to swallow over the last few years was by no means smaller than that of most other countries. From end-1967 to end-1969 wages and salaries jumped by 45 per cent, unit labor costs by nearly 20 per cent. Compared with other countries, we have to take into account the changes in the exchange rate, what really means putting unit labor costs on dollar terms as a common denominator. Altogether this amounts to a rise in the German wage level relative to other countries by nearly 40 per cent, in contrast to an increase of about 18 per cent in the case of the United States.

German industry has so far – as export figures tell us – contrived to maintain its position in export markets, but only with a heavy toll in profits. A company does not lightly give up markets that were difficult and expensive to penetrate, as long as there seems any hope that circumstances may improve again. That goes a long way to explain the great continuity of exports. Nevertheless, our current account has turned down markedly. Now it shows a deficit at an annual rate of about $ 300 million.

Whatever mistakes have been made on the part of Germany in handling this crisis, German industry certainly no longer enjoys unfair cost or price advantages. On the contrary, the rise in internal costs in combination with two or three revaluations has critically affected the international competitiveness of a number of branches of which the full consequences are as yet incalculable.

Just as there seem to be great illusions about the strength of the German balance-of-payments, so it seems hardly to be known that the EEC as a whole is running a trade deficit with third countries, whilst the current account as a whole is just in slight surplus. To find the surpluses that match the current deficit of the U.S., you have to look elsewhere. The three major surplus countries in current transactions are Britain, Canada and Japan. But these three countries are also facing significant economic changes; their surpluses are to a considerable extent of a cyclical nature.

A realistic view of the revaluation and devaluation

issues teaches us beyond reasonable doubt at least two things:

Firstly, adjustments of foreign exchange rates in themselves do not have any stabilizing effect. No evidence has been given up to now that revaluation of any currency brings cost and price inflation under control. Realignment by revaluation will not replace the need for domestic adjustments.

Devaluation of a currency in itself can be effective only in so far as it is accompanied by drastic remedies which assure that the advantage of a devaluation is not swallowed over night by cost and, in particular, wage increases.

Secondly, our data for the real values of the different currencies to be readjusted are insufficient. What is the right exchange rate? What is right anyhow?

The present strength of some European currencies like the Deutschmark obviously does not reflect a current surplus. Other countries produce high current surpluses but, just like the United States, they are in recession which consequently makes them hesitant to jeopardize their efforts for higher employment.

In short, it is not only a mountain of problems which we are facing, it is also extremely difficult to find out the fair and objective propositions for any realignment. In my opinion, it is exactly because of this that we should not wait for too long. The objective is not particularly designed for gambling. Events certainly will not wait until our governments have come to an agreement. Recently our governments obviously moved one step from disagreement in friendship towards some friendly agreement on what they should agree upon; it is without doubt a common task to be fulfilled by all of us – the business community here and there – to encourage the governments to go ahead now. The Gordian knot has to be cut one way or another.

For the time being we can say that everyone – based on

different and reasonable grounds – is retreating more and more into nationally oriented "defense holes", and the question is, what is going on meanwhile in these holes and who will have the courage to stick his head out and make the first move.

We have registered with a sigh of relief that many countries are not likely to rush into retaliatory measures. Nonetheless, Europe is very sensitive to this danger, since no less than twelve countries have informed GATT meanwhile that they are preparing measures to protect their own export industries. And as to the European hole, there are voices to be heard that even Europe should prepare an answer. They boast that the EEC is on its way to become a comparable unit; that the new American measures have left no option for example to Great Britain but to go ahead and to join the Common Market; and in addition, many other European and non-European countries are associating with the EEC. This bloc of countries will possess great financial strength, considering only that American companies, affiliates and parent companies together have borrowed last year in foreign markets about $ 9 billion, by far the greatest part of which undoubtedly came from European sources. There are rumblings that trade barriers might be followed by investment barriers, and that the international profit and loss account might be at least a rather complicated matter to examine. No doubt, vigorous forces are at work now to integrate the different states of mind and interests in Europe – forces that are not always identical with those that created the idea of a European unity.

As to the American hole, rumors of a very different breed are being heard, emerging from a general disenchantment with foreign affairs, and an attitude that the United States has nothing to gain from foreign trade. I think we should agree that this climate sets alarming signals on both sides, and I am afraid nobody could gain anything just looking at how time passes by. This situation might create emotions and fears beyond control. Personally, I am convinced that we all, including the United states, are going to lose, if there would ever be a confrontation in trade or monetary affairs between our two continents. Some countries may be more vulnerable than others, but vulnerable are all of us. This is the result of the integration which lies behind us. None of us can turn this clock back without severe damage to himself.

If one point is clear, it is the realization that this is our common crisis. None of us can hope to isolate himself from the consequences. We should stick to our sense of reality, and that means above all a sense of interdependence between the United States and Europe. This, needless to say, includes the wish that the United States remain the strong and active partner in international affairs they always have been. Nowadays we need a sense of direction, to say the least, and the feeling that we are not moving apart, which – in the first place – is a question of leadership. As I stressed in the beginning, the U. S. leadership has been vital in making such striking progress as we achieved after 1945. This leadership is essential in order to maintain a constructive and cooperative spirit among nations, governments and central banks. I am quite sure, it is because of this leadership that the United States should stick her head out first. The willingness of the American negotiators to start towards an elimination of the surcharge on imports will play the crucial role in any decision to change our parities into new fixed rates. There is definitely not much time to lose and we know realignment of parities is necessary and will happen.

Finally, I want to stress: Large countries have to accept a disproportionately heavy share of responsibility. If I dare say so, I am thinking of Germany and other European countries as well as EEC as a whole, no less than of the United States. The changing contours of Europe will certainly put a significant stamp on the next decade; it will certainly be marked by a better balance of burdens in this world which might reflect a better balance of economic importance between the United States and Europe. This balance in itself might be a more reliable basis for all of us to take the chances and the risks of free trade.

The EEC has been designed to have strong partners on both sides of the Atlantic, and you may rest assured that the historical merits of the United States for bringing this community into being will continue to be in our minds. We should encourage each other to stick to the ideals, rules, and burdens of partnership which in itself backs by far the most important element to regain stability: confidence in the future.

Die Macht der Banken

Es ehrt mich außerordentlich, daß Sie mir als einem, der der juristischen Profession im engeren Sinn abtrünnig geworden ist, Gelegenheit zu einigen Ausführungen vor dem erlesenen Kreise der Frankfurter Juristischen Gesellschaft geben. Die Dresdner Bank fühlt sich überdies ausgezeichnet dadurch, daß Sie die Einladung zu der Veranstaltung in diesem Hause angenommen haben. Es ist nichts Alltägliches für diesen Saal, soviel Geist und Gerechtigkeitssinn in sich versammelt zu sehen.

Über die Macht der Banken ist schon sehr viel gesprochen und geschrieben worden. Das Originelle an Ihrer Veranstaltung ist es aber wahrscheinlich, daß sich dazu auch einmal jemand äußern darf, der zumindest einige Vorstellungen über das Innenleben einer Bank, über ihre Entscheidungsprozesse, ihre Zielsetzungen, ihre Probleme und ihre Umweltbedingungen besitzt. Ich mache damit anderen Rednern und Autoren keinen Vorwurf; schließlich kann man ja jedes Ding mindestens von zwei Seiten sehen.

Wohl aber möchte ich damit eine gewisse Selbstanklage für den Berufsstand des Bankiers zum Ausdruck bringen, denn es ist uns bisher nur sehr bruchstückhaft gelungen, in der breiten Öffentlichkeit oder auch nur unter den Politikern ein klares und gegenständliches Bild von den Banken zu zeichnen – selbst wohlmeinende

---

Vortrag vor der Rechts- und Staatswissenschaftlichen Vereinigung (Frankfurter juristische Gesellschaft) am 8. November 1971

Betrachter der Szene sehen uns günstigstenfalls als ein Stück interessante, aber doch recht abstrakte Kunst. Sicher ist es nicht ganz leicht, die Funktionen von Banken transparent zu machen, schwieriger sicher als die Darstellung eines technischen Produktionsprozesses. Gerade aber diese Problematik sollte uns veranlassen zu einem Optimum an Durchsichtigkeit, kritischer Selbstbetrachtung und auch kritischer Selbstdarstellung; zu viele Vorwürfe gegen die Banken beruhen allzu offensichtlich auf einem Mangel an Informiertheit, ein Zustand, der bekanntlich jedermann einlädt, die ausgetretenen Pfade des Vorurteils zu wandeln. So wird die Zukunft auch der Banken als eines Teiles der freien Wirtschaft nicht allein davon abhängen, daß sie ihre Leistungsfähigkeit beständig nachweisen; es wird auch darauf ankommen, daß sie ihre Leistung verständlich machen.

Andererseits werde ich Ihr Verständnis dafür besitzen, daß ich hier nicht in der Art eines Pflichtverteidigers auftrete. Die deutschen Banken haben in langen und schwierigen Jahrzehnten so viel Konstruktives geleistet, daß sie sich nicht hinter anderen Wirtschaftsbereichen zu verstecken brauchen. Wir fühlen uns durchaus, wenn Sie mir diesen Ausdruck einmal gestatten, auch als gemeinnützige Unternehmen. Wenn wir gleichwohl permanent auf Schwierigkeiten in der Selbstdarstellung stoßen, so wollen wir uns doch wenigstens der Gemeinsamkeit bewußt sein, die hier das Metier des Juristen mit dem des Bankiers verbindet. Als äußeres Kennzeichen dieser Gemeinsamkeit möge die nicht immer sehr geglückte Amtssprache stehen – hie Juristendeutsch, dort Bankchinesisch –, womit nebenbei auch der unterschiedliche Grad der Unverständlichkeit für den Außenstehenden angedeutet sei.

Wir haben aber Anlaß, wie ich meine, gemeinsam über unsere Profilprobleme nachzudenken; dies um so mehr, als manche Entscheidungen sowohl der Juristen als auch der Bankiers dem Schicksal unterliegen, nicht immer uneingeschränkten Beifall zu finden. Der Richter wird der unterlegenen Partei in der Regel kein Verständnis abgewinnen können, sondern der Schelte seines Urteils ausgesetzt sein. Der Bankier wiederum wird kaum freundliche Worte von dem hören, dessen Kreditwünsche er abschlägig bescheiden muß – mag er auch noch so überzeugend darauf hinweisen, daß die Ablehnung eines Kredits sogar nützlicher sein kann als eine Kreditgewährung. Kreditentscheidungen sind, seien sie positiv, seien sie negativ, Entscheidungen in die Zukunft hinein; hier liegt ihr Problem, denn über die Zukunft wird es immer ein breites Meinungsspektrum geben, mit manchen Irrtümern. Auch Banken irren – mit dem gleichen Risiko wie der Jurist, denn seine Fehlentscheidung wird zum Exempel und von entscheidendem Gewicht für das Bild des Ganzen.

Berühren möchte ich vor diesem Hintergrund schließlich noch den Argwohn, mit dem Jurist und Bankier allein deswegen betrachtet werden, weil sie das besondere Maß an Vertrauen, das ihnen entgegengebracht wird, durch ein besonderes Maß an Verschwiegenheit erwidern müssen. Sind anwaltliche Verschwiegenheitspflicht und Bankgeheimnis im Kern doch nichts anderes als die einzig faire und vernünftige Antwort auf Vertrauen – und gemeinhin gilt Verschwiegenheit als Tugend –, so haben sie sich doch ständig des Verdachts zu erwehren, sie verdeckten letztlich nur Böses.

*

Lassen Sie mich damit den Weg, wie ich glaube, bedenkenswerter Gemeinsamkeiten zwischen Jurist und Bankier einstweilen verlassen, zumal sich unsere Wege vor dem Spektrum der Mächte dieser Welt letztlich doch trennen: Wandert die Macht des Rechts in unserer Vorstellung auf die Macht des Lichtes zu, so hat sich die

Vorstellung von der Macht der Banken seit eh und je eng mit der Vorstellung von der Macht des Geldes verbunden, und wer wollte bezweifeln, daß wir hier auf die Mächte der Finsternis zutreiben! Bis ins Altertum lassen sich die Skandale um das Geld und sein merkwürdiges Kind, den Zins, nachweisen. Die *Geschichte* schmeckt nicht gut. Vor allem das Fordern von Zinsen war immer ebenso suspekt wie üblich, bis unsere Wirtschaftstheoretiker in den letzten 150 Jahren einige Dutzend Zinstheorien aufgestellt haben, die dem Zins jetzt wenigstens eine wissenschaftlich-theoretische Rechtfertigung geben. Unverändert aber ist es dabei geblieben, daß dem Zins nur von denjenigen Sympathie und Neigung entgegengebracht wird, die ihn einnehmen. Das Zahlen von Zinsen bleibt unbeliebt; selbst wo der Zins dem Grund nach akzeptiert wird, bleibt er der Höhe nach jeweils umstritten. Im Zentrum des Argwohns bleibt die Bank, obwohl sie gerade in dieser Hinsicht ein Neutrum ist: sie zahlt und fordert Zinsen. Dem Bannstrahl der Jahrtausende entkommt sie offenbar nicht. Ohne in einen historischen Exkurs ausweichen zu wollen, möchte ich doch wenigstens daran erinnern, daß es schon im 3. Buch Moses, Kapitel 25, heißt:

»... und Du sollst nicht Zinsen von ihm nehmen noch Aufschlag, sondern sollst Dich vor Deinem Gott fürchten, daß Dein Bruder neben Dir leben könne.«

Kein geringerer als Aristoteles, der im Geld nur einen Wertmesser sah, kam zu der gravierenden Feststellung »Pecunia sterilis est« und leitete daraus den Grundsatz von der Unsittlichkeit des Zinsnehmens ab. Dieses heidnisch-philosophische Urteil wurde ungeprüft auch von den Kirchenvätern und Scholastikern übernommen und führte über die Eindeutschung »Geld heckt keine Jungen« zum kanonischen Zinsverbot. Diese theologische Vorgeschichte wiederum hinderte einen skurrilen Experten der 20er Jahre dieses Jahrhunderts nicht daran, für die Flucht aus der Zinsknechtschaft ein Modell zu entwickeln, nach dem der Zins nicht nur sich selbst, sondern auch noch das Kapital auffrißt. Vergleichsweise nüchtern blieb dagegen noch Karl Marx, der im Kreditsystem »das reinste und kolossalste Spiel- und Schwindelsystem« erblickte und »in den Hauptverkündern des Kredits«, hierzu dürfen wir ja wohl den Bankier rechnen, einen »angenehmen Mischcharakter von Schwindler und Prophet« sah. Marx sei zugegeben, daß bis in unsere Zeit – allerdings in sehr vereinzelten Exemplaren – dieser Magier des Geldes, der sich überdies gerne in der Attitüde eines Cagliostro gefällt, nachzuweisen ist. Jede Zeit braucht wohl ihre Kometen und die Erfahrung, daß mit dem Schweife des Kometen goldene Taler und Hoffnungen zugleich verglühen.

Bevor wir zur Gegenwart kommen, noch ein letzter Blick zurück in die Geschichte: Wir kommen an der Tatsache nicht vorbei, daß Geld auch in den Händen von Bankiers durchaus einen Machtfaktor dargestellt hat. Als die Geldgeber im alten Karthago – und es sind wohl nur bedingt Vorfahren der heutigen Bankiers – ihrem Feldherrn Hannibal zur Unzeit die für die erfolgreiche Fortführung des Krieges gegen Rom notwendigen Mittel verweigerten, ging die ganze Sache schief und führte letzten Endes auch zu ihrer eigenen Vernichtung. Wir wissen, daß eine mächtige Familie, die lange Zeit Florenz beherrscht hat, die Medici, auf dem Wege über eine erfolgreiche Bankierstätigkeit zu ihrem politischen Einfluß gelangte, bis zu Sitz und Stimme in St. Peter. Wir denken an die Fugger, die über die Finanzierung der Kaiserwahl ihr wirtschaftliches Gewicht in Erinnerung brachten, und die Hoffnung auf Friede nach dem Wiener Kongreß war im wesentlichen gestützt auf die Tatsache, daß Rothschild die Mittel zur Führung weiterer Kriege verweigerte.

*

So farbig und anregend der Blick in die Vergangenheit nun gewesen sein mag, so nüchtern wird das Bild, wenn wir den heutigen Mechanismus betrachten und über die Möglichkeiten der Banken nachdenken, wie und wo sie Macht enfalten können. Lassen Sie mich bitte der *Analyse des gegenwärtigen Status* drei Feststellungen voranschicken:

1. Ein politischer, etwa goldgeränderter Einfluß von Banken auf die Politik, der sich auch nur entfernt mit den angedeuteten Ausstrahlungen des Bankiers früherer Zeiten vergleichen ließe, ist eine einfach irreale Vorstellung. Auch wenn als verbindendes Element zur Vergangenheit die Geldnot der jetzt demokratisierten öffentlichen Hände geblieben ist, so sind doch einfach die Staatsausgaben und Defizite in eine Größenordnung hineingewachsen, die schon aus diesem Grunde die Einflußmöglichkeiten einzelner Banken völlig ausschließt. Hier sei man also schon von der Dimension her beruhigt. Banken sind heute ganz sicher nicht Subjekt, sondern Objekt der politischen Machtausübung. Jeder Mittelstandsvereinigung fällt es heute leichter als den Banken, berechtigte Wünsche im Parlament durchzusetzen. Wenn Sie im Deutschen Bundestag nach Vertretern aus dem Bankgewerbe fahnden, so werden Sie nur sehr wenige Adressen finden, eine übrigens typische Erscheinung auch im internationalen Bereich; selbst im britischen Unterhaus sitzt, soweit ich informiert bin, nur ein einziger Bankier. Aber über solche Zahlen sollten wir nicht klagen, wir haben sie selbst zu vertreten.
2. Nicht nur das politische, auch das ökonomische Gewicht des Geldes in der Hand weniger ist entscheidend zurückgegangen. Auch hier ist es die Dimension, die überkommene Vorstellungen nicht mehr zuläßt. Die Entwicklung der modernen Volkswirtschaft ist mit einem ungeheuren Kapitalbedarf verbunden, der in

aller Regel nicht mehr von einer oder wenigen Adressen, sondern von einer Vielzahl von Kreditgebern gedeckt werden muß. Die Macht weniger hat sich aufgefächert. – Und schließlich:

3. Die große Bank von heute hat weder in ihrem Vermögen – dies natürlich in der gehörigen Proportion zu den jeweiligen historischen Situationen gesehen – noch aus ihrer Organisation heraus auch nur die Möglichkeit, eine Macht auszuüben, die sich entfernt mit der gelegentlichen Omnipotenz früherer Geldgeber vergleichen ließe. Und ich meine, man wird den Schlüssel zu dem Sinn, der Aufgabenstellung und dem Wirkungsgrad einer modernen Bank schwerlich finden, wenn man übersieht, daß sie von ihrem Gründungstag an und in ihrem Geschäft Tag für Tag im Kern eine Treuhänderin ist. Sie wissen, daß nahezu alle bedeutenden Geschäftsbanken der Welt als Aktiengesellschaften organisiert sind und – sehr im Gegensatz zu nahezu allen anderen wirtschaftlichen Unternehmen – den Anteil ihrer eigenen Mittel, und auch diese sind bei Licht betrachtet fremde Mittel, mit nur etwa 5% der jeweiligen Bilanzsumme sehr niedrig fixieren. Und das bedeutet eben, daß in der Regel 95% alles dessen, was eine Bank einsetzt, fremde Gelder sind, also Mittel, die sie schuldet und in den vereinbarten Fristen pünktlich auf den Tag genau zurückzugeben hat. Zunächst einmal lebt eine Bank von dem Kredit, den sie selbst genießt. Man sollte einsehen können, daß allein von dieser organisatorischen Grundlage her gesehen der Phantasie für die Machtausübung durch die Banken Grenzen gesetzt sind. Und dies gilt um so mehr, als den Bankier eben um seiner Treuhändereigenschaft willen in seiner ganzen Tätigkeit eine Fülle von Kontrollen begleiten, Kontrollen von seiten des Staates, der Öffentlichkeit und durch den Wettbewerb, die eigentlich jede für sich das gern gehörte

Stichwort »Macht ohne Kontrolle« ein bißchen matt klingen lassen.

Die Fülle von Gesetzen und Vorschriften, die die Tätigkeiten der Banken regeln und regulieren, sind so leicht gar nicht zu übersehen. Das beginnt bei der Erlaubnispflicht für die Ausübung des Bankgeschäfts, das reicht zu den Vorschriften über Großkredite und Organkredite, und das schließt vielfältige Auskunftspflichten gegenüber dem Bundesaufsichtsamt für das Kreditwesen und der Bundesbank mit ein.

Denken Sie überhaupt an die Kontrolle, die die Bundesbank über die Geschäftsbanken ausübt, mit direkten Eingriffen, wie sie kein anderer Wirtschaftszweig kennt. Und doch: Das allgemeine Grollen, wenn Kredite knapp und teuer werden, gilt nicht der Bundesbank, sondern den Geschäftsbanken als ihren Erfüllungsgehilfen, die ihrerseits wieder von der Bundesbank am Ohr genommen werden, wenn es etwa gilt, inflationäre Tendenzen einer übermäßigen Kreditausweitung zuzuschreiben.

An der Kontrolle durch die Öffentlichkeit in sehr wirksamer Form kann kein Zweifel bestehen; sie zeigt sich hochsensibel für vermutete Machtausübung oder gar einen Machtmißbrauch, und verengt, wie ich meine, in heilsamer Weise in allen Bereichen, und so auch bei uns, den möglichen Aktionsradius.

Die wirksamste Kontrolle gegen etwaige Machtgelüste einer Bank besteht aber ohne Frage in dem ungewöhnlich scharfen Wettbewerb, den sich die Bankiers liefern. Hier nehmen die Banken zweifellos eine Spitzenstellung ein. Wenn nun Macht ausüben heißt, jemanden auch gegen seinen Willen zu etwas zwingen, dann frage ich, wen können wir – mit welcher Absicht auch immer – wozu zwingen? Und da stehen wir doch heute einfach vor der Tatsache, daß jedermann, der sich nicht angemessen, nicht im Rahmen seiner Vorstellungen behandelt sieht, zum Konkurrenten überwechseln kann. Das gilt für große Unternehmen genauso wie für den Privatkunden am Bankschalter. Sehen wir es positiv: In dieser Tatsache liegt auch ein gewichtiger Leistungsansporn, was unseren ganzen Ausbildungs- und Fortbildungsapparat in der Bank wesentlich mitbestimmt. Jeder in einer Bank verantwortlich Tätige hat sich nicht nur mit der Sorge auseinanderzusetzen, welche Entwicklung sein Geschäftsfreund im einzelnen nimmt, sondern auch welchen Weg er etwa von ihm fort nehmen könnte. Es gibt heute kaum ein bedeutendes Unternehmen, das nicht ständig mit mehreren Kreditinstituten zusammenarbeitet; bei den großen Konzernen geht die Zahl der Bankverbindungen in die Dutzende. Eine Gewichtsverlagerung innerhalb dieser Banken ist jederzeit möglich, und sie kann eine Bank hart treffen. Denken Sie bitte auch daran, daß es sich bei den konkurrierenden Banken um sehr unterschiedliche Typen handelt, und daß die privaten Banken – an die sich Kritik ja immer in erster Linie wendet – ohnehin bemüht sein müssen, gravierende Wettbewerbsvorteile der öffentlich-rechtlichen Banken auszugleichen. Lassen Sie mich an dieser Stelle daran erinnern, daß sich, gemessen an der Bilanzsumme, ungefähr 60% des deutschen Kreditwesens im Besitz der öffentlichen Hand befinden, und daß die drei deutschen Großbanken zusammen nach dem gleichen Berechnungsmodus einen Marktanteil von nur etwas über 10% besitzen. Das war vor zwanzig Jahren, 1951, noch anders. Damals stellte sich der Anteil der Großbanken – ihrer noch zerschlagenen Organisationen – auf immerhin 20% der Bilanzsumme aller Kreditinstitute. Und gehen Sie noch weiter zurück, in die Zeit vor dem Ersten Weltkrieg, so befanden sich – nach Adolf Weber – rd. 80% des Gesamtkapitals der deutschen Banken im Einflußbereich der Berliner Großbanken, die allerdings keineswegs identisch waren mit den heute bekannten drei Großbanken. Ich meine, diese wenigen Zahlen machen deutlich, in welcher Richtung der Wettbewerb, nicht zuletzt zum Nachteil des privaten Bankenapparates, geht, und was es mit der von Romantikern gelegentlich vermuteten Verschwörung unter den Banken nun wirklich auf sich hat. Der Blick auf den Wettbewerb wäre unvollständig, wenn wir nicht auch der starken Aktivität ausländischer Banken in der Bundesrepublik Erwähnung täten. Oder sollen wir es als Zeichen für die Macht deutscher Banken werten, daß ihre besten und bedeutendsten Kunden in den letzten beiden Jahren mehr als 20 Mrd. DM Kredite im Ausland aufgenommen haben? Die nüchterne Betrachtung sollte hier eine Chance haben.

*

Geben nun sowohl die Struktur der Banken als auch die Vielfalt der eben behandelten Kontrollen nur begrenzte Chancen für eine Machtausübung oder gar einen Machtmißbrauch, so wird doch die Vorstellung von Funktionen der Macht und auch von unkontrollierten Funktionen der Macht genährt von einigen Tätigkeitsbereichen und Aufgabenstellungen, die ich im Detail ansprechen möchte. Erlauben Sie mir einige Anmerkungen zu Vermutungen über unsere Macht im Kreditgeschäft im allgemeinen und zu den Klassikern jeder Kritik an Banken: zu unseren Beteiligungen, zu unseren Aufsichtsratsmandaten, zur Ausübung des Stimmrechts in Hauptversammlungen und schließlich zu dem System der Universalbanken in Deutschland.

Das *Kreditgeschäft* habe ich bereits gestreift. Wir treffen hier ab und zu noch auf eine etwas skurrile Vorstellung, die sich komprimiert vielleicht wie folgt wiedergeben läßt: Die Banken verfügen über Geld. Die gesamte Wirtschaft braucht Geld. Würden die Banken die Geldzufuhr sperren, so wäre die Wirtschaft lahmgelegt. Ergo sind die Banken mächtig. Hierzu möchte ich ebenso knapp sagen: Man sollte Bankiers alles in allem für intelligent genug halten, daß sie nicht ihr eigenes Ende betreiben. Abgesehen davon, daß wir immer im Plural reden – und in eben diesem Plural findet der Wettbewerb statt –, ist der Bank jede Philosophie fremd, die es etwa mit dem starken Arm aufnehmen wollte, von dem es ja heißt, wenn er will, stehen alle Räder still. Banken, wie wir alle, leben von laufenden Rädern, wobei es allerdings die Pflicht jeder Bank ist, darauf zu dringen, daß jede von ihr geförderte Aktivität ihren meßbaren Sinn nachweist, sich durch einen ökonomischen Ertrag rechtfertigt. Denn nur so kommt sie ihren Pflichten als Treuhänder der über sie geleiteten fremden Gelder nach. Aus dieser Perspektive allein erklärt sich sinnvoll auch die – wenn Sie wollen – Verpflichtung einer Bank, in Einzelfällen Kredite abzulehnen oder sich der Verlängerung bestehender Kredite zu versagen. Täte sie das aus Grundsatz nicht, so würde sie ihrer Funktion nicht gerecht werden können. Aus ihrer Position als Treuhänder folgt die Aufgabe und auch das Risiko, unpopuläre Entscheidungen auf sich zu nehmen. Und schließlich: Diese Pflicht korrespondiert in vernünftiger Weise mit dem volkswirtschaftlich optimalen Nutzeffekt, denn sicher bleibt es von dorther gesehen immer problematisch, dubios gewordene Kredite mit fremden Geldern noch aufzustocken. Wie steht es also mit der Macht der Banken im Kreditgeschäft? Ein Praktikum in der Kreditabteilung einer Bank wäre sicher am besten geeignet, mögliche Fehlurteile von Zweiflern zu korrigieren.

*

Nun, so werden andere sagen, hier liegt ja auch nicht der Schwerpunkt. Bedenklicher sei die Tatsache, daß die Banken Beteiligungen halten. Was zunächst die Zahlen anbetrifft: Die hier mitunter zitierten Größenordnungen sind irreführend, wenn nach Funktion, Bedeutung und Geschichte ganz und gar unterschiedliche Einheiten addiert werden. Überwiegend halten die Banken echte Funktionsbeteiligungen, d. h. solche, die ihr Bankgeschäft unmittelbar ergänzen, die also Beteiligungen an Banken und Finanzgesellschaften im In- und Ausland darstellen, die aber aus rechtlichen, organisatorischen und steuerlichen Gründen selbständig geführt werden. Auf unser Haus bezogen heißt das: Hier stehen neben unserer Tochtergesellschaft in Berlin, neben unserer Spezialbank für Lateinamerika, neben unseren Affiliationen in Luxemburg und in den USA, neben unserer Teilzahlungsbank und neben unseren Hypothekenbankbeteiligungen beispielsweise auch Splitterbeteiligungen an Entwicklungsprojekten in aller Welt.

Daneben nun haben wir auch Beteiligungen an anderen Wirtschaftsunternehmen, einige Juwelen darunter, aber auch weniger kostbare Steine. Und warum dieses? Zu einem Teil sind es durchaus ungewollte Kinder, deren Entstehen als solches die Banken herzlich gern verhütet hätten, wenn dies in ihrer Macht gelegen hätte. Ich meine also diejenigen Beteiligungen, die immer einen wesentlichen Teil unseres Portefeuilles dargestellt haben und die nur darauf zurückgehen, daß gewährte Kredite in Krisenzeiten zur Sanierung der kreditnehmenden Firmen nolens volens in haftendes, risikotragendes Kapital umgewandelt werden mußten. Hoffen wir nur, daß wir vor weiterem ungebetenem Nachwuchs dieser Art verschont bleiben!

In solchen wie auch in manchen anderen Fällen liegt es durchaus nicht in der Absicht der Banken, Beteiligungen auf Dauer zu halten. Nicht selten werden Banken von ihren Kunden als Zwischenstation, als Treuhänder auf Zeit angesprochen, wenn es gilt, etwa eine Beteiligung bis zu ihrer endgültigen Einordnung in die dafür vorgesehene Stelle zu verwalten. Wenn ich noch einmal von meiner Bank sprechen darf, so möchte ich Ihnen sagen, daß wir in den zurückliegenden Jahren beispielsweise Beteiligungen bei Triumph, Adler, Wanderer, Chemie-Verwaltung, GBAG und NSU veräußert haben. Innerhalb unseres Beteiligungsbestandes haben wir außerdem konstruktive Zusammenführungen vorgenommen, wie sie von den sich wandelnden Märkten nahegelegt wurden. Solche Zusammenführungen wären bei anderen Besitzverhältnissen, beispielsweise Streubesitz, sicher außerordentlich schwierig gewesen. Ich darf Ihnen hier die Branchen Textil, Bauwirtschaft, Schiffahrt und Brauereien nennen.

Für uns sind Beteiligungen – soweit sie nicht unser Bankgeschäft unmittelbar ergänzen – durchaus Umsatzgrößen. Wir sind offen für Veräußerungen, mit einem Handicap allerdings: Wir können Beteiligungsverkäufe immer nur dann in Erwägung ziehen, wenn ein potenter Erwerber am Markt nicht nur eine wirtschaftlich vernünftige Alternative bietet, sondern außerdem den angemessenen Preis zahlen kann. Hier wachsen leider, alles in allem, für deutsche Erwerber die Bäume nicht in den Himmel, und Sie werden verstehen, daß wir in bestimmten Positionen auch eine Aufgabe darin sehen, das Gleichgewicht zwischen deutschen und ausländischen Unternehmen in diesem Land einigermaßen in der Balance zu halten. Ganz sicher könnten die Beteiligungen der Banken weit flexibler gehandhabt werden, wenn nicht die Schranken des Körperschaftsteuerrechts entgegenstünden, denn eine Schachtelbeteiligung etwa sukzessive durch Verkäufe über den Markt abzubauen, dies läßt sich den eigenen Aktionären gegenüber einfach nicht verantworten. Die steuerlichen Nachteile wären erheblich, von dem unerwünschten Kursdruck auf die Aktien bei derartigem Vorgehen einmal ganz abgesehen. Halten wir also fest, daß aus unserer Sicht in Beteiligungspositionen durchaus eine dynamische Linie liegt, auch wenn wir an einigen wesentlichen Beteiligungen schon aus Ertragsgründen durchaus festhalten werden.

Was nun die Machtausübung aus diesem Beteiligungsbesitz betrifft, so wird auch hier mehr von Unkundigen verbreitet und geglaubt als unbedingt nötig wäre. Firmen leiten ihre Qualtität nun einmal weitgehend von der Qualität ihrer Leitung ab, und je höher dort der Standard ist, um so selbstbewußter pflegt man im Management zu sein. Und die allgemeine Lebenserfahrung, daß sich sehr gute Leute sehr wenig sagen lassen, sollte die Vorstellung von der Machtausübung der Banken etwas eingrenzen. Ich glaube, ich bin unbefangen, wenn ich Ihnen sage, daß ich noch niemals bei einem »betroffenen« Unternehmen auch nur das Gefühl gehabt habe, daß man unglücklich über unsere Beteiligung gewesen sei, abgesehen davon, daß die korrespondierende Größe zu möglicher Macht hier doch wohl die mögliche Hilfe ist.

*

Ein weiterer Stein des Anstoßes: die *Aufsichtsratsmandate*. Verworrene Vorstellungen auch hier – wen sollte es wundern? Der Deutsche Gewerkschaftsbund stellte schlicht fest, die Großbanken sitzen in »nahezu allen Aufsichtsräten«. Nun, bei genauerem Hinsehen wird aus diesen nahezu allen Aufsichtsräten nur die Hälfte der Aufsichtsräte aller Gesellschaften, die unter das Betriebsverfassungsgesetz oder die Montanmitbestimmung fallen; so hat es jedenfalls die neutrale Biedenkopf-Kommission in ihrem Mitbestimmungsbericht festgestellt und uns das Auszählen erspart. Es handelt sich hier übrigens um den gleichen Bericht, in dem es heißt: »Die Anhörungen haben keine Anhaltspunkte dafür ergeben, daß von den Banken ein über eigene Geschäftsbeziehungen hinausgehender Einfluß angestrebt oder ausgeübt wird.«

Weiter sei daran erinnert, daß nach geltendem Recht die Zahl der pro Kopf wahrzunehmenden Aufsichtsratsmandate auf 10 beschränkt ist, eine im Grunde nicht unvernünftige Lösung, zieht man die gestiegenen Größen, die gesteigerte Verantwortung und damit auch die veränderten Grenzbereiche für die Überforderung des einzelnen in Betracht. In diesem Zusammenhang und an dieser Stelle ist vielleicht der Ort, einmal ganz klar eine technische Aufklärung zu geben: Die Bankenvertreter sind in der analytischen Seite ihrer Pflichten im Aufsichtsrat nicht auf sich allein, auf ihre eigene Intelligenz gestellt, sondern hinter ihnen steht der ganze Hochleistungsapparat der Bank mit allen Fachabteilungen und kritischen Experten. Vergleichbare Einrichtungen sind außerhalb des Apparates einer Bank schwer anzutreffen und kaum aufzubauen. Genau dieser Hintergrund aber ist eine der Voraussetzungen und, wie ich meine, auch eine der Rechtfertigungen für die fraglos ins Auge fallende Sonderstellung der Banken in den Aufsichtsräten. Die Fachabteilungen der Banken arbeiten überdies unter besonders wirtschaftlichen Voraussetzungen, da sie für das Kreditgeschäft und für das Konsortialgeschäft ohnehin unterhalten werden; eine effizientere Lösung im Interesse der Unternehmen, ihrer Aktionäre und der gesamten Wirtschaft ist also schwer vorstellbar. Natürlich wissen die Unternehmen um diesen Hintergrund der Beratung und dringen ihrerseits, was manchmal in der Öffentlichkeit ein wenig großzügig übersehen wird, auf Bankenvertretung in ihren Aufsichtsräten.

Diesem Firmeninteresse entspricht nun durchaus ein, wie ich meine, eindeutiges und legitimes Interesse der Bank, in vielen Aufsichtsräten vertreten zu sein, wobei ich hier nur zwei Funktionen erwähnen möchte: Sowohl die Rolle des Kreditgebers als auch die Aufgaben der Bank als Wertpapierverwalter und verantwortlicher Betreuer von Aktiensparern rechtfertigen die optimale Beratung der Verwaltung des Unternehmens. Eine Versicherung gegen Pannen und Betriebsunfälle in dem komplizierten Mechanismus der Wirtschaft ist damit sicher nicht gegeben, zumal die Bankiers ihre wesentliche Aufgabe darin sehen müssen, mit Sachverstand und Erfahrung ihren Rat zur Lösung von Finanzierungsproblemen zur Verfügung zu stellen. So verständlich auch oft die Kritik an Fehlleistungen und sogar Zusammenbrüchen sein mag, es ließe sich immer leicht nachweisen, daß ein Vielfaches an Problemen und Gefahren überwunden wurde dadurch, daß bedrohten Unternehmen durch den Rat eines Bankiers Hilfe im richtigen Zeitpunkt zuteil wurde, eine Hilfe, die ihren Wirkungsgrad oft gerade dadurch gewinnt, daß sie der Öffentlichkeit verborgen bleibt. Mehr brauche ich vor diesem Kreise dazu wohl nicht zu sagen, denn sonst würde ich doch noch wider Willen zu einem Pflichtverteidiger in eigener Sache.

*

Gehen wir zu einem weiteren Standardpunkt der Kritik über, zur *Stimmrechtsausübung in den Hauptversammlungen von Aktiengesellschaften.* Hier lassen die Früchte einer geduldigen und sehr langwierigen Aufklärung immer noch auf sich warten. Unverändert wird von Depotstimmrecht gesprochen, immer noch sind durchaus intelligente Menschen allen Ernstes der Meinung, der Aktionär sei hier gewissermaßen der Gefangene seiner Depotbank, das Opfer einer Art Dauerauftrag auf Lebenszeit, und diese Bank verfahre nun mit seinem Stimmrecht nach eigenem Gutdünken und zu eigenem Vorteil. Dabei geht es im Prinzip doch nur um die einfache Frage, in welcher Weise derjenige Aktionär, der an den jährlichen Hauptversammlungen und ihren Beschlüssen nicht teilnehmen kann oder will, in umfassender und vernünftiger – und das heißt auch kostengünstiger – Weise vertreten werden kann. Es ist dies eine Frage, die ihre eigentliche Problematik erst dadurch erhält, daß es sich eben nicht mehr um einige Dutzend Aktionäre, sondern sehr oft um Zehntausende, manchmal um Hunderttausende handelt.

Blickt man auf die Geschichte dieses Vertretungsrechtes, so fällt es eigentlich besonders schwer, den Hintergrund für die permanenten Mißverständnisse in dieser Frage zu finden. Tatsächlich wurde schon in der Novelle zum Allgemeinen Deutschen Handelsgesetzbuch von 1884, bei der Neufestlegung der Rechte der Aktionäre und der Hauptversammlung, bestimmt, daß die Banken das Stimmrecht aus Depotaktien nicht ohne Zustimmung der Depotkunden vertreten dürfen. Das Interesse der Aktionäre an der Wahrnehmung oder Vertretung ihrer Rechte blieb aber so gering, daß die Hauptversammlungspräsenzen zu Beginn unseres Jahrhunderts zwischen 5% und 20% des Grundkapitals lagen. Bei solchem Sachverhalt konnte es nicht ausbleiben, daß sich erste Ansätze von Machtmißbrauch nicht durch Mehrheiten, sondern durch Minderheitsgruppen zeigten, denen entgegenzuwirken natürlich im Interesse der Banken und ihrer Aktionärskunden liegen mußte. Nach anfänglicher Ermächtigung der Banken in jedem einzelnen Fall entwickelte die Praxis dann allmählich leichter zu handhabende Formen der Stimmrechtsvertretung, die aber niemals die originären Rechte des Aktionärs in irgendeiner Form antasteten.

Eine klare gesetzliche Regelung brachte erstmals das Aktiengesetz von 1937 mit der auch heute noch bemerkens- und zitierenswerten Begründung, daß die Stimmrechtsvertretung durch Banken »überhaupt erst dazu führt, daß die freien Aktionäre in erheblichem Umfang in der Hauptversammlung vertreten sind«, weil ohne sie »die Gesellschaft noch mehr den Interessen einzelner Großaktionäre ausgeliefert wäre« und »die Kleinaktionäre völlig ausgeschaltet werden würden.«

Zu einer weiteren Fortentwicklung kam es mit dem Aktiengesetz von 1965. Aus der Begründung der damaligen Gesetzesvorlage möchte ich, weil zu den Raritäten der Aussagen über Banken gehörend, zitieren, daß die Banken »auf Grund ihrer Erfahrung und Sachkunde besonders geeignet sind, den Aktionär bei der Ausübung seiner Rechte zu beraten und zu unterstützen«. Als Zweck der Neuregelung wurde es bezeichnet, »die Verwaltung der Gesellschaft mehr als bisher unter die Kontrolle der Aktionäre zu stellen und die Banken von dem Verdacht zu befreien, daß sie das Stimmrecht im eigenen Interesse ausübten«.

Ich muß mich jetzt davor hüten, in die juristischen Details zu geraten. Aber einiges sollte wohl auch vor diesem Kreise zusammenfassend zum Ausdruck gebracht werden: Durch das Aktiengesetz von 1965 ist aus dem Ermächtigungsstimmrecht ein Vollmachtsstimmrecht geworden. Dieser Begriff leitet sich von einer für längstens 15 Monate zu erteilenden Basisvollmacht des Aktionärs an seine Bank her, von der die Bank aber nicht schon auf Grund ihrer Erteilung Gebrauch machen kann. Die Stimmrechtsausübung ist vielmehr an die Voraussetzung der Einhaltung einer ganzen Reihe von Vorschriften geknüpft. Die Verwaltungen der Gesellschaften haben zunächst einmal zu jedem Punkt der Tagesordnung einer Hauptversammlung Vorschläge zu machen. Den Banken obliegt es alsdann, diese zusammen mit etwaigen Gegenanträgen unter Einhaltung bestimmter Fristen den Aktionären mitzuteilen. Will ein Kreditinstitut auf der Hauptversammlung auftreten, so hat es dem Aktionär einen Vorschlag zur Ausübung des Stimmrechts zu unterbreiten und ihn um Weisung zu bitten, wie es stimmen soll. Erteilt ein Aktionär Weisung, so sind die Banken praktisch nur noch Boten, die seine Stimme in der Hauptversammlung abgeben. Wird eine Weisung nicht gegeben, so ist die Bank prinzipiell an ihre eigenen Vorschläge gebunden.

Von dem angeblichen Depotstimm*recht* ist also allenfalls eine Vorschlags*pflicht* übriggeblieben, dies alles – wie Sie sich sicher vorstellen können – verbunden mit einem außerordentlichen Arbeits- und Kostenaufwand.

Schließlich haben wir in der Bundesrepublik heute 4 bis 5 Millionen Aktionäre – auf Grund der Kursentwicklung größtenteils enttäuschte Aktionäre, wie ich hinzufügen darf – und rd. 600 börsennotierte Aktiengesellschaften mit mehr oder minder breiter Streuung des Kapitals.

Nun trifft man – allen rechtlichen Vorkehrungen zum Trotz – gelegentlich immer noch die Meinung an, die Banken würden ihre Abstimmungsvorschläge eben doch nicht so sehr am Aktionärsinteresse, sondern an ihrem eigenen, oder – in einer Art Komplizenschaft – am Interesse der Gesellschaftsverwaltungen orientieren. Ich sage Ihnen offen, mit derartigen Bemerkungen kann man Banken ärgern, und zwar schon deshalb, weil man Ihnen damit das wünschenswerte Minimum an Einsicht und Verantwortungsbewußtsein abspricht, und überdies dort einen Konflikt unterstellt, wo wir alles in allem eine Identität der Interessen haben.

Wo sich aber ein Konflikt abzeichnet, wo insbesondere Anzeichen dafür bestehen, daß sich die Verwaltung nicht in Übereinstimmung mit den Interessen der Gesellschaft und damit mit den Interessen der Aktionäre befindet, nehmen die Banken ihre Verantwortung sehr ernst. Und es gibt Nachweise genug, daß sie sich mit aller Sorgfalt und Einsatz beträchtlicher Kosten um die Vorbereitung und um die Durchsetzung derjenigen Abstimmungsvorschläge bemühen, die nach ihrer Auffassung erforderlich sind, um das Wohl der Gesellschaft zu sichern. Sehr im Gegensatz zu manchem anderen Opponenten ist aber die Politik der Banken immer, sowohl den Aktionären als auch den Gesellschaften gegenüber, langfristig angelegt, und in dieser Perspektive würde eine etwa prinzipielle Parteinahme für die eine oder andere Seite nicht nur ihr, sondern allen schaden. Und endlich sollte man nicht übersehen, daß die Bank aus ihrem laufenden Kontakt zu einer Vielzahl von Aktionären die Chance hat – und sie nimmt diese Chance wahr –, kritische Vorstellungen auch im Verlaufe des ganzen Geschäftsjahres den Verwaltungen der Gesellschaft zur Kenntnis zu bringen. So kann Kritik auch außerhalb der Hauptversammlungen wirksam werden und Opposition in der Hauptversammlung unnötig machen.

Im übrigen scheint ein Blick in unsere Hauptversammlungen manchmal die Frage aufzuwerfen, ob wir uns nicht in einer ähnlichen Situation wie um die Jahrhundertwende befinden. Wir werden jedenfalls zunehmend danach gefragt, was eigentlich getan werden kann, die anwesenden und vertretenen Mehrheiten zu schützen, wenn die sachliche Information und Aussprache in den Hauptversammlungen einfach dadurch verhindert wird, daß offensichtlich weder mit der Sache noch mit der Prozedur Vertraute das Wort an sich ziehen. Nun, derartige Phänomene sind ja nicht nur auf Hauptversammlungen festzustellen, und ich glaube, daß wir vernünftig immer nur dann sind, wenn wir der Vernunft selbst eine Chance geben, d. h. wenn wir der Geduld den Vortritt lassen. Jede andere Verhaltensweise würde nur weitere Verwirrung über unsere Motive stiften können.

Das Problem der Stimmrechtsvertretung in den Hauptversammlungen, die Formulierung und Geltendmachung von Meinungen, wird nie von der Tagesordnung verschwinden. Unter der Führung der Banken hat man seit langem immer wieder über andere Möglichkeiten nachgedacht. Das bisherige Ergebnis solchen Bemühens: Unter allen denkbaren Modellen gibt es kein System, das effizienter wäre als dasjenige, das nach einem langen Reifeprozeß heute zur Verfügung steht.

*

Völlig unabhängig aber von Systemfragen werden sich die Banken in der ganzen Welt immer konfrontiert sehen mit einem stets wachen, kritischen Mißtrauen, wobei es je nach Mentalität und Wissensstand, und das heißt auch je nach dem Stand der Unkenntnis, Unterschiede geben wird. Leider müssen wir offen sagen, daß das Verhältnis der Deutschen zum Geld, zur Wirtschaft und zu den Banken vergleichsweise kompliziert und befangen ist. Bei uns werden Fragen erhoben, die wir sonst in der Welt überhaupt nicht gestellt sehen.

Wir wollen andererseits mit Genugtuung feststellen, daß in Deutschland offensichtlich das Verständnis für die Aufgaben und die Verantwortung der Unternehmer ständig wächst, ein deshalb besonders beachtliches Phänomen, weil eben die Kenntnisse vom Mechanismus der Wirtschaft selbst nach wie vor ungewöhnlich bescheiden sind. Ich meine, es würde einem spannungsfreieren Verhältnis zu den Banken und vor allem zu unserem *System der Universalbank* dienen, wenn die Erkenntnis Raum gewinnen würde, daß die deutschen Banken gerade in diesem ihrem Typus Gründungen des freien Unternehmertums sind. Die in diesem Universaltyp integrierte Vielfalt der Dienstleistungen entsprach dem Konzept der Gründer und entspricht unverändert dem Bedürfnis der Wirtschaft. International ist die Universalbank im Vordringen.

Es wird heute eigentlich nicht mehr bezweifelt, daß diese verbundene Form des Bankgeschäfts, wie wir sie kennen, gegenüber dem angelsächsischen Trennsystem eindeutige Vorteile besitzt. Die Unternehmen haben die Möglichkeit, eine lückenlos ineinandergreifende Finanzierung bis hin zur Ausgabe von Wertpapieren bei einer Bank oder einer Gruppe gleichartiger Banken in Anspruch zu nehmen. Den Sparern und Anlegern wird unter einem Dach der gleitende Übergang vom Sparkonto zum Investmentanteil und zu sonstigen Wertpapieren geboten. Er hat dabei überall im Lande Gelegenheit, sich unmittelbar beraten zu lassen, und der Berater muß seinem Kunden immer wieder ins Auge blicken. Das macht für ihn die Aufgabe nicht leichter, aber es unterstreicht die Verantwortung.

Hätten wir dagegen selbständige Effektenbanken, so müßten diese aus Kostengründen entweder auf ein Filialnetz verzichten, oder aber die Effektenumsätze würden sich für den Kunden ganz wesentlich verteuern. Die von ausländischen Investmentgesellschaften praktizierte ambulante Methode ist sicher ein schlechter Ersatz für den »bodenständigen« und permanenten Kontakt mit einer Bankfiliale am Ort. Der entscheidende Vorteil des Universalbanksystems liegt eindeutig in den Kostenvorteilen, die es zugunsten der Kunden bietet. Wir müßten in jeder von uns angebotenen Dienstleistung zum Nachteil der Allgemeinheit wesentlich teurer werden, wenn wir unser derzeitiges System gegen andere Modelle austauschen würden.

Demgegenüber scheinen mir die angeblichen Interessenkonflikte, die sich aus der Tätigkeit einer Bank in mehreren Geschäftsbereichen ergeben können, mehr theoretischer Natur zu sein. Abgesehen davon, daß wir doch ein recht ausgewogenes System entwickelt haben, um derartigen Konflikten auszuweichen, sollte man seinen Sinn dafür offenhalten, wie stark die Vorteile eines ausbalancierten Universalgeschäfts sind: Eine mehrgleisig operierende Bank ist eben nicht darauf angewiesen, z. B. unter allen Umständen und zu jeder Zeit Wertpapiere zu verkaufen. Anders der allein auf diese Tätigkeit spezialisierte Broker: für ihn ist Umsatz eine Existenzfrage. Ich meine, daß sich gerade daraus sehr viel eher Konflikte und Komplikationen ergeben können als aus unserem integrierten System – eine Behauptung, die wir sehr leicht nachweisen können an gewissen Vorkommnissen in den Vereinigten Staaten.

*

Auf Ihren Einladungen stand die Aussage von der Macht der Banken ohne Fragezeichen. Sollen wir nun dieses Fragezeichen nachträglich einfügen? Ich glaube nein.

Niemand wird die Tatsache übersehen wollen, daß die Banken eine zentrale Funktion in der Wirtschaft haben. Weder der Weg vom Agrarstaat zur modernen Industriegesellschaft noch der Wiederaufbau und die wirtschaftlichen Erfolge in der Nachkriegszeit, noch die internationale Arbeitsteilung zum Wohle aller wären vorstellbar ohne leistungsfähige, anpassungsfähige und kooperationsfähige Banken. Aus dem engen Miteinander und Füreinander, das die Banken mit allen Bereichen und Größenordnungen in der Wirtschaft verbindet – den Sparer und Verbraucher eingeschlossen –, erwächst zwangsläufig eine Fülle von Einsichten, Kenntnissen und Wissen, und selbstverständlich ist dieses Wissen – keine neue Erkenntnis – auch Macht.

Und diese Macht werden wir weiter ausüben. Wir werden sie beanspruchen, denn sie ist der Kern unseres Berufes. Vergessen Sie aber bitte nicht: Wissen und Erfahrung verteilen sich nicht auf wenige Köpfe, sondern bereits innerhalb einer Bank oft auf Tausende. Das Wissen verteilt sich weiterhin innerhalb Deutschlands auf Tausende von Banken verschiedenster Größenordnung und Aufgabenstellung. Damit ist, wie ich glaube, in imponierender Weise sichergestellt, daß die wissenden Köpfe immer miteinander konkurrieren, und daß dem Interesse der Allgemeinheit entsprochen wird, dieses Aktivum für den wirtschaftlichen Entwicklungsprozeß in seiner vollen Breite nutzbar zu machen.

Eine Staatsform, die die Freiheit ihrer Bürger zu ihrem wesentlichen Inhalt bestimmt hat, sollte sich dieser funktionellen Vorteile des gegenseitigen Zusammenwirkens sehr bewußt sein, ehe etwa Überlegungen und Verführungen Raum gegeben wird, die da meinen, eine Konzentration dieser Macht aus Wissen und Erfahrung auf den Staat hin sei das Gebot der Stunde.

Staat – Wirtschaft – Freiheit

Ich darf Ihnen, sehr verehrter Herr Altbundeskanzler Professor Erhard, für Ihre Ansprache danken. Wir haben uns gefreut, in Ihnen das Herz des Kämpfers schlagen zu hören, und daß in diesem Herzen auch der Humor mitschwingt. Wir würdigen hier und heute auch Ihre historische Leistung für Deutschland und für die Rehabilitierung einer liberalen Wirtschaft überhaupt. Sie haben ein Zeichen gesetzt gegen die Reglementierung des Menschen, gegen ein Zuviel an Staat. Die Energien, die Fülle von Initiative und Phantasie, die durch Sie geweckt worden sind, haben die Basis für das Erreichte geschaffen, die Lebensgrundlage für einen Menschen, der sich deshalb zu seinem Staat bekennt, weil er nicht auf Schritt und Tritt von diesem Staat abhängig ist. Auf diesem Fundament baut sich auch unsere Hoffnung auf, daß der in ein neues Selbstbewußtsein hineingewachsene Bürger für den Bestand einer freien sozialen Marktwirtschaft einstehen wird.

Die Einsicht, daß Wirtschaft und Staat in engster Wechselbeziehung zueinander stehen, daß sie in Leistung und Bestand aufeinander angewiesen sind, ist so alt wie der Staat und die Wirtschaft selbst. Der Wirtschaft und damit den Menschen ihres Landes dienen, dies ist ohne Zweifel ein verbindlicher Maßstab für die Tätigkeit aller

---

Auszug aus den Ausführungen anläßlich des 100jährigen Jubiläums der Dresdner Bank in der Kongreßhalle in Berlin am 12. September 1972

hier anwesenden Bankiers aus fünf Kontinenten. Die tiefe Verwurzelung, ja die Identifizierung mit den Interessen unserer Länder bestimmt unseren Rang und unsere Legitimation für unsere internationalen Aufgaben, Aufgaben, in deren Wesen es liegt, Gegensätze auszugleichen, Brücken zu bauen und beständige Partnerschaften über die Grenzen hinweg zu finden. Und ich meine, wir können es als Glück für unsere Gegenwart empfinden, daß uns die neuen Größenordnungen der Wirtschaft heute aus den engeren Bereichen unserer nationalen Tätigkeit heraus in die Koordinierung unserer Kräfte im größeren Verbund drängen.

Bei Betrachtung der deutschen Szene der letzten hundert Jahre sollten wir drei Dinge nicht übersehen.

Zunächst: Eine Vielzahl bedeutender deutscher Unternehmen hat sich über einen Zeitraum bewähren und behaupten können, in dem Regierungen und Regierungssysteme zusammenbrachen.

Zweitens: Nicht nur der Wiederaufstieg Deutschlands nach dem Zweiten Weltkrieg, sondern die große Leistung, die Demokratie als Staatsform in unserem Lande verwurzelt zu haben, leitet sich aus den Ergebnissen liberaler Wirtschaftspolitik, dem Erfolg unserer Wirtschaftsordnung ab.

Drittens: Das Ansehen unseres Landes in der Welt ist heute weitgehend bestimmt von dem Ansehen und der Leistungsfähigkeit unserer Wirtschaft.

Dies alles ist sicherlich für uns kein Anlaß zur Selbstgerechtigkeit, aber es begründet unser Vertrauen in die Kraft der Selbstbehauptung. Und wir meinen: Auch für uns besitzt die Forderung von John F. Kennedy ihren Sinn, nicht danach zu fragen, was unser Land für uns, sondern was wir für unser Land getan haben. Und ich möchte in aller Bescheidenheit glauben, daß hier die deutschen Unternehmer und mit ihnen auch die deutschen Banken eine gute Bilanz aufmachen können, eine

Bilanz fern nationaler Mißverständnisse und nationaler Verengung des Gesichtsfeldes.

Eine unbefangene Geschichtsschreibung wird sich einmal mit den Leistungen der deutschen Unternehmen nach dem Kriege auseinandersetzen müssen, Unternehmen, die jedes für sich alle Kräfte daran setzten, den Verfall ihres Landes aufzuhalten, und dies auch deshalb, weil sie gewohnt waren, das Ganze zu sehen und die Einheit des Landes aus ihrer Struktur heraus zu reflektieren.

Auch in dieser Bank hat man den Zwängen und Versuchungen einer Auflösung widerstehen müssen und widerstanden, um die Substanz zu bewahren, die Generationen erarbeitet hatten. Und die gleichen Männer, die die harte Arbeit der ersten Stunde in diesem Geiste leisteten, haben uns auch den Weg zu unseren alten ausländischen Verbindungen wieder geöffnet. Wir haben heute Anlaß, unseren Freunden in aller Welt, die uns frühzeitig die Hand gereicht haben, zu danken.

Wir begehen unser Jubiläum zu einer Zeit, in der wir alle wissen, daß der Status des freien Handelns, ja der freien Wirtschaft überhaupt, weder national noch international gesichert ist. Da begegnet uns einmal die Fülle von Vorschlägen, die um einer Steuerung der Konjunktur oder der Währungsströme willen die Entscheidungsfreiheit des einzelnen einengen wollen, vielleicht auch einengen müssen. Da sehen wir vor allem aber: Weit mehr als die Hälfte der Bewohner dieser Erde werden erzogen in einem elementaren Zweifel, wenn nicht in Opposition zu dem System, dessen Leistungsfähigkeit auch uns anvertraut ist.

Nun ist an niemandem von uns die tiefe Skepsis vorbeigegangen, die sich mit den so unterschiedlichen Vorstellungen vom Inhalt und vom Gebrauch der Freiheit oder etwa mit der Vorstellung des Fortschritts in den letzten hundert Jahren verbindet, Skepsis vor allem gegenüber einem geistigen oder gar moralischen Fortschritt. Wir haben auch die Rede eines bedeutenden Europäers, Eugène Ionesco, anläßlich der Eröffnung der Salzburger Festspiele vor einigen Wochen nicht überhört. Er spricht ohne Hoffnung für die Zukunft des Menschen in einer Zeit des Zornes und der Gewalt. Er verweist auf fast zweihundert Jahre Revolutionen, die uns, wie er sagt, Niederlage und Bankrott der Revolutionen gebracht haben, die nur die Begierde der Herrschaft des Menschen über den Menschen fördern. Er beklagt, daß sich die Sehnsucht nach Freiheit in einer erschrekkenden Weise mit der Wirklichkeit des Wunsches nach Unterwerfung verbindet.

Aber so sehr wir die Zweifel in die Weisheit alles dessen, was geschieht, teilen, so sehr auch wir den hilflosen Menschen in einer veränderten Umwelt sehen, so sehr wissen wir auch, daß wir als Wirtschaftler und als Unternehmer nicht die Wahl haben zwischen aktiver Auseinandersetzung mit der Zukunft und Resignation. Auch wir können uns nicht von der Aussage Immanuel Kants befreien, daß die Notwendigkeit, zu entscheiden, weiter reicht als die Möglichkeit, zu erkennen. Für diese Entscheidung aber werden wir immer die Freiheit reklamieren.

Klaus Harpprecht, den wir gebeten haben, für unsere Festschrift in einem Essay eine kritische Auseinandersetzung mit den hundert Jahren zu suchen – und wir haben gern mit ihm auch über diese hundert Jahre gestritten –, schreibt gegen Ende seiner Betrachtung: »Resignation erspart uns nichts. Sie bewahrt uns vor keiner Niederlage. Sie hält uns nur davon ab, die Erfahrung anzunehmen und fruchtbar zu machen.« Ich glaube, wir sollten das beherzigen. Resignation hat es in dieser Bank nie gegeben. Das ist unsere Erfahrung, das ist auch unsere Tradition, die wir in die Zukunft einzubringen haben. Wir erheben sogar den Anspruch, Ionesco zu widersprechen, nämlich dort, wo er sagt, die Industrie und ihre Produkte hätten uns nur an den Rand der Zerstörung der Erde und ihrer Atmosphäre gebracht. Wenn in den verworrenen Entwicklungen der letzten hundert Jahre ein Fortschritt definiert werden kann, dann doch zumindest der, daß sich in der industriellen Arbeitsleistung der Sinn des Wirtschaftens weitgehend erfüllt hat, nämlich den Menschen von unmittelbarer Not zu befreien. An dieser Leistung haben viele in diesem Raum hier ihren Anteil.

Diese Bank hat in der Vergangenheit allen Sorgen, Zweifeln und Ängsten zum Trotz an einer Fülle von Aufgaben und Projekten in wohl allen Bereichen menschlichen Denkens und Handelns, der Umwandlung von Phantasie in Wirklichkeit mitgewirkt. Sie hat gewichtigen Anteil an der Entwicklung von Energie, Produktion, Handel und Verkehr. Sie hat über Jahrzehnte der Erhaltung und Mehrung von Vermögen in breitester Streuung gedient. Sie wird das auch in Zukunft tun.

Welche Grundsätze werden künftig unser Handeln bestimmen? Gestatten Sie mir ein abschließendes Wort vor allem an die jüngsten Ehrengäste in diesem Kreis, an unsere hier anwesenden jungen Mitarbeiter, die noch in der Ausbildung stehen.

Sie sehen vor sich die Büste unseres Gründers Eugen Gutmann. Viele unserer hier anwesenden Pensionäre, die 40 und 50 Jahre für unsere Bank gearbeitet haben und die ich an dieser Stelle besonders herzlich grüße, werden sie noch an ihrem ursprünglichen Standort im Treppenhaus der alten Dresdner Bank in Berlin gesehen haben. Die Büste von Eugen Gutmann ist heute zum ersten Mal seit 38 Jahren wieder in Berlin, nach einer Wanderschaft durch halb Europa, durch die heute kaum noch faßbaren Wirren der Zeit, der Bank von der Familie in einer großzügigen Geste zurückgegeben.

Niemand möge übersehen, daß sie heute hier mit uns

steht an einem Ort von historischem Gewicht. Hier konzentrieren sich in einem Umkreis von wenigen hundert Metern Glanz und Elend von hundert Jahren deutscher Geschichte. Hervorragende geistige, wissenschaftliche, künstlerische und wirtschaftliche Leistungen sind in diesem Zeitraum hier erbracht worden. Es ist nicht weit bis zur Humboldt-Universität, zur Charité, einem großen Namen in der Medizin. Wir sind hier in Sichtweite des Reichstages, und das alte Regierungsviertel, in dem die Geschicke des Deutschen Reiches bis 1945 geprägt wurden, liegt nur wenige Schritte von hier.

Und es ist nicht weit zum Brandenburger Tor. Dort sind sie vor bald 40 Jahren mit Fackeln hindurchgezogen, und auch sie haben gesungen von Freiheit und von einer neuen Weite des Lebens, von einem Aufstand der jungen und der neuen Kräfte. Erhalten wir uns ein feines Ohr für die falschen Töne. Generationen sind mit leeren Händen ausgegangen, weil sie dem Drange schöner Parolen und wohl auch schöner Gefühle erlagen. Diese Welt ist mit Trümmern übersät worden, weil der Verstand nicht mehr zu Wort kam.

Unser Beruf, liebe junge Mitarbeiter, zwingt uns in den nüchternen Umgang mit der Realität. Nehmen Sie die große Chance dieses Berufes wahr, ständig dicht an der Realität zu leben und mit Sachverstand daran zu arbeiten. Wir wissen alle: Diese Welt hält keine Wunder bereit. Jede mögliche Bewegung nach vorn, jeder Versuch eines Fortschritts setzen Arbeit, Fleiß und Ausdauer voraus und erfordern vor allem unseren Verstand, unseren Willen und unsere Fähigkeit, das Bestehende zu begreifen.

Lassen Sie sich nicht irre machen in der Erkenntnis, daß unsere Kraft aus der Vielfalt der Initiativen und der Entscheidungsfreiheit jedes einzelnen Menschen folgt, und daß der Erfolg des Ganzen keine anderen Gesetze kennt als diejenigen, die für das Wohl des einzelnen gelten. Sie wissen, daß in der Wirtschaft, der Sie dienen, Veränderungen des Bestehenden nicht immer Gewinn, nicht Vermehrung der Substanz sein müssen. Die Veränderung kann sich auch als Verlust darstellen. Auch die Bilanz einer Volkswirtschaft hat im Prinzip keinen anderen Maßstab als das Gericht der Zahlen. Überschreitet das Soll das Haben, so können auch die Künste staatlicher Buchführung nicht überdecken, was verlorengeht.

Bleiben wir also nüchtern, und treten wir hier und überall, wo in der Welt es nottut, dafür ein, den Verstand, die Vernunft wieder in ihren Rang einzusetzen. Und lassen wir uns die Freiheit nicht ausreden, die all denen immer unbehaglich, unerträglich sein wird, denen Macht und Gewalt über die Freiheit anderer alles gilt.

Meine Damen und Herren, diese Kongreßhalle, in der wir uns zusammengefunden haben, ist ein Geschenk der Vereinigten Staaten von Amerika an die Stadt Berlin, ein Zeichen des guten Willens, früh gesetzt, ein Zeichen des Wunsches nach Gemeinsamkeit und Frieden, nach einem Leben unter freien Menschen. Wir sollten von hier die Hoffnung mitnehmen, daß wir, vor allem die Jüngeren unter uns, in Zukunft einen Schritt den Idealen näherkommen, die Benjamin Franklin, ein Kronzeuge der Freiheit, vor zweihundert Jahren niederlegte, und die die Stifter dieses Hauses hier eingemeißelt haben:

Gebe Gott,
daß nicht nur die Liebe zur Freiheit,
sondern auch ein tiefes Bewußtsein
von den Rechten der Menschen
alle Völker der Erde durchdringe,
so daß ein Philosoph,
wohin immer er seinen Fuß auch setzen möge,
sagen kann: »Dies ist mein Vaterland.«

Perspektiven der europäischen Wirtschaft

Ihre Tagung fällt in eine Zeit, die vieles in Frage stellt. Es gibt kaum einen Bereich unseres politischen und wirtschaftlichen Lebens, in dem nicht die bestehenden Formen und Inhalte diskutiert werden. Die Neigung, zu verändern und Wandel auch zu akzeptieren, macht ganz offenbar einen wesentlichen Teil unserer Gegenwart aus.

Weitreichende Veränderungen zeichnen sich auch für die Weltwirtschaft ab. Ich möchte mit Ihnen darüber nachdenken, wie die Strömungen, in denen wir uns zum großen Teil bereits befinden, sinnvoll gelenkt und genutzt werden können, welche Anpassungen wir vornehmen müssen, welche Konsequenzen wir zu erwarten haben. Wir wollen gemeinsam den Versuch einer Analyse der Schwerpunkte, der Tatsachen und der realen Erwartungen unternehmen, die das wirtschaftliche Zusammenwirken der Teile dieser Welt in den nächsten Jahrzehnten voraussichtlich bestimmen werden. Davon wird nicht nur die Gestalt der Wirtschaft selbst, nicht nur der Lebensstandard, davon werden unsere gesamten Lebensbedingungen abhängig sein, auch der Grad der Freiheit, in dem wir uns werden entfalten können. Gründe genug also, dem Wandel in der Weltwirtschaft nachzuspüren, die eigene Position zu erkennen und die richtigen Segel zu setzen. Da wir uns hier bei einer europäischen

---

Vortrag anläßlich der Schlußsitzung des Europäischen Treffens für Chemische Technik und der ACHEMA-Tagung 1973 am 27. Juni 1973 in Frankfurt a. M.

Tagung begegnen, soll vor allem von Europa und seinen veränderten Perspektiven die Rede sein.

Als wesentliche Faktoren für den Wandlungsprozeß sind zunächst die neuen Dimensionen der Bevölkerungsentwicklung, alsdann die sich neu formierenden Wirtschaftsräume und schließlich die Möglichkeiten anzusprechen, wie diese Räume künftig miteinander verkehren werden. Bei all diesen Ausblicken haben wir es mit einigermaßen überschaubaren Größen zu tun, Größen übrigens, an denen sich die Chemische Industrie schon immer orientiert hat und deren treffsichere Einschätzung maßgeblich zu ihren Erfolgen beigetragen hat.

*

Das Problem der Bevölkerungsentwicklung darf in allen Überlegungen für die Zukunft einen hervorragenden Platz beanspruchen. Es gibt hier eine Vielzahl von Prognosen, die ihrerseits – nicht zuletzt auf Grund der Tätigkeit der Chemischen Industrie – immer wieder revidiert werden müssen. Der Trend aber liegt offen zutage; auf die Dezimale genau wollen wir es gar nicht wissen.

Halten wir uns einmal an die vielbesprochene Analyse des Clubs von Rom, so ist davon auszugehen, daß wir in etwa 30 Jahren – Pestilenz und Irrtum vorbehalten – mit einer Weltbevölkerung von etwa 7 Milliarden Menschen zu rechnen haben, also annähernd mit einer Verdoppelung der heutigen Zahl.

Wesentlicher als das absolute Wachstum der Menschheit ist für unsere Überlegungen die regionale Verteilung dieses Wachstums. Wir wissen, hier wird die Entwicklung außerordentlich differenziert verlaufen, und zwar in einem negativen Verhältnis zur Höhe des Industrialisierungsgrades. Mit anderen Worten: Die Bevölkerung in den Industrieländern nimmt unterdurchschnittlich zu, bis zum Jahre 2000 in den westeuropäischen Ländern beispielsweise im Schnitt um kaum mehr als 10%. Dagegen sind für die Entwicklungsländer Zuwachsraten von teilweise mehr als 100% zu erwarten. Und in Asien werden um die Jahrtausendwende weit mehr Menschen leben als in allen übrigen Teilen der Welt zusammen, zehnmal soviel wie in den USA. Schon diese Ziffern lassen erkennen, daß wir uns auf einschneidende Gewichtsverlagerungen auch in den Warenströmen und in den Produktionsstandorten einzustellen haben und daß die an diesem Prozeß beteiligten Größenordnungen potentiell beachtliche Chancen für den Welthandel ausweisen.

Neben den Geburtenziffern und ihren geographischen Schwerpunkten werden wir uns zunehmend für die Wanderungsbewegungen zu interessieren haben. Sie werden sich zwar vorwiegend innerhalb der einzelnen Kontinente abspielen, in ihrem Gewicht aber nicht hinter den früheren Völkerwanderungen zurückbleiben. Der Mensch ist mobiler geworden und will mobiler sein, mit allen Konsequenzen, die sich daraus ergeben. Die Wanderungen finden in allen Zivilisationsstufen statt. Mehr als $5^1/_2$ Millionen Gastarbeiter allein in Frankreich und der Bundesrepublik Deutschland setzen neue Zeichen für Europa. Was als vorübergehender Status empfunden wurde, kann zu einem gewichtigen Teil dauerhafte Neuansiedlung werden. Wir sehen auf allen Kontinenten den Aufbruch vom Lande, auch aus dem Busch heraus, auf die Schornsteine zu. Die Regionen mit dem höheren Zivilisationsgrad, mit den besseren Verdienstmöglichkeiten, strahlen eine magnetische Anziehungskraft aus, eine Anziehungskraft, die auch die sozialen Probleme dieser Wanderungen in erschreckender Weise konzentrieren.

Nach ernst zu nehmenden Schätzungen sind heute in der Welt 250 Millionen Menschen ohne Arbeit. Wir müssen davon ausgehen, daß diese Menschen sich ihrer Arbeitslosigkeit – und sicher umfaßt sie eine Vielzahl von Schattierungen – zunehmend bewußt werden. Dieses

Bewußtsein wird sich konfrontiert sehen mit der Einsicht der Verantwortlichen, daß es unmöglich ist, alle diese Menschen etwa einer industriellen Betätigung zuführen zu wollen. Soweit wir hier aber ein Potential, eine Reserve zur Steigerung der wirtschaftlichen Leistung sehen, sollten wir für unseren Überblick hier festhalten, daß diese Arbeitskräfte fast ausschließlich außerhalb Europas beheimatet sind.

*

Wenden wir uns nun den wirtschaftlichen Räumen zu, in denen sich die Weltwirtschaft von morgen zu organisieren anschickt. Wir sehen überall in der Welt Integrationsbestrebungen, in unterschiedlicher Größerordnung zwar und auch mit sehr unterschiedlichem Erfolg, aber doch mit der offenbar identischen Vorstellung, daß es rationeller und effektiver sei, in abgegrenzten – und notabene auch geschützten – Regionen zu wirtschaften. Die Versuche beispielsweise in Lateinamerika mit dem Zentralamerikanischen Markt und der Lateinamerikanischen Freihandelszone, mit der Andengruppe und der La-Plata-Gruppe sind nicht zu übersehen. In Afrika unternimmt die Ostafrikanische Wirtschaftsgemeinschaft neue Versuche, die Schwierigkeiten auf dem Weg zu enger Zusammenarbeit zu überwinden. Daneben können die im Abkommen von Jaunde mit der EWG assoziierten Länder als ein lockerer wirtschaftlicher Verbund betrachtet werden. Für den pazifischen Raum wird ein Pacific Free Trade Area diskutiert. Im Osten haben wir den bereits 1949 in Moskau konstituierten Rat für gegenseitige Wirtschaftshilfe, kurz COMECON genannt, im Auge. Am weitesten sind wir mit der wirtschaftlichen Integration sicher hier in Westeuropa vorangekommen. Das darf bei aller Skepsis und manchen Rückschlägen klar ausgesprochen werden. Hier hat sich ein Stück Weltwirtschaft nachhaltig gewandelt.

Die USA, als geographischer Wirtschaftsraum über viele Jahrzehnte hinweg kaum verändert, in ihrer ökonomischen Verflechtung – die nicht allein am Warenhandel gemessen werden darf – weit mehr in die Weltwirtschaft integriert als irgendein anderer Wirtschaftsraum, stehen ungeachtet der nach wie vor überragenden Leistungsfähigkeit ihrer Wirtschaft ebenfalls in einem Prozeß durchgreifender innerer Wandlungen. Die Bemühungen konzentrieren sich darauf, die Beschäftigung des heimischen Potentials dadurch abzusichern, daß die Voraussetzungen für die Beteiligung der USA am Welthandel nachhaltig verbessert werden. Amerika nimmt Augenmaß an den neuen Wirtschaftsräumen.

Japan – wir haben uns daran gewöhnt, diesem Land mit der spektakulärsten Entwicklung unter allen Industrieländern bereits die Qualifikation eines eigenen Wirtschaftsraumes zuzumessen. Die Prognostiker sind sich eigentlich nur noch über den Zeitpunkt uneins, zu dem Japan die größte Wirtschaftsmacht der Welt sein könnte, etwa 1985 oder erst im Jahre 2000. Japan hat ein Modell für wirtschaftliche Entwicklung gesetzt; die Gründe für den außerordentlichen Erfolg dieses Landes sind oft genannt worden. Lehrlinge aller Altersklassen suchen heute den Fernen Osten auf, um mit der Nachricht heimzukehren, daß sie die Rezeptur zu Hause nur zu einem kleinen Teil verordnen können, da sich die überragende Arbeitsdisziplin, die hohe Sparquote und die intime Kooperation von Wirtschaft und Staat jedenfalls nicht so ohne weiteres nach Europa übertragen lassen. Es bleibt jedoch genug zu lernen für unseren Kontinent; hierauf darf ich zurückkommen.

*

Am weltwirtschaftlichen Horizont der kommenden Jahre und Jahrzehnte wird sich der stärkste Wandel – so wollen wir jedenfalls hoffen – in den Entwicklungsländern ergeben. Wir sollten uns allerdings die Leichtigkeit im Umgang mit diesem Begriff abgewöhnen. Das koordinierte Erscheinen der Länder auf Konferenzen sowie gelegentliche Aktionen haben offenbar zu dem Mißverständnis beigetragen, diese Länder als einen wirtschaftlichen Block zu verstehen. Wir sollten uns immer darüber klar sein, daß die Entwicklung in der Dritten Welt außerordentlich unterschiedlich verlaufen wird, so heterogen, wie diese Gruppe von Staaten in fast jeder Hinsicht nun einmal ist. Wir müssen uns sowohl von dem Risiko falscher Bilder als auch von der Meinung befreien, daß einige ökonomische Kennziffern – wie etwa das Sozialprodukt – nahezu alles über die Zukunft oder gar über einen vergleichbaren Verlauf dieser Zukunft aussagen können. So liegt das Sozialprodukt pro Kopf der Bevölkerung in kleineren afrikanischen Ländern bei der Kennziffer 52 Dollar. Für Libyen dagegen wird es mit dem Dreißigfachen hiervon, mit 1600 Dollar ausgewiesen. Und dieser Wert wiederum wird auch von den wesentlich weiter entwickelten und dichter bevölkerten lateinamerikanischen Ländern – beispielsweise Venezuela, gleichfalls ein Ölproduzent, mit der Kennziffer 961 Dollar, vor Argentinien mit 836 Dollar – bei weitem nicht erreicht.

Besonders deutlich wird unsere Schwäche in den Interpretationsmöglichkeiten, wenn etwa der Versuch unternommen wird, einen Entwicklungsindex zu ermitteln, in den weitere Schlüsselwerte wie Energieverbrauch, Analphabetenquote, durchschnittliche Lebenserwartung und anderes eingehen. Setzt man bei diesem Index die Bundesrepublik Deutschland gleich 100, so ergibt sich für Lateinamerika ein Wert von 48, für Asien ein solcher von 19, und für Afrika als den am wenigsten entwickelten Kontinent die Kennziffer 5. Über die Entwicklungsmöglichkeiten, über die für die Zukunft wohl entscheidenden Ziffern des natürlichen Reichtums an Bodenschätzen, Energie und Menschen, sagen diese Ziffern nichts aus.

Sie vermitteln uns auch keinen Eindruck von dem zum Teil stürmischen Entwicklungsprozeß im Angebot qualifizierter Arbeitskräfte, die bereits heute in ehemals entlegenen Regionen für höchste Ansprüche bereitstehen. Pauschale Feststellungen über die Armut und den Reichtum eines Landes können uns zunehmend zu gefährlichen Fehlschlüssen verleiten.

Ein vergleichbarer Vorbehalt ist angebracht, wenn wir den Ostblock in unsere Betrachtungen einbeziehen. Hier verführt uns die politische Verklammerung dazu, die außerordentlich unterschiedliche ökonomische Struktur und Leistungsfähigkeit und auch die gegensätzlichen Interessen in diesem Wirtschaftsraum zu übersehen. Insgesamt betrachtet wird man immerhin sagen können, daß dieser politisch definierte Wirtschaftsraum – ökonomisch richtig organisiert – mit Sicherheit in der Lage ist, aus sich selbst heraus zu leben und, bei Inkaufnahme der bekannten Belastung des Lebensstandards, auch unabhängig vom Welthandel zu existieren. Dies unterscheidet ihn nachhaltig von anderen Wirtschaftsräumen.

*

Wie werden nun diese Wirtschaftsräume künftig miteinander verkehren? Von welchen Bedingungen können wir ausgehen? Erlauben Sie mir zunächst einige Anmerkungen zur politischen, sodann zur handelspolitischen Perspektive, ehe ich auf die ökonomischen Gewichte eingehe.

Zur politischen Szene: Die vielfach differenzierten Ausgangspunkte zwischen Ost und West werden weiterhin kennzeichnend für unsere Welt sein. Dieses Spannungsverhältnis wird auch künftig die ihm eigenen Energien erzeugen und den Wettbewerb der politischen Systeme in den Wettbewerb zwischen den ökonomischen Räumen hineintragen. Der Meinungs- und Stimmungskampf der so verschiedenen Ordnungsprinzipien wird, vor allem in der dritten Welt, nicht nachlassen. Aber ich meine, wir sollten doch einige Bewegungen nicht übersehen, die deutliche Zeichen setzen für eine mögliche Annäherung extremer Positionen.

Bei aller Konfrontation der Modelle: Im Wettbewerb der Blöcke miteinander besteht eine erstaulich gleichgerichtete Motivation für eine permanente Leistungssteigerung der Wirtschaft, für das Streben nach dem größtmöglichen Nutzeffekt, nach Leistung. Die Gesetze des wirtschaftlichen Erfolges haben ihre verwandten Maßstäbe, und so gesehen bedeutet Leistung Annäherung, nicht nur der hinter der Technologie stehenden Menschen, sondern auch – in aller Zaghaftigkeit – der Systeme. Unternehmerische Elemente feiern im Osten ihre Wiederentdeckung. Wir erkennen verstärkte Eigenverantwortlichkeit, Steuerung der Prozesse über Erfolg und Gewinn, und auch die freiere Entscheidung im Handel. Und wo sich im Osten Erfolg zeigt, zeigt sich auch Leistungsbewußtsein. Diese Entwicklung wirft ihr eigenes Licht auf die groteske Szene in unserem Lande, wo eine bestimmte Jeunesse dorée noch immer meint, die Zukunft beginne mit der Verneinung jeden Leistungswillens.

Für eine vorsichtige Bewegung von Ost und West aufeinander zu sollten wir hier zwei Umstände festhalten, die für eine kontinuierliche, rationale Zusammenarbeit zwischen unserem freien System und den Staatshandelsländern bedeutsam werden können. Erstens: Unserem System des freien Wettbewerbs ist das Risiko des Entstehens von Überkapazitäten immanent. Die andere Seite kennt dieses Problem nicht. Noch niemals hat die Planwirtschaft vermocht, die erforderlichen Kapazitäten bereitzustellen. Dort lebt man mit der Versorgungslücke. Wir ergänzen uns also in unseren Schwächen. Hier liegt in der Tat eine verträgliche und beiderseits bekömmliche Basis für die Annäherung unterschiedlicher Interessen, und zwar nicht nur bei einigen spektakulären Großobjekten, nicht nur beim Austausch von Rohstoffen gegen Fertigwaren, sondern auf lange Sicht auch in der ganzen Breite und Vielfalt des Handels.

Und der zweite Gesichtspunkt: Diese Entwicklung vollzieht sich vor der jetzt offensichtlich von beiden Seiten als möglich, als realistisch vorgestellten Phase eines langfristigen Friedens. Die Ausmaße der angebotenen und angestrebten Kooperationen setzen Frieden voraus. Und zur Stunde sieht es so aus, als könnten sich mehr Kräfte mit der Planung des Friedens beschäftigen als zu irgendeinem anderen Zeitpunkt in diesem Jahrhundert. Ich meine, daß wir damit diese politische Skizze – bei aller Problematik der Sicherheitsfrage – mit einem gewissen Optimismus abschließen dürfen. Wir müssen mit unserem Optimismus allerdings sehr sorgfältig umgehen, denn im Ost-West-Verhältnis könnte eine Enttäuschung der Gefühle, eine Fehleinschätzung der wirtschaftlichen Möglichkeiten, zu einer politischen Gefahr werden.

*

Der handelspolitische Ausblick macht uns Kopfzerbrechen. Es liegt als eine böse Ironie auf unserer Zeit, daß der Entspannung in der Politik eine deutliche Anspannung des handelspolitischen Konfliktstoffes entspricht. Und dies bedeutet leider auch, daß in die Räume, deren Verhältnis bisher durch eine enge Kooperation gekennzeichnet war, zunehmend die Gefahr psychologischer und auch ökonomischer Konfrontationen getragen wird. Die Hindernisse, die dem freien Waren- und Kapitalverkehr in den Weg gelegt sind, werden heute in der Tendenz leider nicht abgebaut, sondern verstärkt. Wohin wir auch schauen: Die liberale Wirtschaftspolitik macht eine schlechte Figur; der Zeitgeist will offenbar mehr Kontrollen, und das bedeutet einen Verlust von Vertrauen in unsere künftige Beweglichkeit für Investitionen und Handel.

Die Gründe für diese Entwicklung sind durchaus verschieden. Sie können zusammenhängen mit Devisenüberfluß genauso wie mit Devisenknappheit, mit Zahlungsbilanzüberschüssen ebenso wie mit Zahlungsbilanzdefiziten. Sie sollen der heimischen Wirtschaft mit unterschiedlicher Blickrichtung dienen, etwa indem sie fremde Initiativen in Form von Ware oder Kapital gar nicht erst zulassen oder auf bestimmte Prozentsätze oder Tätigkeitsbereiche begrenzen. Dies wiederum mag dem Wunsch nach Autarkie und, wie man meint, nationaler Unabhängigkeit entsprechen. Es kann sich aber auch darauf gründen, daß man der nationalen Konjunkturpolitik durch Abwehr außenwirtschaftlicher Einflüsse zum Erfolg verhelfen will, damit sich dann der Meister in der Isolierung zeige.

Ein Zeitalter, das seinen wirtschaftlichen Bedürfnissen nach auf eine Verflechtung der Räume, auf breite, gegenseitige, internationale Investitionen drängt, erhält sein Gepräge weitgehend von dem Wunsch nach isolationistischer Abschirmung, nach Unabhängigkeit, wobei offenbar die Erfahrung dafür fehlt, wie abhängig man von seiner Unabhängigkeit werden kann.

Blicken wir nun auf die jüngste Vergangenheit, so sehen wir zum Beispiel, daß in den USA mit dem Trade Reform Act 1973 dem Präsidenten mehr handelspolitische Vollmachten übertragen werden sollen, als je einer seiner Vorgänger sie besaß. Diese Gesetzesvorlage umfaßt die Möglichkeit, die Zölle in unbegrenztem Ausmaß zu erhöhen oder zu senken, Sonderzölle gegen Länder einzuführen, die US-Waren diskriminieren, und andere gezielte Maßnahmen zum Ausgleich der Zahlungsbilanz zu ergreifen. Amerika konzentriert sich deutlich auf eine handelspolitische Offensive; wir sollten dies sehr ernst nehmen, vor allem in dem möglichen Reflex auf andere

Länder und die Umleitung von Handelsströmen. Wenn sich Wirtschaftspolitik erst in Vergeltungsmaßnahmen konkretisiert, sind wir am Ende.

Aber auch die anderen Wirtschaftsräume befinden sich keineswegs im Zustand der handelspolitischen Unschuld. Neben Zöllen und Kontingenten sind die nichttarifären Hemmnisse in einem Maße ausgebaut worden, daß die bevorstehende neue GATT-Runde alle Mühe haben wird, dieses Gewirr zu lichten. Und wir sehen mit Betroffenheit, daß sich die großen Industrieländer über ihre landwirtschaftlichen Interessen zerstreiten. Wir wissen, wie schwer sich Japan trotz seiner Überschußposition getan hat, die Einfuhren weiter zu liberalisieren. Und wir verfolgen mit Sorge Tendenzen in den Entwicklungsländern, die Importe weit über die von der Zahlungsbilanz gesetzten Grenzen hinaus zu kontrollieren, bis hin zur Verstaatlichung des gesamten Außenhandels.

*

Blicken wir auf die Europäische Gemeinschaft, so sind unsere Gefühle zwiespältig. Da sind im Warenhandel zwischen den sechs Stammländern der EG Zölle und Kontingente seit Jahren völlig beseitigt, und im April dieses Jahres wurde die erste Stufe des Zollabbaus auch mit den drei neuen EG-Ländern Großbritannien, Irland und Dänemark verwirklicht. Wir haben Ansätze zu einem vereinheitlichten Steuersystem. Wir haben Institutionen, die gemeinsame Aufgaben übernommen haben oder dies – sobald der politische Konsens erreicht ist – jederzeit tun können. Seit Beginn dieses Jahres werden Handelsverträge mit Drittländern nur noch über die EG-Kommission abgeschlossen. Assoziierungsabkommen mit der Schweiz, mit Österreich, Schweden und Norwegen stellen neue Verbindungen innerhalb des westlichen Teils unseres Kontinents her. Die langjährige Spaltung Europas in zwei Wirtschaftsblöcke ist überwunden. Und man mag sich vorstellen, daß wir, auf etwas holprigen Wegen allerdings, dem Ziel einer gemeinsamen europäischen Währung entgegensteuern.

Es ist aber nicht zu übersehen, daß dieser Wille zur wirtschaftlichen Einheit, den wir in die Zukunft einbringen, wiederum korrespondiert mit einer Abschirmung eben dieses Blockes, und wir werden am Ende unserer Überlegungen sehen, wie weit wir dabei weise handeln, die Grenzen Europas zu eng zu schließen. Manche negativen Tendenzen in der internationalen Handelspolitik sind, leider, von diesem Kontinent ausgegangen, wenngleich oft nur als Reaktion auf die Vorstellungen, die man sich von der Zukunft Europas macht. Wir dürfen die Ausstrahlungskraft dieses unseres Erdteils auch im negativen Sinne nie unterschätzen. Die Welt hat nicht nur gern von unseren Fehlern gelernt, sondern auch manche unserer Fehler übernommen. Und wir werden auch in Zukunft keine Fehlentscheidungen treffen, die nicht früher oder später bewußt oder unbewußt in der Handelspolitik anderer Länder gegen uns eingesetzt werden. Die Europäische Gemeinschaft hat mit mehr als 27% den mit Abstand größten Anteil am Welthandel und muß wissen, daß sie so oder so Beispiele setzt. Die Beispiele vor allem in der Agrarpolitik waren nicht immer glücklich; die Resonanz ist nicht ausgeblieben, und wir stehen in der Handelspolitik vor einer unbequemen Phase.

Die Situation wird nicht dadurch erleichtert, daß nun auch noch die Währungsfrage mit handelspolitischen Forderungen verbunden wird. Auch hier wäre eine Blockbildung verhängnisvoll. Ganz gewiß ist in den Plänen zur Reform des internationalen Währungssystems ein Währungsblock oder eine Währungszone, wie wir sie zur Zeit in Europa praktizieren, niemals vorgesehen gewesen.

Wir haben es hier mit einer Verlegenheitslösung zu tun, mit einem geringeren Übel, dem der Vorzug gegeben wurde. Wir wollen aber dieses kleinere Übel nicht gering schätzen. Einmal hält es die Europäische Gemeinschaft zusammen, und zum anderen haben sich die Europäer im Modell genau die Vorzüge erhalten, die das System der festen Wechselkurse von Bretton Woods über mehr als 25 Jahre zu einem alles in allem doch vorzüglichen Instrument gemacht haben.

Erneute Erfahrung innerhalb Europas mit einem relativ fixierten System gibt uns die Hoffnung und die Möglichkeit, aus unserem Einfluß am Weltmarkt heraus mit Erfolg für die baldige Rückkehr zu einem allgemeinen System fester Bezugsgrößen einzutreten.

Ein Währungssystem kann niemals darin bestehen, von Improvisation zu Improvisation zu treiben. Und die währungspolitischen Fehler, die man schon in der ersten Hälfte dieses Jahrhunderts gemacht hat, dürfen in der zweiten Hälfte nicht noch einmal wiederholt werden. Wir sehen mit Beruhigung, daß sich die internationale Meinung wieder zunehmend für eine Rückkehr zu den Vorzügen des alten Systems ausspricht und daß hierbei die Erfahrung mitspielt, daß reine Währungstechnik unsere Probleme nicht zu lösen vermag. Weltweit zeichnet sich die Ernüchterung ab in der Vorstellung, man könne die Konjunktur durch Wechselkurspolitik steuern und damit beinahe automatisch die Fehler auf anderen Gebieten der Wirtschaftspolitik korrigieren.

*

Wenden wir uns nun vor diesem Hintergrund wieder den ökonomischen Schwerpunkten zu, die künftig für das Verhältnis der Wirtschaftsräume zueinander und damit auch für den Welthandel bestimmend sein werden. Ist das gewohnte Bild der Bewegung von Rohstoffen und Fertigwaren von Markt zu Markt, vom Hersteller zum Verbraucher, verläßlich?

Wir alle erwarten, ungeachtet aller bestehenden Handelshemmnisse und der Gefährdung der freien Märkte überhaupt, eine beträchtliche Steigerung im Volumen des Welthandels. Und ich meine, es ist imponierend, wie sich das Potential an Dienstleistungen für den Transport, für die Nachrichtenverbindung, aber auch für den Geld- und Kreditverkehr bereitstellt. Niemals waren die technischen Voraussetzungen für die schnelle Bewegung von Menschen und Gütern über lange Distanzen hinweg so gut wie heute. Wir verfügen über Organisationsmöglichkeiten auch in der Umlenkung und Lagerung von Gütern, wie wir sie in unserer Geschichte nie gekannt haben. Und die Entwicklung geht weiter. Allein die Welthandelsflotte, die sich heute auf rund 250 Millionen BRT stellt, erwartet für das Jahr 1985 eine Beschäftigung für mehr als 600 Millionen BRT, dabei allein einen Angebotsraum für Tanker von etwa 350 Millionen BRT.

*

Sowohl das überwiegend moderne Transportvolumen, dargestellt in immer größeren und schnelleren Einheiten, als auch die heute verfügbaren Nachrichten- und elektronischen Datenapparate, erfordern eine Bereitstellung und Bindung von Kapital, die weit über die früher hierfür üblichen Dimensionen hinausgehen. Wir stehen vor der m. E. durchaus bemerkenswerten Tatsache, daß sich der internationale Bankenapparat sehr frühzeitig auf die Aufgabe vorbereitet hat, diese neuen Größenordnungen zu bewältigen. In dem Bestreben, für ihren Bereich den internationalen Verbund so wirksam zu machen wie nur möglich, haben die Banken vielfach sogar Schrittmacherdienste geleistet. Dies ist bemerkenswert, weil der Bankier früher in aller Regel dem Handel folgte und nicht – wie dies heute der Fall ist – bereits in der Erwartung neuer Proportionen seinen Apparat erweitert hat.

Das breite Angebot von Dienstleistungen beantwortet

nun allerdings keineswegs die Frage, in welcher Richtung diese Dienste in Anspruch genommen werden. Wir nähern uns hier wohl der entscheidenden Frage unserer Zukunft, nämlich der Frage, wo wir eigentlich auf der Welt unter Beachtung aller Gesetze und der Zwänge zur rationalen Arbeit am günstigsten produzieren werden. Wir haben uns als Europäer daran gewöhnt, daß Rohstoffe und Waren auf dieser Welt ihren bestimmten Rhythmus, ihre festen Bahnen einhalten, und daß die bestehende internationale Arbeitsteilung vorbestimmt ist. Wir gehen in der Regel davon aus, daß die verfügbaren Rohstoff- und Energiequellen geographisch immer weniger mit den Orten der Verarbeitung übereinstimmen.

Wir werden gut daran tun, uns auf eine gewisse Veränderung des gewohnten Bildes einzustellen. Wir werden uns mit der Vorstellung auseinandersetzen müssen, daß die Produktion zunehmend neuen Standorten zuwandern wird. Man wird die Produktion mehr und mehr dort ansiedeln wollen, wo die Bedingungen optimal sind, d. h., wo die Arbeits- und Transportkosten niedrig und wo Rohstoffe und Energie nahe sind. Hier sieht die Rechnung für Europa nicht günstig aus. Wir müssen erkennen, daß dann die Weiterbeschäftigung vorhandener Kapazitäten am alten Ort nur möglich sein wird, wenn ein stetig steigender Bedarf die entsprechende Nachfrage erzeugt und außerdem am alten Standort noch wettbewerbsfähig produziert werden kann. Die Bedingungen für diesen Wettbewerb werden uns weitgehend andere setzen.

*

Lassen wir einmal die Frage der absoluten Größenordnung der Vorräte, der weltweiten Reserven an Rohstoffen und Primärenergie, hier auf sich beruhen. Wir stoßen, wenn wir an Europa denken, auf ein ernstes Mißverhältnis von Rohstoffen und Energie einerseits und von Produktion und Verbrauch andererseits.

An Stahl produziert und verbraucht Westeuropa immerhin noch ein Viertel der Weltversorgung: Vor 100 Jahren waren es nicht weniger als 70%. Wir gewinnen an Eisenerz in Europa jedoch nur 13%. In den Nichteisenmetallen Aluminium, Blei, Kupfer, Zink, Zinn und Nikkel verbraucht Europa im Durchschnitt um 30% und mehr in der Welt. Wir verhütten hiervon in Europa im Schnitt wiederum mehr als die Hälfte. In unseren Bergwerken wird aber nur ein Bruchteil hiervon gefördert. Es ist keine Neuentdeckung: Der Gott, der Eisen und Nichteisenmetalle wachsen ließ, war offensichtlich kein Europäer.

Schauen wir nun in die Zukunft, so wissen wir nur eins mit Sicherheit: Unser europäischer Bedarf wird um ein Vielfaches über unsere eigenen Gewinnungsmöglichkeiten hinausgehen. Reich sind wir Europäer nur an Quecksilber und Titan – wer will davon leben!

Stärker ist bereits das Energieproblem in das allgemeine Bewußtsein eingedrungen. Es hat die Welt zu einem Zeitpunkt aufgeschreckt, als man sich schon daran gewöhnen wollte, daß Kernspaltung und in wenigen Jahren vielleicht auch Kernfusion unerschöpfliche Energiequellen bereitstellen würden und daß durch Erdgasfunde und ihre Nutzbarmachung auch für die Zwischenzeit ausreichend gesorgt sei.

Heute müssen wir uns mit dem Gedanken vertraut machen, daß selbst die schnellsten Brüter nicht in der Lage sein werden, den gewaltig ansteigenden Energiebedarf der Welt zu decken.

Wir werden vielmehr bei einer Verdoppelung des Bedarfs bis 1985 im wesentlichen auf die gleichen prozentualen Anteile von Erdöl und Erdgas zurückgreifen müssen, wie wir sie heute zur Deckung unseres Energiehaushalts beanspruchen. Nach allem, was wir gegenwärtig wissen können, wird die Bereitstellung allein dieser beiden Energiequellen für Europa schwieriger und teurer werden als wohl für jeden anderen Mitbewerber auf dieser Welt.

Fast zwei Drittel des gesamten Energiebedarfs der Welt werden in Nordamerika, Westeuropa und Japan verbraucht, 20% allein in Westeuropa. Wir haben auch bei optimistischer Betrachtung der Versuche, Öl und Gas aus der Nordsee zu holen, keine Aussicht, mehr als ein Drittel des Energiebedarfs in unserer Nähe aus eigenen Ressourcen zu decken. Stellen wir allein auf den Verbrauch an Mineralöl-Produkten ab, so nimmt Westeuropa 27% der Weltproduktion in Anspruch. Wir fördern von dieser Substanz nicht einmal 1%.

Europa realisiert erstaunlich spät seine Abhängigkeit in der Sicherstellung seiner Energiezufuhr. Wir sind auf sehr lange Sicht mit zumindest zwei Dritteln unseres Verbrauchs abhängig von einer Belieferung aus Märkten, die hart umkämpft sind und sich zunehmend ihrer Schlüsselposition bewußt werden. Weder in den USA noch in Europa – etwas anders liegen die Dinge in Japan – hat man den Rufen nach Sicherstellung der Energieversorgung rechtzeitig Gehör schenken wollen. Niemand will einer Dramatisierung der Szene das Wort reden, aber die Ausmaße, mit der hier eine Entwicklung falsch eingeschätzt worden ist, haben schon historisches Niveau. Dies bezieht sich sowohl auf die früher angenommene Relation der einzelnen Energieträger zueinander, als auch auf ihre rechtzeitige Verfügbarkeit.

Unabhängig und unbesorgt können sich von den großen Industrieländern heute nur die Sowjetunion und vielleicht auch China fühlen. Den anderen stehen ernste Gespräche bevor, nicht zuletzt im Hinblick darauf, daß sich einige Förderländer – die glücklich Besitzenden – wenig an einer Beschleunigung der Ausbeute interessiert zeigen; ihnen ist auf lange Sicht das Öl im Boden willkommener als eine Währungsgutschrift auf einem Bankkonto.

Soweit darüber hinaus in diesen Ländern eine Politik betrieben werden sollte, die die Verbraucherländer, ihre Zahlungsbilanzen und Zahlungsbereitschaft überfordert, wird sich das Thema wahrscheinlich nicht mehr auf einige Handelsgespräche lokalisieren lassen. Eine Zeit, die gesicherte Rechtsnormen in Frage stellt – wie etwa die Drei-Meilen-Zone –, in der die Rechte am Luftraum, der Rechtsstatus der Mondoberfläche, Konferenzthemen sind, die nach Vorstellungen in den Vereinten Nationen die unter den Meeren liegenden Schätze einer internationalen Behörde unterstellen will, diese Zeit wird gegebenenfalls auch bereit sein, die Frage der Bodenschätze generell neu zu erörtern.

Heftige Interessenkonflikte sind in dieser Frage um so überflüssiger, als sich für die ölproduzierenden Länder große Anregungen in der Kombination von Fördertätigkeit und industriellen Investitionen in verwandten Bereichen ergeben, Anregungen, die sich wiederum erfolgreich nur verwirklichen lassen bei einer Annäherung der Interessen. Eine Lösung der sich in diesem Zusammenhang auftürmenden Probleme für unsere internationale Kassenhaltung ist überdies nur vorstellbar auf einer kooperativen Ebene.

Es kann nicht zweifelhaft sein, daß vor allem die Länder, in denen sich die verschiedenen Energieformen und Rohstoffe günstig zueinander gruppieren, die Favoriten für große industrielle Vorhaben der kommenden Jahrzehnte sein werden. Die Ansätze in Kanada, Australien, Afrika, Lateinamerika und Indonesien sind nicht zu übersehen. Die Reichtümer Chinas und der Sowjetunion sind mit den Ressourcen Europas kaum in einem Atemzug zu nennen. Und schließlich können wir uns immer nur selbst warnen, falls wir uns etwa durch die sich abzeichnende Energielücke und Versorgungsprobleme in den Vereinigten Staaten von Nordamerika dazu verleiten lassen, die im Verhältnis zu Europa gewaltigen Reserven der USA an Energie und Rohstoffen zu unterschätzen.

Die Abbauwürdigkeit der mineralischen Sande in den Weltmeeren wird diskutiert. Wenn Europa allerdings seine Unabhängigkeit in der Erzzufuhr hier absichern muß, dann wird es – genau wie auf den Bohrinseln in der Nordsee bei der Suche nach Erdöl – für diese Unabhängigkeit weit mehr aufwenden müssen als andere Wettbewerber.

*

Die skizzierten Tatsachen, Tendenzen und Perspektiven, die sich noch durch manche gleichrangige Ausblicke ergänzen ließen, machen eines sehr deutlich: Art und Umfang der Produktion, die Standorte der wirtschaftlichen Betätigung und dementsprechend Volumen und Richtung der Warenströme werden in den kommenden Jahrzehnten teilweise erratische Veränderungen erfahren. Wir müssen uns in vielen Bereichen auf grundlegend gewandelte Wettbewerbsverhältnisse einstellen, und für diesen Prozeß wird es dringlich, daß das zusammenwachsende Europa zunächst seine Schwächen klar erkennt und eine Politik betreibt, die sich auf allen Gebieten des Zwanges bewußt ist, daß wir mit unseren Energien haushalten müssen. Dieser Kontinent kann sich weniger Fehler leisten als andere Wirtschaftsräume.

Lassen Sie mich hier ein paar Gedanken äußern zu einigen wesentlichen Elementen europäischer Politik, Elementen, die noch zu wenig in das allgemeine Bewußtsein eingedrungen sind.

Wir sind uns zunächst sicher schnell darüber einig, daß sich die Europäische Gemeinschaft auf Sicherung und Aktivierung von Reserven im Bereich der Rohstoffe und der Energie konzentrieren muß. Die Bewohner der Gemeinschaft machen nur 10 Prozent der Weltbevölkerung aus; ihr Anteil wird sich weiter verringern. Bislang haben die Europäer einen erheblich über dem Durchschnitt liegenden Anspruch an ihr Lebensniveau verwirklichen können, obwohl ihnen die natürlichen Reichtümer der Welt weitgehend nicht unmittelbar zugänglich sind. Wir werden das, was wir an Qualität in unseren Lebensgewohnheiten – auch im kulturellen Bereich – heute besitzen, auf die nächste Generation nur dann übertragen können, wenn auch die Chancen für ein erfolgreiches Wirtschaften, und zwar unter wesentlich erschwerten Wettbewerbsbedingungen, auf die kommende Generation übertragen werden. Diese Chancen hängen weitgehend davon ab, in welchem Umfange wir Energie und Rohstoffe ausreichend und kostengünstig bereitstellen können.

Hierzu wird gehören, daß wir uns nicht nur erneut unseren natürlichen Schätzen, wie z. B. der Kohle, zuwenden müssen, sondern daß wir die uns technologisch verfügbaren Energiequellen, insbesondere die Nuklearenergie, nun endlich konzentriert und in der Breite nutzen, die für diesen Kontinent unverzichtbar ist. Es ist erschreckend, wie bei uns der Ausbau der Kapazitäten an nutzbarer Kernenergie verzögert und verteuert wird, weil überwiegend lokale Betrachtungen den Vorrang vor der gesamtwirtschaftlichen Fragestellung erhalten. Niemand kann und will einem fahrlässigen Umgang mit neuen Energiequellen das Wort reden, aber verschiedentlich scheint doch über der Vorsicht die Vorsorge vergessen zu werden.

Ermutigend sind, wie ich meine, die Initiativen der Europäischen Kommission in dieser Richtung. Neben der Energiebeschaffung werden wir uns künftig mehr mit der Frage auseinandersetzen müssen, wie auch bei uns durch veränderte Standorte Energien und Kosten gespart werden können. Europas Industrien werden nicht geschlossen ans Mittelmeer ziehen. Die an dieses Meer angrenzenden Staaten haben aber offensichtlich ihre Chance erkannt, die Chance, ein Europa ohne Winter anzubieten.

Der zweite Punkt wird schwerer zu verwirklichen sein. Ich meine, daß die Europäische Gemeinschaft, trotz echter und vermeintlicher Schutzbedürftigkeit, eine Politik der offenen Grenzen betreiben muß. Wir wissen, was diesem Kontinent fehlt. Mehr als jeder andere Wirtschaftsraum ist Europa deshalb darauf angewiesen, Leistungen auszutauschen. Europa muß kooperieren, muß investieren, muß Handel treiben und sich dabei endlich darüber klar werden, daß sehr viele Länder auf dieser Erde, insbesondere Entwicklungsländer, in besonderer Weise einer Zusammenarbeit mit Europa geöffnet sind und europäische Investitionen erwarten.

Diese Öffnung dringt darauf, die möglichen Reichtümer Europas, Technologie und Kapital, gegen die natürlichen Reichtümer dieser Erde auszutauschen. Hier zwingt Abhängigkeit zu wohlverstandener Partnerschaft, vorausgesetzt, daß wir offen bleiben für die Interessen der anderen. Dann allerdings haben wir die Möglichkeit, an der Entwicklung in den überseeischen Gebieten in hervorragender Weise teilzunehmen, in veränderter Form und sicher mit veränderten Quoten, aber in aktiver Teilnahme an den neuen Proportionen der internationalen Arbeitsteilung.

Hier mögen sich Interessen kreuzen. Wir werden auch in die Konkurrenten von morgen investieren. Wir werden es in dem Bewußtsein tun, daß gerade von dem Erfolg dieser Konkurrenz eine Verbesserung des Gleichgewichts in dieser Welt, eine Angleichung extremer Situationen, und das heißt auch eine Annäherung extrem verschiedener Zahlungsbilanzen, abhängen werden.

Langfristig wird Europa seine Interessen nur wahrnehmen, wenn es liberale Signale setzt. Wir sind es, die bei einer Versteifung der Blöcke Schaden nehmen würden. Unser Zwang zur Zusammenarbeit gebietet, daß wir denen entgegentreten, die den Handel auf regionale Einheiten zurückführen und die an die Stelle produktiver Arbeitsteilung vermeintliche Autarkie setzen wollen.

Zu den liberalen Signalen wird es auch gehören, daß Europa den Mut findet, in der Entwicklungshilfe auf politische Festlegungen und Idealbilder zunehmend zu verzichten. Europa sollte die Reife besitzen, Freiheit als Prinzip für sich selbst unverzichtbar zu machen, aber gleichzeitig sehen, daß unsere moralischen Kategorien und Liberalität nicht immer und überall uneingeschränkt für den Augenblick zu verwirklichen sind und nicht immer der Schlüssel zur Entwicklung, zum Fortschritt sein können. Weder Technologie noch der Komfort einer arbeitsfähigen Demokratie lassen sich ohne weiteres verpflanzen. Im Meinungskampf der Ordnungsprinzipien sehen wir Propheten und Idealisten in allen Teilen der Welt allzu oft in der Klemme. Wirtschafts-, Investitions- und Kreditpolitik werden am ökonomischen Erfolg gemessen, und Europa sollte eine pragmatische Betrachtung um so mehr üben, als es weiß, daß die zentralistischen Modelle von links oder von rechts langfristig keine Alternative zu einer liberalen Wirtschaftspolitik bieten und daß Karl Marx als ein zeitgerechter Investitions- und Exportberater mit Sicherheit versagt hat.

Und zum dritten Element: Wir müssen die Frage aufwerfen, wer nun eigentlich bei uns planen und den Fortschritt bewegen soll. Staatliche Planung, unternehmerische Initiative – jede für sich allein wäre überfordert. Es wird zu einer unabweisbaren Forderung unserer Zeit, daß wir endlich – und dies gilt vor allem für die Bundesrepublik Deutschland – zu einer dauerhaften und verläßlichen Zusammenarbeit zwischen den Kräften des Staates und den Kräften des Unternehmertums gelangen. Mit Improvisationsgabe allein werden wir unseren Platz nicht behaupten können. Hier hat Japan einen Standard gesetzt, der uns nicht zu Betrachtungen, sondern zu Konsequenzen herausfordert. Hier ist in Europa noch ein Schatz zu heben.

*

Unser Schatz ist nun nicht nur ein Bild, sondern eine sehr konkrete Sache. Sie werden es einem Bankier nachsehen, daß er hier zunächst an das Kapital denkt. Im Wettbewerb mit den anderen Wirtschaftsräumen wird für Europa die Bildung und der Einsatz von Kapital zur entscheidenden Frage. Überall dort, wo uns die Natur nicht beschenkt hat, müssen wir unser Kapital – auch unser geistiges Kapital – einsetzen. Und dies bedeutet, wiederum im Verhältnis zu den übrigen Wirtschaftsräumen, daß dieser Kontinent mehr Kapital verfügbar haben muß als andere. Diese Materie wird in der Zukunft noch knapper, im Wettbewerb noch mehr umworben sein als heute. Solange wir gezwungen sind, uns einen überdurchschnittlichen Anteil am verfügbaren Kapital zu sichern, solange sollten Staat und Unternehmen alles daransetzen, daß die Voraussetzungen für die Bildung und die Verwendung von Kapital in Europa selbst optimal bleiben. Dazu gehört wiederum und vor allem, daß wir offen bleiben für die Beweglichkeit des Kapitals, daß wir erkennen, welchen Schaden wir uns selbst zufügen, wenn wir die freien Wege des Kapitals unterbinden. Wir müssen dieses auch heute unterstreichen, wo Binnen- und Außenwirtschaft und die korrespondierenden Kapitalbewegungen miteinander in Konflikt geraten sind. Europa muß offen bleiben für Kapital aus allen Himmelsrichtungen, damit die gewaltigen Kapitalansprüche auf diesem Kontinent selbst gedeckt werden können und damit die Welt offen bleibt für unsere Beteiligungen an Investitionen auf anderen Kontinenten.

*

Für die Bildung von Kapital, für die Förderung des Sparwillens bei uns wird Europa große Initiativen entwickeln müssen. Hierbei wird einer erfolgreichen Stabilitätspolitik entscheidende Bedeutung zukommen. Die Europäer müssen erkennen, daß Inflation ein typisches Problem des richtigen Umgangs mit der Freiheit ist, eine Last und ein Risiko vor allem des Westens, und daß sie die Industriegesellschaft mehr gefährdet als andere Entwicklungsstufen. Wir müssen vor allem von der gefährlichen Illusion Abschied nehmen, daß sich Inflationsprozesse weltweit gegeneinander aufheben. Das Gegenteil ist richtig: In bestimmten Erdteilen dieser Welt kann man bei Inflation Industrien aufbauen. Bei uns führt der Reflex auf die Geldentwertung zu einer ständigen Erhöhung der Arbeits- und Kapitalkosten, zu einer ständigen Beeinträchtigung unserer Wettbewerbsfähigkeit und in letzter Konsequenz – wer weiß das noch nicht! – zur Gefährdung der Arbeitsplätze.

Wir haben Inflation als ein Wettbewerbsproblem zu erläutern und in die Bewußtseinsklärung den Versuch einzubeziehen, andere gefährliche Irrtümer unserer Zeit auszuräumen, zum Beispiel die falsche Vorstellung, hinter einem vergleichsweise schwachen Dollar stehe eine vergleichsweise schwache Wirtschaft der USA, und in Korrespondenz hierzu: hinter einer relativ starken D-Mark stehe eine entsprechend proportionierte deutsche Wirtschaft. Staat und Unternehmer haben als gemeinsame Aufgabe vor sich, unsere Arbeitnehmer wesentlich besser über die internationale Verschiebung der Leistungsfähigkeit zu informieren. Man macht sich in Europa offenbar kein zutreffendes Bild davon, wie nachhaltig auf anderen Erdteilen expandiert worden ist, wo überall heute Qualitäten produziert werden, von denen Europa einmal meinte, sie könnten nur auf diesem Kontinent hergestellt werden. Wir sind dabei, industrielle Spezialbereiche zu verlieren. Auf Gebieten, die in besonderem Maße der Erfahrung und dem Leistungsvermögen unserer Industrien entsprachen, scheiden wir aus, müssen wir den Markt räumen, weil wir uns mit unserem Kostenniveau übernommen haben.

*

Je konzentrierter nun Europa seine Talente einsetzen muß, um so deutlicher wird es werden, daß die Zukunft auch dieses Kontinents den Leistungen seiner Unternehmer anvertraut ist. Wir sollten von einer verstärkten Gemeinsamkeit von Staat und Unternehmen nicht zuletzt erwarten, daß sich in der Wirtschaftspolitik mehr Kontinuität profilieren kann und daß sie frühzeitig der Neigung dieser Zeit zum Utopischen entgegentritt. Der Unternehmer wird seine Kenntnisse von dem Wandel in der Welt permanent einzubringen haben. Grundsätze und Grenzen des Wandels bei uns werden Staat und Wirtschaft gemeinsam bestimmen müssen.

Der Renaissance des Unternehmerischen im Osten muß eine entsprechende Wiederentdeckung bei uns folgen. Dabei geht es sicher nicht nur darum, den Unternehmer ein wenig aus der Ebene der Reportage und Unterhaltungsliteratur zu lösen und auch ihn und seine Leistung in den Status der sachlichen Information einzubeziehen; dieses würde unserem etwas reichlich synthetisch geratenen Gesellschaftsbild nur bekömmlich sein. Es geht aber vor allem darum, daß der Unternehmer aus der Zusammenarbeit mit den staatlichen Kräften die Zuversicht für den Sinn seines Engagements und Risikos erhält, daß er weiß, daß Europa, auch langfristig gesehen, sein Mittelpunkt bleibt. Diese Gewißheit wird der Unternehmer allerdings nur erhalten, wenn er einen zunehmenden Teil seiner Aktivität Bereichen zuwendet, die er in wohlverstandener Arbeitsteilung eigentlich anderen, insbesondere dem Staat überlassen möchte. Er sollte sich künftig in allen Fragen der Erziehung, der Ausbildung, der Nachwuchsförderung nicht mehr ausklammern lassen. Wir müssen dafür sorgen, daß die Maßstäbe Europas und der Weltmärkte, und nicht die Maßstäbe einer Provinz realisiert werden. Wir werden auf die Warnung reagieren müssen, die uns Bert Brecht hinterlassen hat: »Unsichtbar macht sich die Dummheit, indem sie sehr große Ausmaße annimmt.«

Unser Wille zur Information über die Welt, wie sie nun einmal ist und was sie von uns erwartet, muß entsprechende Dimensionen annehmen. Wir haben dafür zu sorgen, daß in Europa die Lichter nicht ausgehen – und sie werden auch weiter brennen. Der Mangel ist diesem Kontinent nicht neu; er hat immer nur neue Energien freigelegt, Energien, die letztlich die Industrialisierung auf dieser Erde eingeleitet haben.

Ich brauche Ihnen nicht zu sagen, welche Erwartungen in die Chemie, in den Ideenreichtum der Naturwissenschaftler, in das Können der Technik gesetzt werden. Nur eines können wir uns in Europa nicht leisten: Verschwendung – und dazu gehört auch ein verschwenderischer Umgang mit unseren Talenten, vor allem mit unseren jungen Talenten, mit unseren Köpfen.

Dieses anspruchsvolle Europa wird nur bestehen, wenn es die höchsten Ansprüche immer noch an sich selbst stellt. Es wäre gut, wenn wir eines Tages nachweisen könnten, daß dies das geistige Prinzip Europas ist.

Konjunktursteuerung und Kreditpolitik

Wenn ich so in die Runde blicke, und noch etwas darüber hinaus, dann will mich eine gewisse Verlegenheit angesichts des Themas nicht verlassen. Es gäbe viele, die Gewichtigeres über die Sache und vor allem über ihre Absichten zu dieser Sache auszusagen haben als einer, der – wie ich – Kreditpolitik eben über sich ergehen lassen muß. Es kann sich also in unserer Runde nur um unmaßgebliche Mutmaßungen eines Betroffenen handeln. So entlastet will ich versuchen, einige Gedanken vorzutragen, die sich nicht auf Lehrbücher, wohl aber auf Erfahrungen und Beobachtungen in einer Bank und in anderen Unternehmen stützen und die schon deshalb dazu neigen, auch den Grenzen von Konjunktursteuerung und Kreditpolitik nachzusinnen; auch die Frage nach der Legitimation der beiden soll nicht ausgeklammert werden.

Lassen Sie mich zunächst versuchen, skizzenhaft und damit unvollständig, ein wenig von dem theoretischen Hintergrund aufzuzeigen. Dabei stehen wir heute mehr denn je vor dem Problem, daß das Vokabular überanstrengt und die Bilder verbraucht sind. Wir müssen uns aber bereitfinden, für unsere Betrachtung auch den Zustand der Unschuld zu beschwören. Nur dann sehen wir, daß es jeder Konjunkturlehre und jeder Konjunkturpolitik um einen sehr vernünftigen Inhalt geht, nämlich

---

Vortrag vor der *Frankfurter Gesellschaft für Handel, Industrie und Wissenschaft e. V.* am 10. Oktober 1973

Ordnung im Hause zu halten, die Ordnung als ein Prinzip menschlichen Zusammenlebens zu pflegen und auch dem Wirtschaften nach Kräften das Maß der Vernunft zu sichern. Es geht immer um eine gewisse Verstetigung des Ablaufs allen Wirtschaftens, um die Einhaltung eines »mittleren Wachstumspfades« – so etwa drückt sich heute unser Sachverständigenrat aus. Dies immerhin unterscheidet unsere industrielle Gesellschaft deutlich vom biblischen Altertum, in dem man sich vom Prinzip her auf die sieben mageren und die sieben fetten Jahre fatalistisch einrichtete, allerdings wohl auch nicht, ohne eine gewisse private Konjunkturausgleichsrücklage zu bilden.

Die Thesen, die Modelle für eine Beeinflussung der Abläufe – sie haben zum Teil schon ein ehrwürdiges Alter. Dies schließt ihre Richtigkeit natürlich nicht eo ipso aus, man ist aber doch schon vom Grund her skeptisch und kritisch. Der nationalökonomischen Wissenschaft bestätigen wir dabei gern die Redlichkeit, mit der sie sich immer wieder bemüht, ihre Lehren selbst in Frage zu stellen, neu zu durchdenken und auch neue Wagnisse einzugehen. Die Garantie allerdings, daß beispielsweise der heutige Erkenntnisstand der richtige ist, wird nicht mitgeliefert.

Jedes Modell nun, was sich um den Konjunkturablauf besorgt, geht zumindest von einem aus: Das Zutrauen in die Selbststeuerung der wirtschaftlichen Kräfte scheint keine verläßliche Basis zu sein. Fehlentwicklungen der Vergangenheit werden zu dem roten Faden aller Theorie: der Staat habe ein Recht, ja die Pflicht, einzugreifen, wann immer er zumindest zwei Elemente des ökonomischen Geschehens gefährdet sieht, nämlich die Beschäftigung und die Stabilität. Wir haben uns in unserer Vorstellung daran gewöhnt, diesen beiden Kategorien ein solches Gewicht beizumessen, daß wir dem Staat beinahe ungeprüft die Legitimation überlassen, sich hier mit einer

Massivität und Breite der Kräfte zu engagieren, die sonst unseren demokratischen Abläufen so ohne weiteres nicht eigen sind.

Was nun die Mittel der Intervention, des Eingreifens angeht, so scheint man sich wiederum über eines einig zu sein, daß nämlich jede Konjunktursteuerung im Prinzip eine Steuerung der Nachfrage ist oder sein muß. Unser Wirtschaftssystem traut sich jedenfalls – mit unbestritten guten Gründen – den unmittelbaren Zugriff auf die Produktion, die Anweisung an den Produzenten, nicht zu. Sie will von der Nachfrage her kommen und hat erkannt, daß das Element allen Nachfragens, Verbrauchens nun einmal über den Stoff läuft, an dem bekanntlich sowieso alles hängt: nämlich das Geld.

Vor dem Hintergrund dieser Philosophie trennen sich nun die Wege, je nach dem Adressaten, um den es sich handelt: den Staat und seine Fiskalpolitik, auch seine Politik gegen sich selbst, und die Bürger, denen man – Kern aller Überlegungen – je nach Einsicht und Belieben die Kasse zuteilt, schmälert, oder gar beschlagnahmt. Hierbei wiederum variiert die Erfindungsgabe. Man kann das Finanzamt einschalten, man kann andere staatliche Kassen öffnen oder schließen, man kann die Geldmenge reduzieren oder erweitern, und man kann schließlich den Preis des Geldes, den Zins, variieren.

Dazu wenige Hinweise: Die Lehre vom Geldvolumen ist eine moderne Bereicherung der monetären Theorie von der Konjunktursteuerung. Nun, wie immer man das *Kon*zept der Monetaristen beurteilen mag: das *Re*zept zu seiner Verwirklichung ist man uns bis heute schuldig geblieben. Nirgendwo in der Welt hat es einen gültigen Großversuch gegeben, obwohl überall in der Welt überreichlich Bedarf an Stabilität besteht. Zur Stunde bereichern die Geldmengenberechnungen von M_1 bis M unendlich lediglich die Statistiken der Notenbanken. Wenn sich allerdings, wie bei uns heute, eine Stagnation oder stark abgeschwächte Zuwachsraten ausweisen, dann will man offensichtlich von der Signifikanz solcher Größen gar nicht allzu viel wissen.

Was die Zinspolitik anbetrifft, so erklärt die Theorie, hohe Zinsen könnten die Kreditanspruchnahme drosseln, ein hoher Kapitalzins wirke abschreckend, der Unternehmer stelle Investitionen zurück, da er sich nicht gerade in einer Hochzinsperiode verschulden wolle. Man sagte schließlich, der hohe Zins drücke auf die Lagerhaltung, führe also zu einem zusätzlichen Warenangebot, einer Lager-Desinvestition, die irgendwo auch auf die Initiative des Produzenten einwirke.

Was nun über diese generellen Formeln hinaus als Spezialität für unsere Lage anzumerken ist, scheint mir zu sein, daß man sich zunehmend auf zwei Mittelpunkte, zwei Kernfragen unserer Konjunkturpolitik konzentriert, nämlich einmal, ob der Export eine unbalancierte Größe sei, und zum anderen, ob wir das vertretbare Maß an Arbeitskräften in unserem Lande überschritten haben. Die erste Frage wird bei uns seit geraumer Zeit mit der Vorstellung verbunden, daß wir eine starke Einwirkung importierter Produkte auf unseren Wirtschaftskreislauf initiieren sollten. Durch diesen Aspekt vornehmlich ist in der deutschen Konjunkturpolitik die These eingedrungen, daß vor allen Dingen die Währungspolitik ein ständiges Element konjunkturpolitischer Steuerung sein solle. Was die Zahl der Arbeitskräfte angeht – und hier sind natürlich die Gastarbeiter gemeint –, scheint es ein allgemeines Einverständnis dahin zu geben, daß wir hier erhebliche Rückwanderungen auslösen müssen, wobei es allerdings weitgehend an einer nur einigermaßen verläßlichen Analyse darüber fehlt, wie man eigentlich aus einer Vielzahl von Branchen unsere ausländischen Mitarbeiter hinausdestillieren kann, ohne daß der ganze Mechanismus ins Stocken gerät.

Lassen wir die Dinge bei dieser Skizze der theoretischen Modelle auf sich beruhen. Fragen wir aber doch in Ergänzung dieser Perspektiven noch einmal, welche allgemeine Vorsorge in Betracht zu ziehen ist, wenn man von der Gebrauchsanweisung zur Tat schreitet. Hier sind eine Reihe von Einschränkungen der theoretischen Perspektiven unerläßlich.

Stimmen eigentlich die alten Formeln noch? Man sagte schlicht, daß jeder Konjunkturzyklus Kosten und Preise in der Hochkonjunktur hochziehe. Dem folge alsdann eine Reaktion der Preise und dann auch der Kosten nach unten. Dies ist das erste, was wir schon lange nicht mehr erlebt haben. Man sagte ferner, daß auf die Hochkonjunktur mit der Regelmäßigkeit eines medizinischen Kreislaufs die Depression, die Arbeitslosigkeit, folge. Nun: Unterbeschäftigung gibt es – beispielsweise in den USA – auch bei Hochkonjunktur. Man spricht dann, jetzt fast entschuldigend, von struktureller Arbeitslosigkeit. Andererseits: Wirtschaftliche Flauten tragen keineswegs mehr die Garantie in sich, Preisstabilität zu bewirken. Man denke nur an England! Schließlich dürfen wir an uns selbst erinnern: In der Bundesrepublik hatten wir über weite Strecken der Nachkriegszeit Vollbeschäftigung und Hochkonjunktur mit einem hohen Maß an Preisstabilität, und dies – jedenfalls nach heutigen Maßstäben – ohne jedes Übermaß an kreditpolitischer Restriktion, ohne Aufwertung, und trotz hoher Zahlungsbilanzüberschüsse.

Was die Geldmenge als Konjunktur- und Stabilitätsfaktor anbetrifft, so besteht Skepsis vielerorten, beispielsweise bei unserem Sachverständigenrat, der in seinem vorjährigen Gutachten die Feststellung traf:
»Es ist nicht unplausibel, Änderungen in der beobachteten Geldmenge kurzfristig in erster Linie als Reflex veränderter Wirtschaftstätigkeit anzusehen und kaum als deren Hauptursache. Die tatsächlichen Zusammenhänge zwischen Geldmenge und Wirtschaftstätigkeit sind, vor

allem was diese Wirkungsrichtung anbelangt, noch nicht überzeugend aufgeklärt.«

Dies ist wohl eine sehr diskrete Aussage einer Gruppe von Männern, die jedenfalls nicht an die Geldmenge an sich als Inflationsfaktor glauben. Wir sind voller Spannung auf das in Vorbereitung befindliche neue sachverständige Gutachten.

In der Zinsfrage, der Kreditpolitik, kommen wir nicht daran vorbei, daß unsere Kreditstruktur es nun einmal mit sich bringt, daß durch Kreditverknappung kaum die Konsumnachfrage, sondern fast nur und schwerwiegend der produktive Teil unserer Volkswirtschaft betroffen oder getroffen werden kann. Es ist sonderbar, aber in dem Weltbild des Modells kommen die Zinskosten als preistreibendes Element kaum vor. Man geht vielmehr davon aus, daß hohe Zinsen prohibitiv wirken und deshalb in den Kostenrechnungen nur mit kleinen Marginalbeträgen in Erscheinung treten. Vom Zwang zum Kredit will die Theorie wenig wissen, und auch von der Zinsverteuerung der bestehenden und laufenden Schulden hat man sich im Modell abgewandt.

Und schließlich: Alle Einschätzungen der jeweiligen wirtschaftlichen Situation, die Diagnose des Patienten, sie wird abgeleitet aus statistischen Maßstäben. Die Statistik ist es, die hier den Ton angibt, und die Statistik von morgen soll die von gestern überwinden. Es sind die Karrieren auch von Statistikern, die hier im Mittelpunkt stehen, die nach Branchen, nach Kategorien, nach Kurven urteilen, deren Leben aber in aller Regel nicht durch die Wirtschaft selbst, durch die kaum faßbare Vielfalt von Leben in kleinsten, mittleren, großen und vielleicht zu großen Betrieben gegangen ist, und denen deshalb die Psychologie im Umgamg mit dem Patienten nicht immer eignet. Man muß also auch Verständnis von dorther dafür besitzen, wenn sich der Arzt einmal in den Medikamenten vergreift. Immerhin gibt es ja diese oder jene Medizin, die zwar nicht hilft, aber doch der Spontanheilung nicht im Wege steht. Die Sache wird also wenigstens nicht schlimmer.

Nach diesen warnenden Randbemerkungen zu den Formeln der Theorie sollten wir jetzt die Praxis und die Folgen Revue passieren lassen:

Blicken wir – je nach Stimmungslage mit oder ohne Zorn – auf fast genau ein Jahr New Deal in der deutschen Kreditpolitik zurück, dann wird sich unsere Ernüchterung verstärken: Wir haben in den letzten 12 Monaten an den Währungs- und Finanzmärkten mit Sicherheit mehr trouble erlebt als in den 20 Jahren zuvor. Wir sind mit einer Bewegung der Zinssätze und der Wechselkurse konfrontiert worden, wie sie in diesem Ausmaß vorher niemand für möglich gehalten hatte. Es sind wenige Länder verschont worden, aber es wird mir wohl niemand widersprechen, wenn ich sage, daß die Bundesrepublik mehr als ihren fairen Anteil an der Kalamität bekommen hat.

Nur in diesem einen Jahr haben wir Wechselkursänderungen mit einem Netto-Aufwertungseffekt der D-Mark gegenüber allen Währungen von etwa 20% zu registrieren. Unsere Währungsreserven sind nochmals um 20 Mrd. DM auf jetzt rd. 98 Mrd. DM angestiegen. Nicht zuletzt von dieser Seite hat die Geldmenge – man sperre sie ein, wie man es nur vermag –, wie schon in den Jahren zuvor, potentiell weitere Anreicherung erhalten, und zwar maßgeblich provoziert durch unsere Restriktionspolitik.

Aber schauen wir wieder nach innen: Gestern vor einem Jahr, am 9. Oktober, jährte sich der Tag, an dem wir durch eine erste Diskonterhöhung von 3 auf $3^1/_2$% von einer relativ normalen Phase Abschied nahmen. Es war von einer Nutzung des neu gewonnenen außenwirtschaftlichen Spielraums die Rede, von der Festigung des Vertrauens in den US-Dollar, der damals noch 3,20 DM kostete, von einer Verzerrung der Zinsstruktur, von der Notwendigkeit, den verhängnisvollen Zirkel von Preis- und Kostensteigerungen zu durchbrechen. Es folgten fünf weitere Diskonterhöhungen auf schließlich 7% am 1. Juni 1973, es folgte eine Serie von Mindestreserveerhöhungen, die das Reservesoll von 43 Mrd. DM auf jetzt etwa 55 Mrd. DM brachten. Wir erlebten vier Kürzungen des Rediskonts, die Suspendierung des Lombards – es gab Stabilitätsprogramme der Bundesregierung mit monetär zunehmend einschneidender Wirkung, es gab eine Fortentwicklung der »außenwirtschaftlichen Absicherung« durch neue Kontrollen im Wertpapier- und Kreditsektor.

Im theoretischen Ergebnis haben sich die Liquiditätsreserven der Kreditinstitute als Folge dieser Operationen auf eine nie gekannte eingesperrte Liquidität erhöht – die frei disponible Liquiditätsreserve hat sich dagegen zeitweilig auf einen Merkposten zurückgebildet. Der Kapitalzins ist von 8% auf 10% angestiegen, die Zinsen für kurzfristige Termineinlagen von 4% auf bis zu 12%, die Zinsen für Kontokorrentkredite von $7^1/_2$ bis 10% auf bis an die 16%. Solche Zinssätze gibt es in keinem anderen Land mit normalen klimatischen Bedingungen, und man muß heute die Aufhebung der Zinsbindung im Jahre 1967 vielleicht doch mit etwas anderen Augen betrachten als damals.

Neben diesen Initiativen stellt sich die Fiskalpolitik – und sie galt in den 50er und 60er Jahren als Favorit – als eine relativ bescheidene Figur dar. Sie gibt sich eigentlich mehr als Hilfsmittel der Kreditpolitik, ja sie macht einen degenerierten Eindruck. So ist man im Kern der Fiskalpolitik, nämlich in der Ausgabenpolitik der öffentlichen Haushalte, überaus bescheiden geworden, was den Stabilitätsbeitrag anbetrifft. Man stellt sich zufrieden, wenn die öffentlichen Haushalte das Prädikat »konjunkturneutral« erhalten. Wer hätte das je von der Kreditpolitik gesagt? Man verweist darauf, daß die Manövriermasse der Haushalte angesichts der Fülle bestehender Verpflichtungen viel zu klein sei, um effizient eingesetzt werden zu können. Es steht aber auch offenbar politischen Zielen im Wege, wenn wir hören, der Staat sei nicht Lückenbüßer der Konjunkturpolitik, der Staatsanteil am Sozialprodukt dürfe nicht sinken. Nun, diese Sorge brauchen wir wohl wirklich nicht zu haben! Und was die Manövrierunfähigkeit anbetrifft: Sie ist weitgehend selbst geschaffen durch permanente Ausweitung der Personalkostenetats. Wir wissen heute, daß es falsch war, in der Weltwirtschaftskrise die Beamtengehälter zu senken. Wir sollten es aber nicht erst einer späteren Generation überlassen, festzustellen, daß der überzogene Personalaufwand im öffentlichen Dienst von heute eine wesentliche Inflationsursache war.

So ist man denn gern in väterlicher Vorsorge beim Staat selbst darauf verfallen, daß der eigenen Sache und der Absicherung gegenüber den Inflationsfolgen eher durch Einnahmesteigerungen gedient sei als durch Ausgabenkürzungen.

Immerhin, wir wollen das ernsthafte Bemühen, auch aus Fehlern zu lernen, nicht übersehen. Die Erfahrungen mit dem staatlich verordneten Konjunkturzuschlag von 1970 – sie erinnern die 10% oder die ausmachenden 6 Mrd. DM – haben zu Konsequenzen geführt. Man hat damals ab August 1970 diesen Beitrag für 11 Monate erhoben, um ihn bereits Mitte 1972 wieder an den Steuerzahler zurückzuzahlen. Ganz deutlich gerieten hier Wunsch und Wirklichkeit der Konjunktursteuerung durcheinander. Denn als der Zuschlag eingeführt wurde, war die Hochkonjunktur bereits deutlich im Abklingen. Der Zuwachs des Sozialprodukts belief sich nur noch auf fast 5%, nach über 8 und 7% in den beiden vorangegangenen Jahren. Nach der Rückzahlung des Konjunkturzuschlags im Jahre 1972 dauerte es nicht lange, bis wieder eine Zuwachsrate von 5% erreicht war. Die Fragwürdigkeit der Methodik wird besonders deutlich, wenn wir uns die damaligen Preissteigerungsraten in Erinnerung rufen. Der Zuschlag wurde eingeführt bei einem Anstieg der Lebenshaltungskosten von 3,8%. Er lief aus bei einer Steigerungsrate von 5,4%, und er wurde ausgezahlt, als sich der Preisauftrieb erstmals der 6%-Marke näherte.

Diesmal hat man das Kind nicht nur pro forma umgetauft. Die jetzige Stabilitätsabgabe – wiederum 10% – wir werden sie nicht zurückerhalten. Sie kann also auch nicht im falschen Zeitpunkt zurückgezahlt werden. Dabei hat man mit einer gewissen politischen Bequemlichkeit die breite Konsumentenschar übersehen und damit eigentlich eine konsumneutrale Sozialsteuer verfügt, die sich gar nicht als Konjunkturinstrument darstellen läßt. Sie dient letzten Endes der Einschränkung der Kapitalbildung oder der Kapitalverfügung, wie die entfernt verwandten Fiskal-Kinder Investitionssteuer und Stabilitätsanleihen.

Dieser geraffte Überblick über die Operationen im Währungsbereich, im kreditpolitischen und im fiskalischen Bereich sollte zumindest eine positive Aussage erlauben: Wohl selten hat man in unserer Wirtschaftsgeschichte mit so viel Härte und Entschlossenheit in den Wirtschaftsablauf eingegriffen. Die Vorstellung, daß dem Konjunkturablauf im wesentlichen um der Stabilität willen exemplarische Eingriffe zugemutet werden müssen, hat eine Entschiedenheit des Vorgehens profiliert, der man seinen Respekt nicht versagen kann. Damit wird aber mit Sicherheit nicht den Mitteln im einzelnen applaudiert, noch werden die Versäumnisse in der Wahl des Zeitpunktes vergessen.

Betrachten wir nun die Wirkungen dieser Konzentration der Kräfte, so werden wir stiller. Wie sieht es aus mit der Konjunktur, mit der Nachfrage, mit den Preisen, wie hat sich der Export entwickelt und wie sieht es am Arbeitsmarkt aus?

Im Primärbereich der Kreditpolitik, bei den monetären Indikatoren, bei den Banken, sind die Bremsspuren überdeutlich. Im Sekundärbereich – und damit meine ich die Konjunktur, die Nachfrage, wie immer wir es nennen wollen – werden die Auswirkungen zunehmend sichtbar, wenngleich wir keineswegs immer klar unterscheiden können, worauf diese oder jene Entwicklung zurückzuführen ist. Das Bild ist für eindeutige Aussagen jedenfalls viel zu differenziert. Ganz unbefriedigend fallen die Zensuren im Tertiärbereich aus, d. h. in dem Bereich, auf den die kreditpolitischen Bemühungen eigentlich abzielen: Kosten und Preise.

Wir haben heute eine allgemein starke Einschränkung in den Kreditoperationen der Banken. Ihnen sind abrupte Kehrtwendungen weniger noch als anderen im lebendigen Mechanismus der Wirtschaft erlaubt. Sehen wir uns aber den letzten statistisch voll erfaßten Dreimonatszeitraum Mai bis Juli 1973 an, dann ist für den Bereich der kurzfristigen Bankkredite eine Abschwächung des Zuwachses um 40% gegenüber dem vergleichbaren Zeitraum des Vorjahres festzustellen. Dies ist schon eine deutliche Reaktion, denn wir leben immer noch in einer real wachsenden Wirtschaft, die selbst für Theoretiker die Verordnung des totalen Kreditstopps ausschließt. Die Zurückhaltung im Kreditgeschäft reflektiert leider auch einen generell zu verzeichnenden Rückgang der Spareinlagen. Auf den Zeitraum von sechs Monaten – März bis August 1973 – bezogen, verringerten sich diese um 4,7 Mrd. DM; die vergleichbare Periode des Vorjahres wies noch einen Zugang von etwa 11 Mrd. DM aus; die Differenz von 16 Mrd. DM fehlt.

Die Problematik dieser Entwicklung erscheint nicht in

der Statistik – sie ist besorgniserregend: Denn die Verknappung und Verteuerung der Kredite schlägt mit besonderer, ja mit gezielter Härte auf die Unternehmen der mittleren Größenordnung, auf den mittelständischen Bereich, durch. Im Gegensatz zu größeren Einheiten, die überwiegend eigenfinanziert oder langfristig fremdfinanziert sind, ist gerade dieser Unternehmenskreis auf den Bankkredit für Umsatz und Investitionen angewiesen. Aber auch unsere großen Unternehmen sind im internationalen Vergleich verhältnismäßig schwach am Kapitalmarkt finanziert. Der Umlauf an Industrieanleihen ist in diesem Land, aus welchen Gründen auch immer, verschwindend gering, und auch die Einbeziehung der industriellen Schuldscheindarlehen ändert das Bild nur wenig.

Die Belastung aus dieser Politik, die Zinskostenwelle, kommt auf alle Unternehmer zu, auch wenn sie auf die Inanspruchnahme neuer Kredite zeitweilig verzichten können. Denn letzten Ende lassen sich die Kapitalkosten nicht vom Markt fernhalten. Dem Deutschen Institut für Wirtschaftsforschung verdanken wir eine Berechnung, aus der hervorgeht, daß die Kapitalstückkosten (Abschreibungen und Zinsen) im 2. Quartal 1973, saisonbereinigt und auf Jahresbasis umgerechnet, um 20% angestiegen sind; im 1. Quartal war die Zunahme nur 5,6%. Die Diskussion läßt sich an diesen Fakten nicht vorbeiführen; die Tendenz bleibt steigend, und Gewinne, in denen die Zinskostensteigerungen unterzubringen wären, stehen in der Regel nicht zur Verfügung.

Was nun im übrigen die Wirkung hoher Zinsen auf die Investitionstätigkeit anbetrifft, so bestätigt sich einmal mehr, was wir alle schon wußten: Die heutigen technischen Gegebenheiten setzen eine langfristige, seriös kalkulierte Investitionsplanung voraus. Die begonnene Investition läßt sich in aller Regel schon technisch nicht unterbrechen. Rasches Reagieren ist fast überall ausgeschlossen. Es kommt hinzu, daß hier der Zins nur *ein*

Kalkulationsfaktor unter vielen ist. Entscheidend bleibt die kalkulierte Erwartung an den Markt, und nicht eine Differentiale in der Baukostenrechnung.

Wir werden zunehmend gerade von Ausländern gefragt, wie die deutsche Wirtschaft in der Breite mit derart exorbitant hohen Zinsbelastungen existieren könne; der hohe Verschuldungsgrad der deutschen Wirtschaft, auch in der Umsatzfinanzierung, ist schließlich in der Welt bekannt. Die Frage ist berechtigt, sie regt zum Nachdenken an. Wenn wir von größeren Zusammenbrüchen zur Stunde noch verschont sind, so hat dies u. a. seine Erklärung darin, daß ein nicht geringer Teil der Unternehmen erst jetzt bei neuen Kreditverhandlungen mit den neuen Zinssätzen konfrontiert wird. Zu einem nicht geringen Teil konnte sich die Wirtschaft mit längerfristigem Fremdkapital über Wasser halten, das noch mit den Sätzen der Niedrigzinsperiode einstand. In den Rechnungen vieler Unternehmen hat überdies die günstige außenwirtschaftliche Situation eine wohltätige Rolle gespielt. Hier ist der Kreis der Begünstigten allerdings schon stark eingeengt. Die direkte Finanzierung aus dem Ausland ist nicht mehr möglich, es bleibt aber ein – sagen wir einmal – pointiert ausgeweitetes Volumen an Anzahlungen, an Vorauszahlungen von ausländischen Kunden wirksam. Diese Vorauszahlungen schlagen sich in unserer Zahlungsbilanz als sogenannter Restposten nieder. Unsere englischen Freunde bezeichnen diese Position bei sich zu Hause sehr viel plastischer als »errors and omissions«. Eigentlich sollte diese Größe ein Schattendasein führen; sie ist aber heute bei uns mit 22 Mrd. DM für zwei Drittel des Jahres die mit Abstand größte Einzelposition. Man muß sich schon zwingen, nicht ironisch zu werden, wenn man die Position »Irrtümer und Unterlassungen« so ins Gigantische wachsen sieht.

Aber vielleicht sollten wir es eher von der positiven Seite sehen: Hätten wir diesen Geldzufluß nicht gehabt, dann wären wir mit Sicherheit bereits in eine echte Finanzierungsklemme geraten. Ich gönne jedem Exportunternehmen, das sich billige Gelder von seinen Kunden beschaffen konnte, den Erfolg neidlos und von Herzen. Nur: Den Prinzipien der Gleichberechtigung oder Meistbegünstigung, die auch in der heimischen Wirtschaft Geltung haben sollten, entspricht eine Kreditpoltik, die sich nur in Teilbereichen der Wirtschaft in voller Härte auswirkt, bestimmt nicht. Eindeutig benachteiligt sind hier die mittelständischen Unternehmen und alle Sektoren, die am Export nicht direkt partizipieren können.

Blicken wir wieder nach drinnen: Ein Sonderfall mit sehr unmittelbaren Auswirkungen auf den Lebenshaltungskostenindex beschäftigt uns im Wohnungsbau, ganz besonders im sogenannten sozialen Wohnungsbau. Aueh hier nimmt der bewegliche Zinssatz einen sehr breiten Raum ein, und jetzt müssen auch die Sparkassen ihr Zinsschema ändern, ihre Hypothekenzinsen den gestiegenen Geldbeschaffungskosten anpassen. Und um 1% höhere Hypothekenzinsen bedeuten – wie die Experten versichern – eine Steigerung der Kostenmiete um 50 Pfennig pro Quadratmeter. Es spricht wenig dafür, daß die entsprechend angehobenen Mieten, die zum Teil ja auch wieder die öffentlichen Haushalte belasten, jemals wieder rückläufig sein werden.

Konzentrieren wir uns nun in unserer Frage nach den Auswirkungen auf Konjunktur und Export, so fällt es schwer, von Erfolgen zu sprechen. Die Exporte erreichen trotz der radikal veränderten Währungssituation ständig neue Rekordwerte, jedenfalls was die Umsatzziffern betrifft. Trotz einer Abschwächung bleiben die Zuwachsraten der Auftragseingänge aus dem Ausland außerordentlich hoch: 46% bei den Investitionsgüterindustrien im August sind zwar deutlich weniger als 74% im Monat zuvor, aber sie stehen in evidentem Kontrast zu den 7% bei den inländischen Investitionsgüteraufträgen im August, die preisbereinigt eine Stagnation darstellen. Noch nie waren wir so exportlastig wie heute, und damit auch noch nie so abhängig von der Entwicklung der Weltkonjunktur, für die ja auch einmal eine veränderte Windrichtung vorstellbar bleibt. Das sollten wir nicht vergessen, wenn wir nach aller Voraussicht zum Jahresende an den USA vorbei zur größten Exportnation der Welt geworden sein werden.

Der Verdacht liegt nahe, daß Restriktionspolitik und verstärkte Exportaktivitäten, mit einem sich auf 30 Mrd. DM zu bewegenden Ausfuhrüberschuß, in einem inneren Zusammenhang stehen.

Exporte sind für viele Unternehmen nur die zweitbeste Lösung, aber sie müssen Vorsorge treffen, sie müssen ihre Anlagen möglichst auch im kommenden Jahr beschäftigt halten, um hohe Zinsen und Abschreibungen hereinzubekommen. Gesamtwirtschaftlich gesehen wird so die Rückwirkung der Restriktionspolitik, etwa auf die Nachfrage nach Arbeitskräften, neutralisiert, und man muß sich fragen, ob dies das Ziel der Klasse sein kann. In allen Bereichen, in denen Ausgleichsmöglichkeiten durch verstärkte Exporte fehlen, nehmen die Schwächezeichen zu. Das gilt für den Bereich des Wohnungsbaus mit bedenklichen regionalen Konzentrierungen, das gilt auch für weite Teile der Konsumgüterindustrie.

*

Unsere Bedenken verstärken sich, wenn wir einen zweiten und dritten Blick auf unsere Zahlungsbilanz werfen. Während wir in den letzten Jahren zumindest die Bilanz der laufenden Posten annähernd ausgeglichen hatten, steht uns jetzt auch wieder ein Überschuß ansehnlicher Größenordnung ins Haus.

Wie sieht es nun an der empfindlichsten Stelle, bei den Preisen, aus? Mit dem Bundesbankpräsidenten und der Bundesregierung freuen wir uns über die eingetretene

Verringerung in der Anstiegsrate der Lebenshaltungskosten von 7,9 % in der Spitze auf nunmehr 6,4 %. Sind dies aber die Früchte etwa der hohen Zinsen? Ich glaube, unsere Zweifel überwiegen hier. Bei aller Anhänglichkeit an die vielen Modelle: Die so oft beschworene Signalwirkung der hohen Zinsen – sie findet sich wohl kaum in der Miete, in der Kartoffel und im Regenmantel wieder. Ich weiß auch nicht, ob wir die Lebenshaltungskosten dadurch senken, daß wir die statistische Musterkollektion, den Warenkorb für den Index des Statistischen Bundesamtes, neu zusammenstellen. So können wir nur optische Pluspunkte sammeln.

Ob die sehr lauten Signale, das ständige Hörnerblasen, für die Ohren der Tarifpartner, in Sonderheit für die Gewerkschaften bestimmt, noch Eindruck machen? Sehr ermutigende Zeichen gibt es hier nicht, obwohl in einer orientierten und – nota bene – ja auch mitbestimmten Gesellschaft die Tatsachen überzeugen sollten: Wir sehen in der Breite keine Chance, die Lohnkostenentwicklung mit Produktivitätssteigerungen zu kompensieren. Das schon zitierte Berliner Institut, von dem bei den Kapitalkosten die Rede war, hat die Steigerung der Lohnstückkosten je Produkteinheit im 2. Quartal 1973 mit 14 % errechnet. Das Ausweichen auf die Erzeugerpreise und damit auch ein Weitergreifen auf die Lebenshaltungskosten ist nach aller Wahrscheinlichkeit unumgänglich.

Hier aber, bei den Lohnkosten, und nirgendwo anders fällt die Entscheidung über Stabilität und Inflation. Es fehlt nicht an markigen Worten im Lande, Worten, die sich leider gelegentlich weit von dem schönen Bild des mündigen Bürgers entfernen und in der Nähe einer Philosophie des Zusammenbruchs auf Probe, der Pleite als Exempel, stehen. Ich habe nicht immer das Gefühl, daß die Verantwortlichen diese gefährlichen Denkkategorien voll übersehen.

Unser Rückblick auf zwölf Monate einer Restriktionspolitik, die sich das Prädikat »radikal« redlich verdient, hat uns wenig positive Aspekte gebracht, und die Zeichen der Hoffnung, daß die Fortsetzung dieser Politik allein uns die Lösung des Dilemmas bringt, sind bescheiden.

Ich vertrete hier einen Berufsstand, der schon von Hause aus leicht Gefahr läuft, mißverstanden zu werden; man liebt uns nicht sonderlich. In aller Bescheidenheit dürfen aber die Banken wohl darauf hinweisen, daß sie trotz dieses oder jenes Zweifels an der Richtigkeit der Methoden ihre volle Loyalität der Bundesbank gegenüber niemals in Frage gestellt haben. Sie haben sich angesichts der Bedeutung der Aufgabe, um die es hier geht, in ihrer Kooperationsbereitschaft von niemandem den Rang streitig machen lassen, und ich glaube, es sind gerade die privaten Banken, die den Restriktionskurs mit kaum abschätzbaren Opfern voll unterstützt haben. Ich kann mir keinen anderen Wirtschaftszweig vorstellen, der sich so permanent in seine Geschäftspolitik hineinreden lassen muß wie die Banken, und der dann auch noch wie im eingeübten Chore zustimmt. Stellen Sie sich etwa den Schiffbauer vor, dem man laufend vorschreiben würde, kleinere, langsamere Schiffe zu bauen, dem man die bereits auf Kiel liegenden Schiffe nachträglich verkürzte, dem man ankündigte, nun werde auch noch das Wasser der Meere abgelassen, und der gleichwohl all diesem applaudierte.

Wir glauben, daß uns die Position der Banken allerdings auch verpflichtet, nunmehr die Zeichen der Gefahren deutlicher als bisher zu machen und unseren Warnungen Gehör zu verschaffen. Es ist sicher nicht damit getan, daß wir alle immer nur sagen, Härte sei eine gute Sache, wenn wir uns nicht über die Grenzen des Möglichen, über die Risiken dieser Politik voll ins Bild setzen.

Mit Sicherheit haben wir nur die Kosten unseres wirtschaftlichen Apparates erhöht, und ganz gewiß sind auch die Risiken am Markte gestiegen. Für die Psychologie der Marktteilnehmer haben wir wenig gewonnen. Ich fürchte eher, daß die zur Zeit betriebene Politik ganz wider Willen zur Mentalität der Geldentwertung, zum Verlust an kaufmännischer Moral, d. h. auch der Zinsmoral, beigetragen hat. Erlassen Sie mir Beispiele. Es kommt hinzu, daß wir uns am Markt zunehmend etwas primitiver Schaltungssysteme bedienen. Es ist von guter Wirtschaft und von böser Wirtschaft die Rede, wir sehen Klassifizierungen, die an den wirtschaftlichen Realitäten einfach vorbeigehen.

Ich sprach schon von den Sorgen um die Statistik. Wir haben einmal mehr die Erfahrung gemacht, daß uns ein verläßliches System von konjunkturellen Frühindikatoren fehlt. Auch an den Weltmärkten wird nicht geklingelt, bevor der Wind umschlägt. Das Nachhinken der Statistik kann zu einem Problem werden. Wir müssen dringlich die aktuelle Kenntnis, wie sie in der Wirtschaft wächst, für den staatlichen Entscheidungsprozeß verfügbar machen. Wir werden ohnehin – nach allem Überblick, den wir heute besitzen – gewisse Dauerschäden dieser Poltik behalten. Man macht es sich wohl etwas zu leicht, diese Schäden nur als die gewünschte Bereinigung zu bezeichnen.

Wenn ich dabei einmal nur an die Banken denke, so sind einige gravierende Änderungen nicht auszuschließen:

Die Annahme, daß sich Zins- und Liquiditätspolitik letzten Endes in balancierten Grenzen halten werden, daß also die Refinanzierung irgendwie immer kalkulierbar sei, gilt heute nicht mehr. So wird z. B. die für unsere Wirtschaft unverzichtbare Kreditlinie zu festen Zinssätzen in Zukunft nur noch eingeschränkt angeboten werden können. Sie ist nicht zu verantworten ohne eine in etwa kongruente Refinanzierung, die der Markt so ohne weiteres jedenfalls nicht mehr hergibt. Wiederum werden hier die nicht emissionsfähigen kleinen und mittleren Unternehmen die Hauptbetroffenen sein. Sie werden diese Politik bezahlen.

Der gleiche Kreis ist auch in erster Linie betroffen durch die Gefährdung des Wechselkredites als Institution. Die insoweit als zuverlässig und beständig angenommene Refinanzierungsbereitschaft der Notenbank besteht nicht mehr.

Die nun einmal eingetretene Störung im gewohnten Bild zwischen Zentralbank und Geschäftsbanken kann darüber hinaus einiges in den bisherigen Grundlagen unternehmerischer und finanzieller Disposition durchaus in Frage stellen. Es ist und bleibt eine gute Sache, jede unternehmerische Entscheidung durch eine entsprechende finanzielle Vorsorge, d. h. in der Regel durch langfristige Kreditzusagen, abzusichern. Die Banken können nach aller jetzt gemachten Erfahrung das Risiko ihrer herausgelegten Zusagen nicht mehr nach den Maßstäben kalkulieren, die bisher gültig waren. Sie werden die Beschlagnahme ihrer Liquidität nicht so schnell vergessen.

Es gibt aber gewichtigere, prinzipielle Probleme, die weniger unmittelbar mit meinem Beruf zu tun haben, von denen einige noch gestreift werden sollten:

Jeder Eingriff in die Investitionsmöglichkeiten bedeutet eine potientielle Schwächung der Leistungsbereitschaft und der Leistungsfähigkeit der Wirtschaft. Die staatlichen Kräfte konzentrieren sich schließlich auf eine Rückführung, Abrechnung, Bremsung einer Bewegung – dies alles in einer Perspektive, mit einer Zielsetzung, die allgemein wünschenswert ist, deren Definition im Detail aber nicht überzeugend gelingt. Dabei ist die Erwartung, was die Dauer des Eingriffs anbelangt, kurzfristig vorgestellt. Exzeptionelle Maßnahmen pflegen ja auch nur kurzfristig akzeptiert zu werden. Es ist aber sehr die Frage, ob sie auch kurzfristig wieder abgebaut werden können, ohne daß der Gaul durch die zusätzlichen Anstrengungen zumindest vorübergehend lahmt. Es will mir scheinen, daß, alles in allem, weniger mehr gewesen wäre, daß die Gefahren kurzfristig angesagter Initiativen in keinem rechten Verhältnis zu den möglichen Erfolgen stehen, und daß wir uns vor allem eine langfristigere Ausrichtung unserer Wirtschafts- und Zentralbankpolitik vorstellen möchten.

Auf jeden Fall steht diese Politik vom Prinzip her im Widerspruch zu einer langfristigen, auf Stärkung der Wirtschaft im Wettbewerb, vor allem im internationalen Wettbewerb, ausgerichteten Politik – und so lange es Wirtschaftspolitik gibt und geben kann, sollte an der Priorität dieser Perspektiven nicht gezweifelt werden.

Die gegenwärtig noch günstige Lage im Export darf uns nicht übersehen lassen, daß eine Kreditpolitik überzogener Härte, und das heißt in erster Linie eine Politik überzogener Dauer, auch neue außenwirtschaftliche Kollisionsgefahren heraufbeschwört. Schließlich ist auf die Fehler der anderen, von denen wir heute weitgehend leben, kein Verlaß.

Auch die eifrigsten Strategen für eine lenkbare Ökonomie haben zumindest zwei für sie bittere Erfahrungen machen müssen, nämlich einmal, daß kurzfristige Reaktionen in den Abschwung oder in den Aufschwung hinein sich in aller Regel nicht einstellen wollen, und zum zweiten, daß der lebende Mechanismus der Wirtschaft überhaupt nicht reagiert, wenn nicht die Wirtschaft außerhalb der Landesgrenzen entweder – aus welchen Gründen auch immer – in etwa synchron reagiert –, oder eben die Wege nach außen radikal unterbunden werden. Aber gerade hier wieder sind uns engere Grenzen gesetzt, wenn nicht eine auf Kommunikation mit der Außenwelt einmal eingestellte Apparatur – und unsere Wirtschaft ist mit Sicherheit ein solches Gerät – langfristig Schaden nehmen soll.

Eine Kollision der Ziele, der kurzfristig oder langfristig ausgerichteten Perspektiven, wird mit Sicherheit immer dann eintreten, wenn außenpolitische Momente in die Überlegungen einbezogen werden; die Diskussion über ein privilegiertes Zinsgefüge für den Ost-Export macht das Dilemma mehr als deutlich. Hier begegnet sich die innenpolitisch ausgerichtete Hochzinspolitik mit dem außenpolitisch motivierbaren Wunsch, einen Niedrigzins anzubieten. Es streiten also miteinander die Ziele, die Produktion zu drosseln, den Export zu reduzieren, mit dem Wunsche, einen wirtschaftlich und politisch verläßlichen Handels- und Warenverkehr zu etablieren oder etabliert zu halten. Man kann die Glaubwürdigkeit dieser Politik und ihre außerordentlichen Opfer, die von vielen abverlangt werden, wohl schwerlich verteidigen, wenn man, von vielen anderen Bedenken einmal abgesehen, das Zinsgefüge nach Himmelsrichtungen orientieren möchte. Schließlich ist es ja gerade das immer wieder erklärte und unterstrichene Ziel unserer Hochzinspolitik, die Entwicklung vom Zins her zu steuern. Scheitert nun der Export in der Breite daran, daß wir eben gerade durch diese Politik nicht mehr wettbewerbsfähig sind, dann ist das mit Sicherheit eine der Indikationen dafür, diese Politik vom Grundsatz her neu zu überdenken, nicht aber unsere ausländischen Geschäftsfreunde in verschiedene Kategorien einzuteilen. Man verstehe mich bitte nicht falsch: Kein Staat wird sich das Recht nehmen lassen, für bestimmte besondere Interessen der Allgemeinheit bestimmte besondere Leistungen anzubieten. Die Zinssubvention ist wahrscheinlich kein Neuling in der Landschaft, aber ich meine, wir sollten hier konsequent nur sachbezogene Zinsvergünstigungen ins Auge fassen, wie sie etwa für die Versorgung unseres Landes mit Energie vorstellbar, ja vermutlich unvermeidbar sind. In dieser Perspektive lassen sich bestimmte Bereiche auch des Ostgeschäfts finanzieren.

Überlegungen wie diese heben eigentlich nur noch einmal mehr hervor, wie problematisch vom Grunde her jeder staatliche Eingriff in den Wirtschaftsablauf bleibt, wie schnell sich die Fragen aufeinander türmen, wie schwer es wird, Prioritäten zu setzen, und wie ungemütlich es letzten Endes bestellt sein mag um die Legitimation dessen, der die Interventionen nach Ausmaß und Zeitpunkt bestimmt.

Ist der Zwang zum Handeln eine Legitimation in sich?

Eine Volkswirtschaft wie die unsere kann weder auf Fremdfinanzierung verzichten noch auf mittlere Sicht ein Zinsniveau verarbeiten, wie wir es heute haben. Es wird Zeit, daß wir in den Zinsen Kosten begreifen, die wir der Stabilität wegen senken müssen. Die Erfolge, die diese Politik erzielen konnte, sie scheinen mir erreicht zu sein.

Banken und Staat im Konflikt

Wer kann bei einem Thema dieser Dimension die Weisheit des Veranstalters übersehen, die Redezeit kategorisch auf 20 Minuten zu begrenzen! Vielleicht aber ist unser Thema doch etwas zu aggressiv formuliert – vielleicht erwartet dieser oder jener die letzten Nachrichten von den geistigen Kriegsschauplätzen unserer Zeit –, als daß wir auf einige allgemeine und, wie ich hoffe, allgemein akzeptierte Vorbemerkungen verzichten könnten.

Daß sich Staat und Wirtschaft in einem Spannungsverhältnis begegnen, ist weder eine neue Erfahrung unserer Tage noch eine deutsche Besonderheit. Und daß nun dieses Spannungsverhältnis zwischen dem Staat und einem Wirtschaftszweig, der sich besonderer staatlicher Obsorge erfreuen darf, auch zum Konflikt, zur Auseinandersetzung steigern kann, sollten wir ebenfalls als eine durchaus natürliche Sache ansehen. Dies um so mehr, als ein Konflikt keineswegs bestimmte Klassifizierungen auf der einen oder der anderen Seite voraussetzt, etwa bestimmte politische Richtungen oder Organisationsformen oder besondere Eigentumsverhältnisse. Und – das scheint mir aller Betonung wert – es geht nicht etwa um die Begegnung vermeintlich höherer Intelligenzgrade auf dieser oder jener Ebene. Alle Unterschiede sind – wenn wir bei Verstand bleiben – entscheidend funktionsbedingt.

Der moderne Staat verwirklicht sich heute aus dem

Vortrag auf der XIX. Kreditpolitischen Tagung der *Zeitschrift für das gesamte Kreditwesen* am 23. November 1973 in Frankfurt a. M.

Anspruch heraus, lenkend in den Wirtschaftsablauf einzugreifen, bestimmte Ordnungsvorstellungen durchzusetzen und zu gewährleisten. Wir auf der anderen Seite sind – als ein dienender Bestandteil, wie wir meinen – in den Kreislauf der Wirtschaft eingebettet. Es sind die unterschiedlichen Perspektiven, die in erster Linie unsere Probleme ausmachen: hier die Verhaftung mit der Dynamik des wirtschaftlichen Geschehens, dort die mehr statische und auch statistische Einsicht aller staatlichen Gewalt. Selbst wenn wir – und das ist erfreulicherweise auch heute überwiegend der Fall – volle Identität der Interessen von Staat und Wirtschaft vom Prinzip her sehen, selbst wenn wir auch über die Ziele allen Wirtschaftens völlig einig sein sollten, so weichen eben doch, aus der unterschiedlichen Perspektive heraus, die Anschauungen über die Methodik, über die Mittel und den Zeitpunkt für bestimmte Maßnahmen leicht und erheblich voneinander ab. Ich glaube, es ist nicht richtig, diese Divergenzen leichthin als Interessengegensätze zu qualifizieren. Wir haben ja unsere Standpunkte nicht nur gelegentlich gegeneinander ausgetauscht, sondern sogar unsere Positionen ausgewechselt.

Aus unserer Sicht scheint mir das wesentliche Problem heute darin zu bestehen, daß wir nun einmal in einer Zeit leben, in der staatliche Einflußnahme in fast allen Bereichen und aus welchen Gründen auch immer zunimmt und damit in der Tat die Gefahr wächst, daß sich nicht nur die bestehenden Spannungen verhärten, sondern neue Spannungsfelder entstehen könnten. Hier verschärft sich der Kontrast der Perspektiven und der Argumente. Und es ist wiederum eine natürliche Sache, daß sich dabei die Frage in den Vordergrund drängt, ob der Staat von der ihm anvertrauten Macht den richtigen Gebrauch mache. Um der Stabilität unter uns willen und zur Verschonung aller Mitmenschen darf ich mich mit einem historischen Stoßseufzer verständlich machen:

»Die, welche einmal die Staatsgeschäfte verwalten, sehen immer mehr und mehr von der Sache weg und nur auf die Form hin.... Daher nimmt in den meisten Staaten von Jahrzehnt zu Jahrzehnt das Personal der Staatsdiener und der Umfang der Registraturen zu, und die Freiheit der Untertanen ab.«
(Wilhelm v. Humboldt, Grenzen der Wirksamkeit des Staates, 1792.)

Wie nun immer die Kontroversen des Tages lauten mögen, wie immer es um die Meinungsverschiedenheit auch unter den verschiedenen Beteiligten des Staates selbst bestellt sein mag, und wie immer schließlich die Interessen von Banken und Staat sich gegenseitig überschneiden mögen: Wir sollten uns auf ein gemeinsames Ordnungsbild verlassen dürfen, das zumindest von fünf Faktoren geprägt ist, nämlich

- zunächst und vor allem der Erhaltung des Geldwertes;
- sodann unserer gemeinsamen Sorge um die Sicherung und Stabilität der Einlagen;
- ferner der Sicherung der Funktionstüchtigkeit der Banken, d. h. vor allem der Stabilität ihres Arbeitsablaufs, der nicht in Gefahrenzonen geraten darf, die zu übereilten Schlüssen, zu Kurzschlüssen, zu Fehlverhalten verleiten könnten;
- sodann sollten wir gemeinsam bemüht bleiben, die offenen Grenzen, die internationale Kommunikationsfähigkeit des Bankwesens zu sichern;
- und endlich muß uns die Sicherung des Wettbewerbs unter den Banken eine vordringliche Sorge sein.

Die verschiedenen Initiativen und Gespräche zu diesen Grundlagen des Verhältnisses von Staat und Banken sind uns gegenwärtig – sie sind uns zum Teil heute morgen in Erinnerung gebracht worden. Ich meine, wir sollten nun im Angesicht dieser Bezugsgrößen und vor dem Hintergrund der Erfahrungen des Jahres 1973 – eines wahrhaft denkwürdigen Bankjahres! – eine gewisse Zwischenbilanz unserer Erfahrungen mit dieser Form von Stabilitätspolitik wagen. Es erscheint nützlich und an der Zeit, die Möglichkeiten und auch die Grenzen dieser Politik von der Methode her zu überdenken und auch ein erstes Resümee zu ziehen über das, was wir können, und das, was wir nicht können. Dabei vernachlässige ich unter anderem die Frage etwa nach dem derzeitigen Erfolg und der Dauer unserer Stabilitätspolitik; es gibt keine Meinungsverschiedenheiten darüber, daß es hier verschiedene Meinungen gibt und geben muß. Nachdem das Jahr 1973 wie wohl kaum ein anderes geeignet war, Argumente zu kontrollieren und auch anstehende Reformvorhaben von neuem zu durchdenken, dürfen wir hoffen, daß die in absehbarer Zeit fällige Bestandsanalyse des Erfolges in aller Objektivität erfolgen wird. Sie dürfte um so leichter fallen, als wir wohl alle so viel und so oft geirrt haben, daß die bösen Gewichte des Prestiges nicht mehr viel wiegen.

Doch nun zu unseren Erfahrungen:

Erste Erfahrung: Der inländische Kreditapparat läßt sich beherrschen! Hier kann man Geld verknappen, hier kann man das Geld verteuern. Man kann die Banken an die Grenzen ihrer Fähigkeit führen, Kredite einzuräumen, und damit zugleich ihrer Dynamik, der wirtschaftlichen Entwicklung zu folgen, eine eindeutige Grenze ziehen, und zwar dadurch, daß man ihnen die Basis für eine adäquate Refinanzierung – sowohl von der Frist als auch von den Kosten her – nimmt.

Unsere zweite Erfahrung: Die Geldverknappung im inländischen Kreditapparat bringt jedenfalls für den ersten Anschein sehr viel eher die Banken als die Wirtschaft in Geldverlegenheit. Die Wirtschaft wird in ihrer Dynamik sehr unterschiedlich – und ich finde, in diesen

Unterschieden auch ungerecht – und in bestimmten Bereichen überhaupt nicht betroffen. Es zeigt sich der Pferdefuß der Kreditpolitik: sie glaubt, den Schlüssel zur Steuerung aller ökonomischen Abläufe in der Steuerung des Kredits und des Geldvolumens zu besitzen, und sie geht damit die Wirtschaft von der Verschuldung her an. Aber nicht jeder ist verschuldet, und man ist auch sehr unterschiedlich verschuldet; nicht jeder ist bei der Bank verschuldet, und man investiert auch nicht nur als Schuldner. Der Kreis der Begünstigten dieser Politik hat sich klar abgezeichnet.

Damit wird nicht nur eine soziale Problematik deutlich, sondern auch die Grenze der Steuerungsmöglichkeiten unserer staatlichen Partner. Der inländische Kredit ist zu bändigen, die Geldversorgung aus dem Ausland bleibt schwer kalkulierbar – die Anzahlungen an den Exporteur, sie haben unserem heimischen Geld- und Liquiditätsapparat immer noch frisches Blut zugeführt.

Dritte Erfahrung: Das deutsche Kreditsystem kann sich der Kostenlast unserer gegenwärtigen Kreditpolitik nur bedingt anpassen. Seit Aufhebung der Zinsbindung im Jahr 1967 ist ein hinreichend verläßlich korrespondierender Mechanismus zwischen dem Aufwand der Passivseite und den Ertragsmöglichkeiten im Kreditgeschäft nicht mehr gegeben. Wir müssen unseren Kreditbedingungen wieder eine Struktur geben, die eine rasche Reaktion ermöglicht. Dies läge auch im Interesse staatlicher Konjunkturpolitik und im Interesse aller staatlichen Organe, denen die Aufsicht über uns obliegt. Wir Banken können nicht und wir Banken dürfen nicht – auch nicht vorübergehend – unter unseren Kosten arbeiten. Es wird Zeit, daß man die Gefahren realisiert, unter denen das Kreditgewerbe bei völlig veränderten Bedingungen arbeiten muß. Ein kaum noch zu übersehender Kostendruck ist ein schlechter Ratgeber für einen Bankier.

Erfahrung Nummer vier: Die Kosten für die Wiedergewinnung der Stabilität müssen hoch sein, sie können aber nicht über die Jahre hinweg nach der derzeit praktizierten Methode von dem deutschen Bankenapparat in sich selbst verkraftet werden. Die Philosophie, daß Banken immer noch ihr Geld verdient hätten, ist kurzatmig. Wir stehen vor der Frage der Angemessenheit der Mittel und der Verteilung des Aufwands. Wir können die Frage nach den Proportionen nicht mehr ausklammern. Ich beschränke mich hier auf das Thema Mindestreserve. Wie oft ist ihre Verzinsung gefordert, und wie oft ist sie abgelehnt worden! Man kann aber doch aus diesem zur Sicherung der Einlagen gedachten Instrument nicht den staatlichen Anspruch auf eine Teilenteignung zumindest der Erträge dieser Einlagen ableiten. Man kann doch nicht heute um die 55 Mrd. DM Mindestreserven zinslos an sich ziehen, wenn man den Markt, aus dem diese Mindestreserve finanziert werden soll, eben durch diese Politik austrocknet und dementsprechend ein Zinsniveau zuläßt, über das wir hier lieber nicht sprechen sollten. Es handelt sich letzten Endes um einen Eingriff in die Substanz. Diese Form der Geldpolitik wird von den Eigentümern, den Inhabern und Aktionären, finanziert. Aber man sollte auch einmal darüber nachdenken, ob nicht letzten Endes der Sparer hier der Betroffene ist. Wir denken nicht nur an uns, wenn wir erneut und mit allem Ernst diese Frage anschneiden. Herr Dr. Emminger hat kürzlich einmal zu Recht die Banken im Rahmen der Geldpolitik in einer quasi-öffentlichen Funktion gesehen, als Erfüllungsgehilfen, wie er sagte. Nun, der Erfüllungsgehilfe ist eine nicht unbedingt beneidenswerte Figur des deutschen Zivilrechts. Die Mitbestimmung ist für ihn, so weit ich sehe, auch weit unterhalb der Parität nicht vorgemerkt – er tritt auf, erfüllt und haftet. Arbeitet er aber umsonst? Muß er sogar für seine Arbeit draufzahlen?

Unsere fünfte Erfahrung: Staat und Banken haben

einen Nachholbedarf in der Koordinierung ihrer Kenntnisse, Erkenntnisse und Absichten. Unser Wissens- und Informationsstand muß den staatlichen Stellen, wie ich glaube, schneller zur Verfügung stehen. Wir leben doch gefährlich genug, als daß wir uns den Luxus erlauben sollten, in unsere zentrale Schaltung Daten einzugeben, die sich mit dem Heute nicht decken. Natürlich denke ich nicht an noch mehr Papier. Andererseits kann nur allen gedient sein, wenn wir in Zukunft vorab eine deutliche Evidenz über die Absichten staatlicher Behörden besitzen. Die flüchtige Materie, mit der wir umgehen, muß sich immer in einem hinreichend kalkulierbaren Rahmen halten. Es war gefährlich, und es wird gefährlich bleiben, zu einem Zeitpunkt, in dem der Konflikt der Meinungen über die Zweckmäßigkeit und Ergebnisse sowie die Koordination von Kredit-, Finanz- und Einkommenspolitik noch völlig unentschieden war – und das scheint mir auch heute noch der Fall zu sein –, eine so harte monetäre Restriktionspolitik einzuleiten, wie wir sie kennengelernt haben.

Natürlich halten sich unsere Erwartungen an eine verbesserte Kommunikation in engen Grenzen – wir Deutschen können ja ohnehin das Handikap einer fehlenden Hauptstadt, eines natürlichen Mittelpunktes zum Austausch von Meinungen und Erfahrungen, nicht überbrücken.

Ich werde es im übrigen nie verstehen, warum ausgerechnet in unserem Lande keine Möglichkeit bestehen soll, auf dem Wege einer freien Vereinbarung zwischen Bundesbank und Geschäftsbanken restriktive Wirkungen zu erzielen und dabei die bedenklichen Gefahren zu vermeiden, denen wir heute gegenüberstehen. Sind wir – der private und der öffentliche Bankenapparat, und wir alle zusammen, und unser Staat – wirklich so zerstritten, so von Mißtrauen gegeneinander erfüllt, daß man der Struktur des deutschen Kreditwesens ein *gentlemen's agreement* nicht zutrauen darf? Wir wissen ja, daß die Bundesbank an einem freien Meinungsaustausch immer interessiert war und auch in jüngster Zeit wieder dankenswerte Initiativen in dieser Richtung ergriffen hat.

Wirtschaft und Staat bekunden immer wieder gleiches Interesse an langfristiger Planung und an einem langen Atem. Und in der Tat: langfristige Vorhaben lassen sich auch durch kreditpolitische Naturereignisse kaum beeinflussen. Eine Etage tiefer allerdings werden die ökonomischen Risiken unübersehbar, weil wir mit der kurzfristig angelegten Politik die Gefahr heraufbeschwören, daß sich unsere Perspektive ständig verkürzt, daß die Bewegungen und Ausschläge heftiger werden. Auch die bestehenden langfristigen Bindungen der Banken hat der Staat ganz offenbar falsch eingeschätzt.

Und schließlich: Wir sind vielleicht manchmal Herr der Situation von morgen, wir sind aber immer die Gefangenen der Lage, die wir gestern geschaffen haben. Wer sich heute kritisch mit dem Exportvolumen auseinandersetzt, der muß sich auch Rechenschaft darüber ablegen, daß ein wesentlicher Teil unseres Exports unmittelbar daraus abzuleiten ist, daß aus der gezielten Drosselung der inländischen Nachfrage – man blättere die Konjunkturgeschichte der vergangenen Jahre daraufhin durch – Kapazitätsreserven verfügbar gemacht worden sind, die uns in diese Exportlastigkeit, in diesen Handelsbilanzüberschuß und in dieses zusätzliche Dollarrisiko gedrängt haben. Es wird erneut evident, wie entscheidend für unser internationales Gleichgewicht eine ausgeglichene Binnenkonjunktur, ein reduzierter Wellengang, ist. Aber auch hier müssen wir mit einem mittelfristigen Dilemma leben können: Unser Exportvolumen von heute definiert sich weit überwiegend als unser Anteil am europäischen Binnenmarkt von morgen.

Es wäre noch eine Fülle weiterer Erfahrungen anzusprechen – wer hätte nicht noch ein Dutzend zur Hand –, die uns in Konflikte führen. Aber beschränken wir uns auf diese Skizze, damit noch etwas Raum bleibt, zwei Fragen an unseren Staat zu richten, der in der bunten Vielfalt seiner Organisationen und Kompetenzen ganz sicher nicht ideale Voraussetzungen für die von ihm beanspruchte Lenkung der Wirtschaft erfüllt, und der vielleicht angesichts der sich abzeichnenden Probleme seinerseits darüber nachdenkt, daß hinter »der« Wirtschaft, diesem so gern abstrahierten Wesen, Leistungen, Berufe, Einzelschicksale stehen, und mit ihnen die Frage: Wer hat Inflation zu verantworten?

Wir fragen uns zunächst, warum die so beispiellosen und weitreichenden Informationsmöglichkeiten des Staates so wenig genutzt werden, um in der Breite aufzuklären über die Balance, die nun einmal Produktivität und Geld miteinander einhalten müssen, damit wir in Stabilität leben können. Warum hat es von dieser Seite her an jeder nachhaltigen Unterstützung der Bundesbank gefehlt? Es hat doch nie so ausgesehen, als würde sie allein die Tarifpartner mit ihren Signalen überzeugen können. Bedenken wir doch bitte folgende Zahlen: Die deutschen Kapital- und Personengesellschaften erwirtschaften nach Steuern etwa 50 Mrd. DM. Wir haben, wenn ich die Dinge richtig übersehe, heute in Deutschland eine Lohn- und Gehaltssumme von etwa 400 Mrd. DM. Eine 10%ige Erhöhung dieser Summe sollen wir durchstehen und gleichzeitig zur Stabilität zurückkehren? Und haben die jüngsten Ereignisse nicht neue Prioritäten gesetzt? Wir kommen doch nicht daran vorbei, zur Bewältigung unserer Energieprobleme viele Milliarden einzusparen und viele Milliarden auszugeben, um unsere Zukunft zu sichern. Kann das Schweigen des Staates wirklich noch aus der Neutralität in Tariffragen hergeleitet werden?

Und die zweite Frage – und in ihr liegt der eigentliche Konflikt –: Hat nicht unser Staat ganz andere Mittel verfügbar, als diese Geldpolitik der letzten Stunde? Niemand besitzt in diesem Lande auch nur entfernt die Gestaltungsmacht und die Eingriffsmöglichkeit in den Gang allen Wirtschaftens wie der Staat. Er hält die größten Beteiligungen, er vergibt die größten Aufträge, er besitzt, so weit es darauf ankommt, die meisten Banken; er subventioniert, er regt an und belastet mit Steuern, er erteilt die Aufenthaltserlaubnisse für Gastarbeiter. Er bestimmt die wirtschaftlichen Motive durch seinen Umgang mit den Erwartungen, Hoffnungen und Ängsten. Muß er sich nicht selbst – richtig organisiert – die Frage vorlegen, wo denn und wann und von wem zu viel produziert wurde. War er denn machtlos, nur Objekt? Ist der Baumarkt etwa am Staat vorbeigegangen? Wo lag die Unvernunft – beim Staat, bei uns? Und wenn bei uns, bei wem von uns? Wir erwarten keine Antwort, aber doch wohl, daß wir alle uns mit diesen Fragen beschäftigen. Ich gerate wohl nicht in den Verdacht, einer zentralen Verwaltungswirtschaft deshalb das Wort zu reden.

Man würde vielleicht falsche Schlüsse ziehen, wenn ich unter der heutigen Themenstellung vom Konflikt zwischen den Banken und ihrem Staat etwa an den Rufen nach Verstaatlichung in unserem Bereich vorbeiginge. Im Jahre 1716 hat Paul Jacob Marperger in seiner »Beschreibung der Banken« festgehalten, man müsse immer fürchten, daß die »souverainen Landesherrn, wann ein großer Schatz und Vorrath von Einheimischen und Ausländischen einer Banco anvertraut worden seyn, gedachter Souverain zugreifen, sich solcher heiligen Depositorum bemächtigen, die Vögel gewaltsamer Weise ausnehmen und den Eigenthümern das leere Nachsehen lassen würde.«

Auch wenn wir nichts sonderlich Heiliges an unserem Depositum erkennen, so ist der Text doch verständlich, und die Vögel, die gewaltsamer Weise ausgenommen werden sollen, sind heute offensichtlich wir. Und wir lernen einmal mehr: Die Absicht ist nicht neu, wenn auch die Motive wechseln. Wer aber sind die souveränen Landesherren, und was ist souverän an ihnen? Hier ist ausdrücklich festzustellen, daß kein Konflikt, noch kein Konflikt, zwischen dem Staat und uns besteht, sondern daß wir uns allenfalls mit den Neigungen derer auseinanderzusetzen haben, denen es offenbar aus vielerlei Gründen schwerfällt einzusehen, daß auch private Banken und auch große private Banken dienen und nicht herrschen wollen. Nicht *ein* Problem unserer Tage, und das ist nun oft genug gesagt worden, wird durch eine Verstaatlichung von Banken gelöst – sehr viel eher geriete die Staatsmacht mit sich selbst in Konflikt. Im übrigen: Es geht auch hier nicht um uns, um die privaten Banken; es geht um das Eigentum, um seine freie Verfügbarkeit; es geht letzten Endes um den Rang und den freien Status unserer Unternehmen. Es war eine gute Erfahrung für uns, daß einige herausragende Politiker und, soweit wir sehen, alle unserer Konkurrenten aus dem Bereich der staatlichen Banken sich spontan und uneingeschränkt zu diesen Grundsätzen und damit nicht zuletzt auch zum Wettbewerb mit uns bekannt haben.

Es ist immer eine offene Frage, ob in der Weltgeschichte mehr Schaden durch Reden oder mehr Schaden durch Schweigen angerichtet worden ist. Wir wissen, daß man gegen Animosität schwer mit Vernunft angehen kann. Aber das bedeutet ja wohl nicht, daß sich die deutschen Banken in ihrer Gesamtheit etwa für das Schweigen entscheiden werden. Eine mündige Gesellschaft besteht auch aus mündigen Unternehmern. Achten wir darauf, daß wir auch hier nicht unnötig Energie verschwenden. Und lassen Sie uns nachdenken über ein Wort von Ortega y Gasset:

»Nicht was wir gestern waren,
sondern was wir morgen gemeinsam sein werden,
vereint uns zum Staat.«

Wirtschaftspolitik in der Krise

Unser Thema von der Wirtschaftspolitik in der Krise läßt – doppeldeutig wie die deutsche Sprache nun einmal ist – zwei Vorstellungen zugleich aufkommen; nämlich daß Methodik und Erfolg und damit auch einige Grundvorstellungen dessen, was man Wirtschaftspolitik nennt, in einer kritischen Phase seien; und zugleich drängt sich die Frage auf, ob sich unsere Wirtschaft und unser Wirtschaften selbst in einer Krise befinden, und welche Wirtschaftspolitik nun für diesen Zustand angemessen sei. Ich will dieser doppelten Frage keineswegs ausweichen, zumal unsere Analyse, wo wir denn nun heute eigentlich stehen, sich mit eben diesem Doppelthema auseinandersetzen muß.

Nun, schon die Frage nach unserem Standort führt angesichts der uns angeborenen Variationen in Gefühl, Temperament und Urteilsvermögen zu sehr unterschiedlichen Perspektiven. Immerhin, und als Trost vorab: Die extremen Differenzen zwischen Optimismus und Pessimismus düngen den Boden, aus dem auch Unternehmer wachsen. Der Pessimist – und natürlich neigt der Wissende zum Pessimismus – sieht in tiefem Erschrecken die weltweite Misere der so offenbar nicht mehr zu bremsenden Ansprüche aller gegen alle und an ein so offensichtlich nur begrenzt verfügbares Ergebnis aller Arbeit. Er sieht, daß wachsender Wohlstand augenscheinlich nur die allgemeine Begehrlichkeit weckt, und daß diese den

---

Vortrag vor dem *Club zu Bremen* am 7. März 1974

tatsächlichen Produktionsmöglichkeiten davonläuft. Der Teufelskreis von Löhnen und Materialkosten und Preisen, das Abwälzen und Rücküberwälzen von Kosten, bei dem das Wachstum auf der Strecke bleibt – die Inflation also –, lassen ihn letzten Endes ohne Rat.

Demgegenüber hat der Optimist – und er hält sich seinen Platzvorteil durch ein solides Maß an Nicht-Besserwissen, manchmal auch an Nicht-Besserwissen-Wollen – unverändert den freundlichen Trost bereit, daß die Welt und in ihr der Kaufmann immer voll der Klage gewesen sei, und beide schließlich wohl doch noch überdauerten. Und er wird darauf verweisen, daß angesichts der hektischen Jahre, die hinter uns liegen – zwei, drei Jahre vollgepackt mit Währungswirren, mit Kosten-, Preis- und Zinssprüngen, wie sie in diesem Ausmaß niemand geahnt haben konnte –, die Wirtschaft nicht nur nicht zusammengebrochen sei, sondern insgesamt weltweit mit Rekordumsätzen zumindest weiterlebe.

Eingerahmt von Optimismus und Pessimismus hat nun der praktizierende Realist – der Mann also, der sich an den Ergebnissen seiner Arbeit und an den statistischen Aussagen über die Arbeit anderer korrigiert, um dann die Summe seiner Einsichten in die Tat umzusetzen – doch etwas Ernstes mitzuteilen. Wir stehen aller Voraussicht nach am Beginn einer kritischen Phase, vielleicht der kritischsten der Nachkriegszeit. Dabei ist kennzeichnend, daß neben die allgemein bekannten Sorgen um bestimmte Branchen, Berufe und Regionen nunmehr in der Breite ein Zweifel an der Leistungsfähigkeit und Belastbarkeit der Wirtschaft tritt, und daß darüber hinaus – offensichtlich verführt durch Mißerfolge in der Steuerung dieses oder jenes Vorgangs – Anzeichen von Resignation nicht zu übersehen sind.

Dort, wo sich Resignation zeigt, ist sie begleitet und genährt von der Vorstellung und der Erfahrung, daß die Chancen der Vernunft in dieser Zeit ganz offenbar rückläufig sind. Und ich stehe unter dem Eindruck, daß sich diese Tendenz zum Resignieren – die übrigens Politiker genauso umfaßt wie Wirtschaftler – vornehmlich abgeleitet aus der Erfahrung vergeblichen Bemühens, gemeinschaftlich gestellte Aufgaben gemeinsam zu lösen, und daß wir nun besorgt den Reflex der Enttäuschten sehen, das Engagement für das Gemeinsame einstweilen zu reduzieren, um wieder im eigenen Garten zu harken und diesen neu einzuzäunen – womit überdies auch die eigene Ratlosigkeit auf ihren Mutterboden zurückkehrt.

Wir haben diese hier skizzierten Erfahrungen gemacht, weltweit mit unserer Währungsordnung, wir haben sie in Europa gemacht, mit der für einen Europäer offenbar nicht einzugrenzenden Enttäuschung mit der europäischen Ordnung, und wir haben sie schließlich bei uns einmal mehr mit dem Versuch gemacht, der Inflation Einhalt zu gebieten. Enttäuscht und aufgeschreckt nehmen wir allseits den stark reduzierten Wirkungsgrad staatlichen Handelns und Planens zur Kenntnis, und im Kontrast hierzu den überragenden Einfluß, den Entwicklungen auf unser Leben nehmen, die wir ganz offensichtlich nicht, jedenfalls nicht so ohne weiteres, in der Hand haben. Oder ist hier einer im Saal, der vor einem Jahr etwa die Entwicklung der entscheidenden Währungen gegeneinander, unsere Erfahrungen im Umgang mit dem Öl und die allen Gewalten zum Trotz blühenden deutschen Exportumsätze auch nur einigermaßen korrekt vorausgesagt hätte? Anders gesagt: Unsere Abhängigkeit von Umständen, die sich unserem Einfluß entziehen, hat offenbar zugenommen, so daß ein Grund mehr zu der Annahme verführt, unser Tun und Intervenieren zeitige nur noch so bescheidene Erfolge, daß man der Katastrophe als einem Naturereignis entgegensehen müsse.

Ich glaube, es ist an der Zeit, daß wir uns etwas mit der Resignation in unserem Lande auseinandersetzen und die Herausforderung der Vernunft annehmen, die offenbar auch diese Gegenwart stellt. Und hierfür scheint mir entscheidend, daß wir ein klares und nach Möglichkeit unbefangenes Verhältnis zu den unbequemen Tatsachen unserer Zeit wieder herstellen und diese Tatsachen eintauschen gegen die schönen Bilder und auch ansprechenden Theorien, die sich so viele von Gegenwart und Zukunft machen.

Lassen Sie mich nun einige der unbequemen Tatsachen und unserer Möglichkeiten des künftigen Verhältnisses zu ihnen ansprechen. Zunächst geht es mir um das zentrale Problem der Inflation, und vielleicht gestatten Sie mir dazu eine kleine geschichtliche Arabeske. Vor ungefähr 400 Jahren wurde ganz Europa ebenfalls von der Seuche der Inflation heimgesucht. Auch damals stritten die Gelehrten über die Ursachen, und zwar fast mit den gleichen Argumenten wie heute. Im Jahre 1580 erschien das Buch eines Venezianers, der die sprunghaften Preiserhöhungen auf die Habgier der Regierungsbeamten und die umfangreichen Aufwendungen Ihrer Katholischen Majestät von Spanien für die Eroberung von Portugal zurückführte. Umgekehrt sah es der Verfasser eines amtlichen Berichts aus dem Jahre 1588:

> »Die Preise steigen aufwärts, weil das Volk in den Tavernen im Überfluß ißt und trinkt, wobei es lasterhafte und faule Gewohnheiten annimmt und seine Felder und Weingärten vernachlässigt.
> Deshalb braucht man sich nicht darüber zu wundern, wenn der Wein knapp ist und zu exorbitanten Preisen verkauft wird.«

Sie sehen: Sich gegenseitig den Ball der Verantwortung zuzuspielen war auch unseren mittelalterlichen Vorfahren nicht fremd. Und es ist zuzugeben: Inflationen sind so alt wie das Geld, und, wie immer auch die Ursachen sein mögen, ohne Geldvermehrung kommt es nicht zu diesem Laster. Im Europa des 16. Jahrhunderts waren es die Ströme von Gold und Silber aus der Neuen Welt, die die Überfülle des gemünzten Geldes zeugten. Der menschliche Geist hat es auch hier jetzt zu geräuschloseren Methoden gebracht. Er ist aber abhängig geblieben von einem gehörigen Maß Unvernunft und Torheit, um es zur Inflation zu bringen. Er neigt offenbar durch die Jahrhunderte dazu, die Suche nach Ursachen und Verantwortung für das Desaster am liebsten aufzugeben, die eigene Dummheit zu übersehen und die Schuld auf die breiten Schultern des Zeitalters und der Gesellschaft zu schieben, sie sozusagen »den Verhältnissen« anzulasten.

Wir sollten sofort zögern, wenn wir von dem schicksalhaften inflatorischen Zeitalter – dieser modischen Generalausrede – hören, und zunächst bedenken, daß dieses »Zeitalter« mit jährlichen Preiserhöhungen von 7–15% und auch mehr in den westlichen Industrieländern doch im Grunde erst eine ganz neue Erscheinung von zwei oder drei Jahren ist. Da begann es mit den zunächst vergleichsweise niedrigen Raten von 5–6%, und erst die heutigen Inflationsquoten fallen völlig aus dem Rahmen der Erfahrung. Und schauen wir nur ein wenig weiter zurück: Bis weit in die 60er Jahre hinein lebten wir mit Inflationsraten von etwa 2–3%. Was ist geschehen, daß hieraus plötzlich 5–8% wurden und in manchen Ländern sich die Befürchtung von 15–20% im Jahre 1974 ergeben hat?

Blicken wir heute auf die wirtschaftliche Entwicklung der vergangenen Jahre zurück und fragen wir uns, wann und wie dieses inflatorische Verhängnis seinen Anfang nahm, so drängt sich in der Tat das für manchen nicht unangenehme Gefühl auf, daß wir einigen überragenden internationalen Zwängen erlegen sind. Halten wir aber gleich fest: diese Zwänge erklären nur bedingt die Geldentwertung in unserem Lande und ersparen vor allen

Dingen nicht die zentrale Auseinandersetzung mit unserer innerdeutschen Lohnpolitik. Auf der internationalen Bühne lassen sich aber immerhin Entwicklungen feststellen, die an unserem heutigen Dilemma beteiligt sind. Denken wir etwa – die historische Distanz hilft der Objektivität immer etwas nach – an das Jahr 1967. Damals trafen in drei ganz verschiedenen, für die Weltwirtschaft wichtigen Ländern drei ganz verschiedene Dinge zusammen, welche den Weg in die Inflation und Währungswirren bemerkenswert ebneten.

Ich denke zuerst an die USA. Um einer innerpolitischen Unbequemlichkeit auszuweichen, u. a. der Finanzierung des eskalierenden Vietnamkrieges durch erhöhte Steuern, legte damals die amerikanische Regierung ihre Probleme auf ein erhöhtes Geldvolumen um. Mit einer Politik des leichten Geldes überflutete sie nicht nur das eigene Land, sondern alle mit dem Dollar integrierten Geld- und Kreditmärkte der Welt, vor allem diejenigen Europas. Diese monetäre Springflut kommt umfassend in dem Anstieg der kurzfristigen Auslandsschulden der Vereinigten Staaten zum Ausdruck. In ihm wird sichtbar der Erwerb kurzfristiger Dollar-Guthaben durch Ausländer, die diese, in der Regel im Tausch gegen einheimische Währung, erwarben. Diese kurzfristige Auslandsverschuldung der USA stieg in den Jahren von 1960 bis 1966 um knapp 9 Mrd. $. In den nächsten drei Jahren beschleunigte sich das Tempo mit einem Anstieg von bereits 12 Mrd. $, und seither sind diese Schulden um über 50 Mrd. $ auf rd. 92 Mrd. $ angestiegen. Hier mußte das Volumen zunehmen und die Substanz verlieren.

Aber auch die Bundesrepublik Deutschland spielte 1967 ihren Part. Wir erinnern uns: Wir gerieten erstmals in eine Rezession; man war überrascht, und es wurde – wiederum um innerpolitischen Unbequemlichkeiten auszuweichen – massiv Geld eingesetzt. Der Senkrechtstart mit allen Folgen der Überbeschäftigung und einer konjunkturellen Überspannung ist uns noch im Gedächtnis, und auch die Vokabeln. Was als »Feinsteuerung« oder »Konjunktur nach Maß« begonnen hatte, endete in monetärer und konjunktureller Maßlosigkeit. Und wiederum: Das Geldvolumen nahm zu, die Substanz mußte abnehmen.

Der dritte symptomatische Fall von einiger Bedeutung, den uns das Jahr 1967 bescherte, betrifft Großbritannien. Und wiederum sind es innenpolitische Unbequemlichkeiten, denen man zu entkommen sucht: Das britische Pfund wurde im Herbst dieses Jahres abgewertet, und damit erfolgte der erste große Einbruch in das System fester Wechselkurse. Nach wiederholten und mißlichen Stop-Go-Erfahrungen meinte die britische Regierung, den gordischen Knoten durchhauen zu sollen, indem man das Pfund abwertete. Man tat dies in der Hoffnung, sich damit sonst notwendige schmerzhafte deflatorische Maßnahmen zu ersparen. »Wir sind eine Zwangsjacke los«, triumphierte Premierminister Wilson am Tag nach der Abwertung. Aus der einmaligen Abwertung wurde inzwischen eine Art Dauerabwertung, nunmehr auf den Rutschbahnen des Floatens. Das Geldvolumen nahm damit nicht ab, wohl aber die Substanz hinter dem britischen Pfund.

USA, Deutschland und Großbritannien – so verschieden die Anlässe und Zusammenhänge auch sein mögen, die Gemeinsamkeiten sind nicht zu übersehen. Es ist die Neigung, die internen Schwierigkeiten umzulegen, zu exportieren, durch den Einsatz von Geld, sehr viel Geld übrigens, den Risiken zu entkommen, die der Politik innewohnen. So treffen in unseren drei Beispielen im Grunde drei verschiedene Todsünden zusammen, mit denen die Währungen in der Regel ruiniert werden:

- erstens die Finanzierung staatlicher Aufgaben auf Aus- und Umwegen,

- zweitens der Einsatz von Geld in einer übersteigerten konjunkturellen Ankurbelung nach einer Rezession,
- und drittens der Versuch einer Umlage nationaler Wirtschaftsprobleme durch eine monetäre Währungsoperation auf die internationale Ebene.

Nun, das Verhältnis von Staat und Geld wird immer besonderer Natur sein, und das, was sich in dem Kräftedreieck von Staat, von Macht und von Geld in der Weltgeschichte alles abgespielt hat, füllt Bibliotheken. Was wir hier nur festhalten sollten, wäre, daß sich etwa seit dem skizzierten Zeitpunkt die Geldbewegungen auf der Welt, die Unruhe über die Grenzen hinweg, ganz außerordentlich vermehrt haben, daß wir seither in einer Zeit der großen Ausschläge, der extremen Verschiebungen von Geld und Kapital, von Zins und auch von Inflation leben müssen. Lassen Sie mich daran erinnern, daß sich von Ende 1967 bis 1973 beispielsweise die Dollarbestände bei der Deutschen Bundesbank von 8,5 Mrd. auf über 65 Mrd. DM erhöht haben, beträchtliche Abschreibungen als Folge der eingetretenen Kursveränderungen noch nicht einmal mitgerechnet, und daß mehr als neun Zehntel dieses Zuflusses aus reinen Geld- und Kreditimporten resultieren, also nicht etwa aus den erwirtschafteten Überschüssen unserer exportierenden Volkswirtschaft. Anders ausgedrückt: das Geld hat sich weitgehend von den Warenbewegungen, deren Gegenwert es ja vornehmlich sein soll, gelöst, und sucht sich mit höchst unterschiedlichen Motiven seine eigenen Wege.

Wer hat nun in die Verantwortung für all dies einzutreten? Wir wollen bei dieser kardinalen Frage gar nicht übersehen, daß in den letzten Jahren auch verschiedene unglückliche Umstände unglücklich zusammengetroffen sind. Wer denkt hier nicht an diejenigen Preisbewegungen, die zum Beispiel von Mißernten ausgelöst wurden und dementsprechend die Preise für Nahrungsmittel sprunghaft in die Höhe getrieben haben, oder an die jetzt weltweit einsetzende Verknappung von Rohstoffen. Dies alles war zumindest im Ausmaß nicht vorhersehbar. Die Neigung des Politikers, sich für innenpolitische Beengungen welcher Art auch immer über das Geld Luft zu verschaffen, haben wir hinreichend berührt. Und hier läßt ein jetzt weltweit in Erscheinung tretender Verteilungskampf ganz neue Dimensionen sichtbar werden.

Können wir aber wirklich alle Schuld bei den Politikern und bei den Zentralbanken ansiedeln, können wir ihnen einfach nachrufen, sie mißbrauchten ihre Macht und hätten damit Konjunktur, Geld und Kapital in die falsche Richtung gedrängt? Nun, ich meine, wenn wir Fall für Fall des Versagens der Wirtschaftspolitik verfolgen und uns immer wieder fragen, warum es denn nun so mißlich gelaufen sei, dann kommen wir nicht an der Feststellung vorbei, daß ein gerütteltes Maß von Schuld bei den Konjunkturexperten gelegen hat, weil sie die Lage und die Wirkung von Maßnahmen falsch eingeschätzt haben. In ihnen haben die Regierenden von heute im Gegensatz zu den Potentaten vergangener Jahrhunderte doch ein ganz wesentlich besseres Alibi für ihr Tun und Lassen: Sie mögen ihren Weg einschlagen, wie sie wollen, sie werden immer beraten und begleitet sein von Anstoß und Ablaß der Theorie, der es allerdings, auch des parlamentarischen Risikos unserer Regierungen wegen, dringend bedarf.

Mir scheint: Zu den wichtigsten Lektionen der jüngsten Zeit gehört weltweit die Erkenntnis, daß die Konjunktur nicht so machbar ist, wie die Theoretiker es sich erträumt und uns versprochen haben. Wir kommen, wie ich hoffe, ernüchtert zurück aus einer Phase der verführerischen Vokabeln: Im Zeitalter der Computer scheint »Feinsteuerung« ein herausfordernder Begriff, und wenn wir von der Methodik hören, wie man »den Preisspielraum begrenzen könne«, so sind wir auch dann aufgeschlossen, wenn derartige Vorstellungen zu unserem tatsächlichen Wissensstand auf dem Gebiete der Konjunkturpolitik wenig oder gar keinen Bezug haben. So zieht letztlich nicht mehr überhörbar die Frage nach den Kosten der Theorie auf, und wer denn eigentlich für die Folgen aufzukommen habe. Wie ungesichert waren, rückschauend zumindest, Diagnose und Prognose, wie unterschiedlich und oft gegensätzlich die Auffassungen über die Wahl der Mittel! Wie offenbar unfähig sind wir unverändert, auch nur die zeitliche Verzögerung zwischen einzelnen Maßnahmen und den daraus folgenden Wirkungen abzuschätzen!

Die Wirtschafts- und Geldpolitik der letzten Jahre war in fast allen Ländern immer wieder durch zweierlei gekennzeichnet: Man handelte zu spät und tat dann zu viel – und das jeweils in wechselnder Richtung und immer abgesegnet von der Theorie. Expansion und wieder Kehrtwendung in immer schnellerem Phasenwechsel – in immer kürzeren Stößen wollte man die Wirtschaft antreiben und wieder abstellen. Wir müssen heute zu der Schlußfolgerung kommen, daß die Unstabilität unserer Wirtschaft nicht zuletzt mit dem übersteigerten Ehrgeiz unserer Konjunkturexperten zusammenhängt. In dem Maße, wie ihr Ehrgeiz zunahm, häuften und verstärkten sich die Fehler, die sie machten. Weniger Wirtschaftspolitik wäre aller Wahrscheinlichkeit nach mehr gewesen, besser gewesen für die Stetigkeit der Konjunktur und für die Stabilität. So unverzichtbar Initiative und Anregung des Staates für Krisen bleiben: zweifelhaft ist das dauernde Engagement unserer Wirtschaftspolitik in allen Phasen des konjunkturellen Geschehens. Und die zahlreichen Modelle für das sogenannte Bremsen einer Volkswirtschaft müssen sich heute weltweit mit der Frage auseinandersetzen, ob sie nicht eigentlich nur eine Methodik zur Vernichtung volkswirtschaftlicher Kraft darstellen, einer Kraft, die sich letzten Endes aus sich selbst heraus ihre eigenen Begrenzungen setzt.

Einer der interessantesten und einflußreichsten Geldtheoretiker, die wir besitzen, Milton Friedman, hat uns den sarkastischen Kommentar in eigener Sache bereitgestellt: »Die Wirtschaft ist gegen Depressionen gefeit, nicht aber gegen die Feinsteuerung durch die Konjunkturpolitiker.« Oder lassen Sie mich einen anderen Kronzeugen zitieren, Dr. Burns, den Chairman des amerikanischen Notenbanksystems, der vor einem Kongreßausschuß noch kürzlich eine Bemerkung machte, die man hier in Bremen in ihrem Originaltext zitieren darf:

> "Economists don't do badly in predicting the future, but they also don't do very well. They never have, and this year their record was particularly poor. This thinking about 1974 – there are so many uncertainties surrounding the economy both on the economic and on the political side, that I think some humility or a greater degree of humility on the part of economic forecasters would certainly be the better part of wisdom."

Die Neigung zu kürzeren und schärferen Zyklen, bedingt auch durch das hektische Hin und Her der Konjunkturpolitik, ist in den letzten Jahren mit einer anderen Tendenz unliebsam zusammengetroffen, nämlich mit einem deutlich verstärkten Trend der Industrieländer zum konjunkturellen Gleichschritt und der entsprechenden Auswirkung auf die Rohstoffländer. An sich sollte die Weite der Weltmärkte dazu beitragen, die Ausschläge der nationalen Konjunkturen zu mildern und auszugleichen. Wie oft haben wir bei einer stärkeren Abschwächung der Binnennachfrage uns auf das gut funktionierende Exportventil der deutschen Wirtschaft verlassen können! Es muß nicht so bleiben. Erstmals 1970/71 kam es, ausgehend von den USA, zu einer weitgehenden konjunkturellen Phasengleichheit in den wichtigsten Industrieländern, und zwar in Richtung Rezession.

Ebenfalls fast gleichzeitig schalteten Regierungen und Notenbanken – im Rücken immer die Theorie der Konjunkturpolitik – mit massivem Einsatz monetärer und fiskalischer Mittel auf Gegenkurs, auf Expansion. Bevor das Preisklima sich hätte ausreichend abkühlen können, gewannen die Konjunkturen schnell an Fahrt. Bei dem hohen Grad an wirtschaftlicher Verflechtung, den wir bereits erreicht haben, summierte und potenzierte sich die Expansionspolitik der einzelnen Länder zu einem weltweiten konjunkturellen Furioso, für das es in der Nachkriegszeit bisher kein Beispiel gibt.

Aus diesem ungewöhnlich starken weltweiten Boom resultierte eine ebenso rasche wie heftige Hausse der Rohstoffe, nachdem das Jahr 1971 noch ganz im Zeichen einer Rohstoffbaisse gestanden hatte. Man hat dieser Rohstoffhausse das Etikett »importierte Inflation« gegeben. In Wirklichkeit haben die Industrieländer mit ihrer gleichlaufenden und ungezügelten Expansionspolitik diese Rohstoffhausse selber verursacht und ihre inneren Inflationsprobleme auf diesem Umweg zusätzlich verschlimmert. Aber Rohstoffhaussen haben sich auch früher ereignet und irgendwann ihr Ende gefunden – meistens kein gutes. Das könnte auch dieses Mal passieren, wenn die internationale Konjunktur sich abkühlen sollte. Und wer kann dies ausschließen?

Wir wollten die unbequemen Tatsachen ansprechen, und ich meine, wir können die große Problematik von Theorie und Geldbewegung in unserer Zeit nicht abschließen, ohne noch einiges zu dem fortschreitenden Verfall des internationalen Währungssystems zu sagen; denn auch hier hat die Theorie Kritik zu erwarten.

Seit mehr als zehn Jahren wird über die notwendige Reform des Währungssystems diskutiert und konferiert. Was sich hier abgespielt hat, erinnert an ein Wort von Wilhelm Röpke aus den frühen 30er Jahren:

»Die Zeit des Verfalls der Weltwirtschaft ist zugleich diejenige der internationalen Wirtschaftskonferenzen gewesen. Ihre Protokolle und Dokumente füllen die Archive, während ihr praktisches Ergebnis gleich Null blieb. Dieser Mißerfolg war unvermeidlich wie derjenige der Abrüstungskonferenzen, solange die nationalen Voraussetzungen für einen Erfolg nicht erfüllt waren. Waren sie aber erfüllt, so mag man zweifeln, ob es überhaupt noch einer internationalen Konferenz bedurft hätte. Dieser ›Konferenzismus‹ aber wuchert üppiger denn je, mit seinem Leerlauf, seinen Illusionen und seiner Verschwendung von Zeit, Geld und Talent.«

Heute stehen wir vor der Tatsache, daß eine Währungsordnung – zugegebenermaßen mit einigen Problemen behaftet – letzten Endes zerredet worden ist. Was ist nicht alles diskutiert worden! Schließlich setzte sich die Ansicht durch, der größte Fehler des bestehenden Währungssystems liege in den festen Wechselkursen. Jahrelang wurde über Formeln beraten, deren erklärtes Ziel es war, die Wechselkursschwankungen in Grenzen zu halten und eine allmähliche, stufenweise Anpassung sicherzustellen. Natürlich, Wechselkurse dürfen nicht starr sein, sie müssen hin und wieder veränderten Verhältnissen angepaßt werden. Nachdem aber einmal der Grundsatz der festen Wechselkurse aufgegeben war, fiel es schon in der Theorie schwer, die Schwankungen der Währungen gegeneinander in Grenzen zu halten. Der Schritt von der Währungsordnung zum Währungschaos kann sehr klein sein.

Das Konzept größerer oder gar voller Beweglichkeit der Wechselkurse beruhte auf der Überlegung, daß der dem freien Spiel der Marktkräfte überlassene Wechselkurs sich automatisch den Kaufkraftverschiebungen zwischen den einzelnen Währungen anpassen würde und die

Notenbanken jedes einzelnen Landes infolgedessen in der Lage wären, ihre Geld- und Zinspolitik konsequent auf die jeweiligen binnenwirtschaftlichen Erfordernisse auszurichten. In seltener Eintracht wurde dieser Glaubenssatz von den Nationalökonomen der verschiedensten Schulen gepredigt. Anders ausgedrückt: Erklärtes Ziel der Wechselkursflexibilität ist die Befreiung der eigenen Geld- und Wirtschaftspolitik von den sogenannten internationalen Fesseln, vom Zwang zur Disziplin.

Ein System fester Wechselkurse darf nicht allein als eine bestimmte Währungstechnik verstanden werden. Letztlich beruht es auf der Bereitschaft jeder einzelnen Regierung, bestimmte wirtschafts- und währungspolitische Regeln einzuhalten. Diese Bereitschaft – machen wir uns darüber keine Illusionen – besteht nicht mehr, sie ist nicht mehr erwünscht. Und man glaubt, ohne Schaden für die weltwirtschaftliche Verflechtung darauf verzichten zu können, indem man die Wechselkurse flexibel macht.

Innerhalb verhältnismäßig kurzer Zeit haben wir eine Menge Lehrgeld für diese Rezepte bezahlt. Man kann wohl sagen, daß so ziemlich alles, was die Verfechter beweglicher Wechselkurse vorher gesagt und versprochen haben, widerlegt worden ist. Wieder sind – wie schon in den zwanziger und dreißiger Jahren – die Möglichkeiten, eine völlig unabhängige Geld- und Wirtschaftspolitik verfolgen zu können, weit überschätzt worden. Das liegt heute wie damals daran, daß Angebot und Nachfrage an den Devisenmärkten nur zum kleinsten Teil aus den laufenden Handelsströmen stammen. Die überragende Rolle spielen in Wirklichkeit Geld- und Kapitalbewegungen, so daß sich die Wechselkurse statt an Kaufkraftparitäten an Zinsdifferenzen und Erwartungen ausrichten; bei scharfen Gegensätzen in der Geldpolitik können so exorbitante Wechselkursbewegungen zustande kommen. Viele Unternehmen sind von den Kursausschlägen an den Devisenmärkten verhängnisvoll überrascht worden.

Das Wechselkursklima ist heute schon fast als pathologisch zu bezeichnen. Immer wieder kommt es zu eruptiven Ausbrüchen. Selbst der Dollar wird manchmal innerhalb von Tagen, ja Stunden, mit Ausschlägen hin- und hergeworfen, die weit über die Gewinnmargen der exportierenden und importierenden Wirtschaft hinausgehen. Unternehmen mit Tausenden von Beschäftigten und Milliardenumsätzen können damit in das Risiko geraten, letztlich vom Glück oder Unglück ihres Devisenhändlers abhängig zu werden.

Viele versuchen, sich und andere mit dem Argument zu trösten, daß diese Währungsunsicherheiten dem internationalen Handel doch offenbar keinen Abbruch getan haben. Überall stiegen Exporte und Importe. Für mich ist der Erfahrungszeitraum zu kurz, um diesen Optimismus zu teilen. Noch wird die Lage an den Weltmärkten durch die starke Konjunktur in vielen Ländern bestimmt. Der wirkliche Test kommt dann, wenn die Konjunktur allgemein schwächer wird – und das steht zu erwarten.

Für denjenigen, der den Devisenmarkt etwa mit dem Markt für Butter oder Kartoffeln auf eine Stufe stellt, für den mag dies alles in Ordnung sein. Wer sich dagegen der Tatsache bewußt ist, daß Wechselkursänderungen tief in die Ertragskraft und in die nationalen Wirtschaftsstrukturen einschneiden, der muß diese Tendenzen mit größter Besorgnis verfolgen. Es ist ein Rückfall in die bösen Praktiken der Jahre nach dem Ersten Weltkrieg, wenn man glaubt, alles nach eigenem Gutdünken schalten zu können, ohne Rücksicht auf die Auswirkungen in anderen Ländern. Indem man die eigene Währung um der Staatsräson willen manipuliert, durch Zinsänderungen, durch Kapitalverkehrskontrollen und auch durch Eingriffe in den angeblich so »sauberen« Mechanismus des Floatens, manipuliert man immer zugleich eine andere

Währung – mit allen Konsequenzen für die Wirtschaft des betreffenden anderen Landes.

Liegt die Schlußfolgerung aus alledem nicht auf der Hand? Müssen wir nicht zurück zu dem Prinzip, daß Wechselkursänderungen wegen ihrer Auswirkungen auf andere Länder niemals die Angelegenheit eines einzelnen Landes sein dürfen? Sie verlangen nach internationaler Übereinkunft; und diese haben wir – eines Experiments wegen – einstweilen aufgegeben.

Unser Überblick über die wesentlichen Tatsachen der internationalen Geld- und Währungsbewegungen hat uns wenig Ermutigung verschafft. Wir müssen erkennen: Wir haben unseren Spielraum nicht erweitert, sondern eingeengt. Wir sind nicht freier, sondern unbeweglicher geworden, wir haben unsere Risiken nicht eingegrenzt, wir müssen uns mit neuen auseinanderzusetzen. Es wird dringlich, daß wir uns um so nüchterner die überschaubaren Tatsachen unserer Existenz vor Augen halten, um die uns verbliebenen Mittel dort einzusetzen, wo sie noch wirken können. Dabei scheint es mir unabweisbar auch für unsere Wirtschaftspolitik, zu einfachen Formeln zurückzukehren, zu Aussagen, die in sich so verständlich sind, daß sie auch den Mut des Wirtschaftspolitikers zum Handeln herausfordern.

Man geniert sich eigentlich ein wenig, in Bremen an die Fakten unserer Existenz zu erinnern, nämlich

- wir leben in einem Land, das ohne Export nicht leben kann;
- sodann: wir müssen für die Rohstoffe, aus denen wir fertigen, den mehr oder weniger höchsten Preis entrichten, der auf der Welt hierfür bezahlt wird;
- und überdies: wir müssen für die Energie für unsere Fertigung und für die Tatsache, daß man in diesem Lande überwintern muß, mehr aufwenden als nahezu jedes andere Land auf dieser Erde.

Wohin wir auch schauen, wir sind abhängige Leute, und wir können uns sehr viel weniger Fehler leisten als etwa Frankreich, die USA oder Polen. Und das Volk der Dichter und Denker, es kann von seinen Gedichten ganz gewiß nicht leben. Wenn dieses Volk aber denkt und überdenkt, daß bestimmte Privilegien und Kenntnisse am Markt heute allgemein zugänglich sind und zumindest der Vorsprung seines technischen Könnens dahinschmilzt, dann kann es sich nicht an der Erkenntnis vorbeibewegen, daß es mit seinen Kräften haushalten muß, um zu bestehen. Und dann wird es schließlich auch für sich Prinzipien akzeptieren müssen, die für Länder in vergleichbarer Lage verbindlich sind, nämlich daß wir zu den geringstmöglichen Kosten arbeiten müssen, um unser Handicap in der Beschaffung von Rohstoffen und Energie zu verringern.

Und hier wird es für uns bitterernst; denn es sind eigentlich nur zwei Größen, die wir in etwa selbst beeinflussen können: die Kosten unserer Arbeitskraft und die Kosten für das Kapital, das wir einzusetzen haben. Es ist wohl nicht nur mein Eindruck, daß wir hier noch meilenweit von einem weisen Umgang mit unseren Kräften entfernt sind.

Erlauben Sie mir einige wenige Anmerkungen zu den Kosten unseres Geldes und unseres Kapitals. Ich möchte nicht über Erfolg oder Mißerfolg der Politik des knappen und teuren Geldes rechten. Sie trägt ihr Problem schon deshalb in sich selbst, weil sie die Verschuldung zum Maßstab aller Dinge macht und Schulden nun einmal sehr unterschiedlich auf Branchen und Unternehmen lasten, ein Unterschied, der sich verstärkt, je nachdem, ob man nur im Inland umsetzt oder ob man exportiert. Auch die soziale Problematik dieser Politik ist hinreichend deutlich geworden. Wichtiger scheint mir die einfache Feststellung, daß ein Hochzins für ein Land unseres industriellen Zuschnitts – jedenfalls in der Dauer, in der hier abgerechnet wird – zu teuer wird, zu teuer für die Wirtschaft und auch zu teuer für den Staat, der dabei ist, sich in zig-Milliardenhöhe zu verschulden.

Zum anderen sollten wir nun wirklich wissen, daß eine Hochzinspolitik die für uns dringlichen Vorteile einer geöffneten Grenze immer wieder in eine dramatische Gefahr umwandelt, solange wir uns nicht wenigstens einmal im Modell mit der ärgerlichen Prozedur, aber auch den entscheidenden Vorteilen eines gespaltenen Devisenkurses für unsere verschiedenen Märkte auseinandersetzen, eines Systems also, das eine relative Stabilität gegen die Gefahren und Kosten unseres Im- und Exports anbietet und die reinen Kapital- und Geldbewegungen um so größeren Schwankungen überläßt.

Und schließlich: Das knappe und teure Geld sollte die Kreditnachfrage eingrenzen. Wo liegt diese Grenze? Der Zuwachs der Kredite an Unternehmen und Private machte im zweiten Halbjahr 1973 nur noch etwa die Hälfte von dem vergleichbaren Zuwachs im zweiten Halbjahr 1972 aus, und wenn Sie einmal die Arbeit der deutschen Großbanken als repräsentativ für das Industriekreditgeschäft und damit auch für den Investitionsbereich ansehen, dann müssen wir für die eben genannten gleichen Zeiträume zur Kenntnis nehmen, daß der Zuwachs 1973 nur noch knapp 15% von dem des Jahres 1972 ausmachte.

Was sollen denn nun eigentlich die Kriterien sein, die eine Wende in der deutschen Zinspolitik einleiten? Der Auftragseingang in der Industrie ist in der Breite rückläufig; geringfügige Aufbesserungen in einigen Branchen sind noch nicht einmal geeignet, die Beschäftigungseinbrüche auch nur in etwa auszugleichen. Die vorliegenden Konjunkturberichte klingen, wie stets, widerspruchsvoll. Doch sollte kein Zweifel darüber herrschen, daß die deutsche Wirtschaft sich nicht in einem Aufschwung befindet, und daß das reale Sozialprodukt nach den

Angaben der Bundesbank saisonbereinigt bereits seit dem zweiten Quartal des vorigen Jahres stagniert. Wo wären wir ohne den von niemandem kalkulierten Exportboom geblieben? Ich meine, wir müssen hierüber sehr nachdenken.

Ernster, wesentlich ernster, zeigt sich die Szene, wenn wir an die Kosten unserer Arbeit denken. Hier sind die Tatsachen am unbequemsten, und hier will man sie offenbar am wenigsten sehen. Die derzeitigen Tarifforderungen, die letzten Tarifabschlüsse, erwecken den Eindruck – so unwahrscheinlich dies auch ist –, daß die Gewerkschaften die Gefahren für unser Land überhaupt nicht wahrgenommen haben. Wir alle stehen unter dem Eindruck, daß die Gewerkschaften sich ganz offenbar keinem sachlichen Argument und keinem Appell mehr, von welcher Seite auch immer, zugänglich zeigen. Und man fragt sich schon, ob sie dann noch die Fähigkeit besitzen, die Gefahren zu überschauen, in die sie sich selbst begeben könnten.

Es gibt keine verborgenen Mittel, keine Instrumente der Wirtschaftspolitik, die unsere Geldentwertung aufhalten können, wenn wir für gleiche oder für weniger Arbeit in jedem Jahr einen um 10% erhöhten Lohn- oder Gehaltsanspruch verwirklichen wollen. Wer sich nun aber ständig über die einfachen Einsichten von Ursache und Wirkung und auch über die einmaligen Einblicks- und Informationsmöglichkeiten, die er besitzt, permanent hinwegsetzt, darüber hinaus in einer Zeit, in der ganz offenbar die Aufträge und die Erträge in der Breite rückläufig sind, den alten Forderungen nur neue hinzufügt – etwa, daß die Lohnsteigerung pro Jahr höher sein müsse als die Inflationsrate, die man ja entscheidend selbst bestimmt hat –, wer dazu als gleichwertiges Argument nun noch die Vorstellung setzt, daß auch jede Geldanlage höher verzinst werden müsse als die Inflationsrate, der leistet in der Tat alle Beiträge, um die

Inflation zu einem etablierten Bestandteil unseres Lebens zu machen.

Dann aber wird niemand mehr an der Frage vorbeikommen, wer für all dieses die entscheidende Verantwortung trägt. Es ist völlig ausgeschlossen, daß wir dann an der Lohnpolitik, an ihrer zentralen und verhängnisvollen Rolle, etwa vorbeigehen können. Und es scheint absolut sicher, daß man dann die Frage stellt, wem eigentlich die soziale Verantwortung in diesem Staat zufällt, für alle Bürger, auch für diejenigen, die noch nicht arbeiten, und für diejenigen, die nicht mehr arbeiten.

Die Gewerkschaften müssen, wie jede andere Einrichtung auch, in Permanenz ihre Legitimation und ihre Leistung für die Allgemeinheit nachweisen, wenn sie von der Allgemeinheit in ihrem Status anerkannt werden wollen. So, wie die Dinge heute stehen, wird die Frage unüberhörbar: Wie kommt eine Organisation, die in der Breite etwa ein Drittel aller Arbeitnehmer repräsentiert, die in einer Gruppe von Vereinigungen also eine Minderheit vertritt, zu dem Anspruch, eine ganze Volkswirtschaft über den Willen der Mehrheit hinweg und an aller staatlichen Autorität vorbei in das Risiko einer Gratwanderung zwischen Arbeitslosigkeit und Inflation zu drängen?

Es sieht ganz so aus, als kämen wir weltweit um das politische Gespräch nicht herum, wie es mit der Macht der Gewerkschaften und wie es eigentlich mit der Verantwortlichkeit dieser Vielzahl von Minderheitsregierungen in vielen Ländern heute aussieht. Ich habe den Eindruck, daß es dann in Deutschland besondere Probleme geben wird. Denn hier geht es ja nicht darum, daß eine ausschließlich ideologisch instruierte Gruppe in ihrer besonderen Organisationsform ihr Weltbild durchsetzen will, sondern daß diese Gruppe schon lange in der Verantwortung des Wissens steht, der Kenntnisse und Erfahrungen, die ihr aus langen Jahren bestehender

Mitbestimmung zugewachsen sind. Man ist doch in diesem Lande wesentlich besser ausgerüstet als in jedem anderen Land der Welt, wenn es um die Tatsachen geht. Wer von diesem Wissen aber keinen Gebrauch machen will, der stellt mit Sicherheit nicht nur seinen Anspruch und seine Reputation, sondern letzten Endes sich selbst in Frage. Und die tragische Neigung in unserem Volk, die eigene Arbeit schließlich selbst zu zerstören, könnte sich so schließlich – und das wäre böse für uns alle – auch an einer Selbstzerstörung des Ansehens der Gewerkschaften, ihrer Wirkung, ja ihrer selbst erweisen.

Von den unbequemen Tatsachen, um die wir uns bemühen müßten, mag dies die unbequemste sein. Wirtschaftspolitik und Politik aber können sich heute in ihren Absichten nicht mehr verwirklichen, wenn wir die für unser Land entscheidenden Fragen der Kosten unserer Arbeit und – wie ich meine – auch der Kosten unseres Geldes und Kapitals letzten Endes ausklammern, und uns insofern auf die Betrachtung von Konjunkturanalysen zurückziehen. Der Handlungsspielraum, in dem wir selbst zu befinden haben, ist eng geworden. In diesem Raum aber sollten nicht Visionen, sondern klare Sicht den Kurs bestimmen.

Wirtschaft und Währung im Spannungsfeld neuer Entwicklungen

Ich möchte Ihnen zunächst danken für die Auszeichnung und auch das Vergnügen, das Sie mir bereiten, hier in Wien, in diesem an Geschichte reichen Hause und vor diesem Kreise einige Anmerkungen zu machen zu Fragen, die uns heute in der Bundesrepublik Deutschland bewegen. Das Thema ist nicht bequem, es spricht Wirtschaft und Währung im Spannungsfeld neuer Entwicklungen an, und es wird nicht dadurch komfortabler, daß wir in der Bundesrepublik Deutschland nicht nur neue, sondern auch neueste Entwicklungen haben. Schließlich haben wir in der vergangenen Woche gleich zweimal unser »habemus papam« gerufen. Und Sie werden bei aller angezeigten Neutralität und der uns Bankiers angemessenen Scheu vor dem allzu Neuen erwarten, daß man es zumindest heraushören könne, wie die Dinge nun bei uns in Bonn und in Frankfurt bestellt seien.

Nun, ich will auch dem Allerneuesten bei uns kurz Reverenz erweisen – am Ende meiner Ausführungen; und da man gegen den Schluß hin meist etwas Freundliches zu sagen pflegt, mögen Sie aus dieser Disposition schon ein wenig meine Stimmung zu den veränderten Zeichen ableiten.

Bevor wir uns einigen besonderen Fragen zuwenden, sollten wir uns unsere Kenntnis davon bestätigen, daß sich die Bundesrepublik Deutschland in ihrem gegenwärtigen Status vergleichsweise vorteilhaft zeigt, vorteilhaft sowohl, was ihre politische und soziale Stabilität anbe-

---

Vortrag vor dem *Verband Österreichischer Banken und Bankiers* im Großen Saal der Wiener Börse am 20. Mai 1974

trifft, als auch was gewichtige Kennziffern unseres ökonomischen Bildes angeht, wie etwa unsere Exportleistung, unsere Zahlungsbilanz, unsere Preissituation: Im Vergleich zu diesem oder jenem unserer internationalen Partner erscheinen wir günstig belichtet. Wir müssen dieses Bild allerdings, wenn wir die Situation in Deutschland zuverlässig einschätzen wollen, immer korrigieren an der Tatsache, daß wenige Länder so weitgehend in die internationalen Märkte integriert und damit abhängig geworden sind von den einigermaßen ausbalancierten Gewichten der Weltwirtschaft wie eben die Bundesrepublik Deutschland.

Blicken wir also vorab auf die internationale Szene. Hier erscheinen mir drei Komplexe von Bedeutung:

Erstens: Die Vorstellung und die Wirklichkeit eines alles in allem kontinuierlichen Wachstums der produktiven Möglichkeiten auf dieser Welt, wie sie für die 50er und 60er Jahre kennzeichnend war, ist in den 70er Jahren zumindest für gewisse Bereiche unterbrochen. Wir sind in dieses Jahrzehnt mit reduzierten und belasteten Perspektiven eingetreten. Wir erinnern uns zunächst der Infragestellung des Sinns und der Möglichkeit jeden Wachstums. Es ist uns gegenwärtig, wie für weite Kreise plötzlich der ökonomische Erfolg zu einer Problemstellung wurde, und dies – eine beinahe klassische Ironie intellektueller Auseinandersetzung – bei gleichzeitiger, allem Anschein nach grenzenloser Steigerung und Übersteigerung der Ansprüche an die Ergebnisse allen Wirtschaftens. Alsdann, und zugleich im Reflex hierauf, und wieder mit dem Anschein der Unabwendbarkeit, die Inflation des Geldes, wohin wir auch blicken, begleitet von einer Inflation der Begriffe, der Worte und der Modelle, sie zu bekämpfen. In dem Maß, in dem die Überschaubarkeit abnahm, wuchsen die Formeln gleichsam als Schutz und Schild gegen Nichtwissen und Ungewißheit.

Zweitens: Während die Entwicklung in den vorangegangenen Jahrzehnten begleitet und abgeschirmt war von dem Optimismus in Theorie und Praxis, Wirtschaft sei in jeder Phase beherrschbar und letzten Endes lasse sich für eine Volkswirtschaft nahezu jedes Ergebnis erzielen, wenn sie nur richtig gesteuert werde, fällt nun in den 70er Jahren deutlich ein Reif auf die Formeln aller Theorie. Und es scheint uns, als stiege die Sorge wieder auf, daß sich auch eine weltweite Krise nicht mit den aussagefrohen Rezepten der Konjunkturpolitik allein bannen lasse. Bei dem Versuch, den tieferen Ursachen unserer vielfältigen Wirtschafts- und Währungskalamitäten auf den Grund zu gehen, sind viele Fragen an die Konjunkturpolitiker zu richten. Und ich müßte mich sehr täuschen, wenn es nicht gerade ihr Glaube an die Machbarkeit aller Dinge gewesen wäre – verbunden mit einem Zuviel an gleichzeitiger Konjunkturpolitik, Stabilitätspolitik, Sozialpolitik, Gesellschaftspolitik –, der zu manchen bösen Fehlentscheidungen verführt hat.

Jahrelang ist die Wirtschaft mit dem herausfordernden Anspruch einer sogenannten »Feinsteuerung« gelenkt worden. Es wurden Jahre des vielfältigen Irrtums. Und heute scheint es schon nahezu unmöglich, im allseitigen Einvernehmen auch nur den Status quo, die aktuelle Situation der Wirtschaft zu analysieren, geschweige denn, ihre Tendenz vorauszusagen. Wenn ich zum Beispiel an die in unserem Lande in der Mitte des vergangenen Jahres gestellten Prognosen für das laufende Jahr denke, so kann ich die Feststellung nicht unterdrücken, daß die Voraussage oft nur noch die Treffsicherheit des Zufalls besessen hat. So sagten etwa im Mai des vergangenen Jahres unsere fünf Weisen des Sachverständigenrates für das zweite Halbjahr einen realen Anstieg der Ausrüstungsinvestitionen von 12% und der Bauten von 13% voraus; effektiv waren es dann 4,5% und 0%.

Drittens: Entscheidend scheint mir für die Bestimmung unserer Situation jedoch der fundamentale Wandel nicht in der Theorie, sondern in der Realität unserer ökonomischen Beziehungen zu sein. Wir müssen den Dingen klar ins Auge sehen: Wir sind in der Weltgeschichte noch niemals voneinander so abhängig gewesen wie heute. Die Integration der weltwirtschaftlichen Märkte hat einen Grad erreicht, der empfindliche Störungen in einem wirtschaftlichen Bereich oder in einer geographischen Region sehr viel schneller in einen anderen Bereich transportiert, als dies früher der Fall gewesen ist. Es macht unser besonderes Problem aus, daß die gestiegene ökonomische Abhängigkeit voneinander in keiner Weise begleitet worden ist von einer auch nur annähernd adäquaten internationalen Organisation unserer Beziehungen zueinander. Die Dynamik der Wirtschaft ist der zwischenstaatlichen Ordnung weit davongelaufen.

Das Jahr 1973 hat für unsere Abhängigkeit voneinander völlig neue, ernste Daten gesetzt, die wiederum die Mängel unserer politischen Organisation deutlich belegen. Wir haben die Abkehr von gemeinsamen Organisationen und Verträgen und die daraus folgenden bitteren Konsequenzen erlebt im Bereich unserer Rohstoff- und Energieversorgung ebenso wie im Bereich unserer monetären Ordnung, wo man es für angezeigt hielt, ein fraglos nicht immer befriedigendes Währungssystem aufzugeben, bevor man ein neues unter Dach und Fach hatte. Wir haben eine nicht immer bequeme, aber für die Entwicklung des Welthandels verläßliche Basis verlassen, die Kooperationspflicht zum Teil suspendiert, und stehen nun auch im monetären Bereich zunehmend der Konfrontation der Interessen, ja – wie es scheint – der nackten Notwehr im Einzelfall gegenüber. Es spricht wenig dafür, daß wir die im Verlaufe des Jahres 1973 uns allen gestellten neuen Probleme bald lösen werden, im Gegenteil: wir müssen befürchten, daß zu den Schwierigkeiten der Währungstechnik und der Ungleichgewichte von Soll und Haben, so wie sie sich in den Zahlungsbilanzen niederschlagen, und zu den Währungsproblemen, wie sie sich nun einmal aus schwankenden Wechselkursen ergeben müssen, zunehmend auch Kreditschwierigkeiten in Erscheinung treten werden. Wir haben uns vermehrt nicht nur mit der zunehmend um sich greifenden Gepflogenheit auseinanderzusetzen, daß derjenige, der die Ware liefert, auch Geld und Kredit mitliefern muß. Wir werden auch verstärkt an die Grenzen der Verschuldung und damit der Kreditfähigkeit der Marktteilnehmer jeder Größenordnung stoßen.

Ich glaube, daß ich damit hier im Kreise von Kollegen und Finanzfachleuten hinreichend deutlich den nicht unbedingt freundlichen Horizont skizziert habe, vor dem wir die besondere Situation der Bundesrepublik Deutschland betrachten müssen. Diese Besonderheit liegt darin, daß unsere Volkswirtschaft in einem sehr hohen Umfang von dem Geschehen außerhalb unserer Grenzen, von Erfolg und Mißerfolg in anderen Ländern abhängt.

*

Ich möchte nun Wirtschaft und Währung der Bundesrepublik Deutschland in Beziehung setzen zu wiederum drei Bereichen, nämlich ihrem Engagement im Welthandel, ihrer Position in der Europafrage und schließlich zu ihrer entscheidenden Sorge im eigenen Hause, die allerdings zugleich die entscheidende Problemstellung überall in der Welt geworden ist, nämlich der Inflation, unseren Erfahrungen mit ihrer Bekämpfung, und den möglichen Auswegen.

Sie wissen, daß sich unsere Teilnahme am Welthandel als Exporteur, als Investor auf allen Kontinenten, im vergangenen Jahrzehnt gravierend verändert hat. Und dies, verbunden mit der Tatsache, daß wir in der Breite von einem Schuldnerland zu einem internationalen Gläubigerland geworden sind, zeigt die Richtung an. In aller Munde ist der Exportüberschuß; wir haben im vergangenen Jahr unsere Ausfuhren um mehr als 20% steigern können, und ein Exportzuwachs von über 30% in den ersten Monaten des laufenden Jahres setzt ein neues eindrucksvolles Signal. Als einziges Land unter allen Industrieländern erwirtschaften wir einen Exportüberschuß, an dem selbst die massive Verteuerung der Mineralölimporte spurlos abzuprallen scheint. Niemanden wundert es mehr: Die Deutsche Mark erweist sich an den Devisenmärkten erneut als Star der Stunde.

Nun, in Deutschland lernt jedes Kind in der Schule, daß ein rohstoff- und energiearmes Land exportieren muß. Unsere Exportleistung – wir führen mit steigender Tendenz mehr als ein Fünftel unseres Sozialprodukts aus – bedarf schon der Erklärung, zumal die Leistung unserer Unternehmen, den Weltmarkt trotz DM-Aufwertungen und einer Kostenexplosion im Inland in diesem Umfang weiter beliefern zu können, schon an das Irrationale grenzen mag. Erlauben Sie mir daher auch an dieser Stelle die betonte Klarstellung, daß wir in Deutschland in einer gespaltenen Konjunktur leben. Inlandsverbrauch und Auslandsbelieferung weichen kraß voneinander ab, das eine bedingt das andere. Die bei uns im Laufe des vergangenen Jahres bis zur realen Stagnation abgeflachte Inlandsnachfrage hat die Kapazitäten freigestellt, um die weiterhin in der Welt noch drängende Nachfrage zu bedienen. Unsere Exporte folgen nicht etwa aus unserer überlegenen Kapitalkraft oder gar einer überlegenen Konkurrenzfähigkeit; sie leiten sich ab aus dem Konjunkturgefälle fast aller ausländischen Märkte gegenüber der Bundesrepublik Deutschland und der hierdurch angeregten Umlenkung unserer Produktion in den Export. Hätten wir diesen in unsere Planung nicht einzubeziehenden Ausweg im Jahre 1973 nicht gefunden – ich wage nicht, Ihnen die Konsequezen unserer Restriktionspolitik vorzustellen! Es gehört zur Vervollständigung des Bildes, überdies noch einmal herauszustellen, daß die stolzen Ziffern unserer Exporte nicht über die Tatsache hinwegtäuschen können, daß ein beträchtlicher Teil unserer Ausfuhren ohne Gewinnchance abgewickelt wird. Nur allzuoft bringt die Kapazitätsauslastung nur eine Fixkostendeckung. Wechselkursänderungen, das ist das Fazit unserer Erfahrungen, wirken weit mehr auf die Exportgewinne als auf die Exportmengen ein.

So sehr es einmal unser Problem gewesen war, daß wir uns selbst überschätzten, so problematisch ist es nun für uns, daß andere uns überschätzen. Das gilt für unsere Wirtschaft, und das gilt für unsere Währung. Ein Land von der Struktur Deutschlands wird sicher immer alles daran setzen müssen, die Basis seines Exports und seiner Teilnahme am Außenhandel durch Auslandsinvestitionen abzusichern. Es hat aber auch ein Interesse daran, die Vorstellungen über seine Lieferfähigkeit in realen Grenzen zu halten. Wenn wir uns heute schon in der Position eines Hoflieferanten für Projekte kaum noch kalkulierbarer Größenordnung sehen, so mag uns dies zwar als ein sehr positiver Beitrag zur Stabilisierung unserer politischen und auch unserer handelspolitischen Bilanz – nicht zuletzt unserer Energiebilanz – erscheinen, in der Breite liegt unser Problem aber darin, die Zahlungs- und Kreditfähigkeit unserer Abnehmer weltweit gesichert zu sehen.

*

Lassen Sie mich vor diesem Hintergrund einige zusätzliche Bemerkungen zu der heute ja vielfach diskutierten Mineralölfrage machen, der in unserem Zusammenhang eine zentrale Bedeutung zukommt. Die erste Erleichterung darüber, daß uns dauerhafte Lieferbeschränkungen erspart geblieben sind, ist nunmehr der ernüchternden Erkenntnis gewichen, daß wir in der Folge der erhöhten

Ölpreise vor finanziellen und monetären Problemen stehen, die so manchen Marktteilnehmer schneller als vorgestellt in die Gefahrenzone bringen können. Ich sagte bereits, daß für uns in Deutschland der Mehraufwand in der Zahlungsbilanz zu verkraften ist, von dort her scheinen wir abgesichert. Verdrießlich war für uns jedoch, daß die bescheidenen Fortschritte unserer Stabilitätspolitik durch den Preisanstieg dieses Rohstoffs aufgehalten wurden – ein Unglück sicher, aber doch ein Akt höherer Gewalt mit dem vielleicht einzigen Vorzug der Einmaligkeit dieses Geschehens, wie wir jedenfalls hoffen. Diesen Teil der Teuerung mußten wir als einen unvermeidbaren Anpassungsvorgang hinnehmen; unsere Chance allerdings, eine Eskalation der Ölpreisinflation in die Lohnkosteninflation hinein zu verhindern, haben wir verpaßt. Wir haben die Löhne in breiter Front wieder um 12 bis 13% erhöht, und dies auch unter dem Eindruck einer möglicherweise durch die Energiekostensteigerung beschleunigten Inflation. Die vielfach prognostizierte Steigerung der Inflationsrate auf über 10% ist jedoch nicht eingetreten. Soweit unser Problem im eigenen Lande.

Aber hier liegt – wie ich meine – nicht die entscheidende Weichenstellung. Es geht vor allem um diejenigen unserer Handelspartner, die sich nicht über ihren Export finanzieren können. So mancher hat sich offenbar beruhigt, daß die Drehscheibe des Euromarktes, nunmehr zusätzlich versorgt mit der neu gewonnenen Liquidität der glücklichen Besitzer der Ölfelder, die nationalen Zahlungsbilanzdefizite der Verbraucherländer finanzieren würde. Nicht abgeschätzt aber wurden offenbar die Dimensionen der Defizite, die sich in kurzer Zeit durch die erhöhten Ölpreise für viele Länder ergeben mußten. Der Entschluß Italiens und sodann Dänemarks, die Einfuhren zu beschränken, er kam für den Wissenden nicht ganz aus heiterem Himmel; und es wäre schlimm, wenn man die Maßnahmen dieser Länder nicht als ein allgemeines Symptom, sondern lediglich als einen Fehlgriff dieser Regierungen ansprechen würde. Sicher werden die Erfolge und Mißerfolge jeder Regierung auch in der Ordnung ihrer finanziellen und sozialen Konflikte bewertet. Hier aber stellt sich für die privaten Finanzmärkte die Kreditwürdigkeit unter der völlig veränderten Perspektive des laufenden zusätzlichen Aufwandes, den die Marktteilnehmer durch entsprechenden Ertrag in Devisen permanent zu decken haben.

Lassen Sie mich die Entwicklung an drei Beispielen verdeutlichen: Italien hatte im vergangenen Jahr ein Zahlungsbilanzdefizit von knapp 5 Mrd. Dollar und in den ersten vier Monaten dieses Jahres ein Handelsbilanzdefizit von 3,8 Mrd. Dollar. Seit Anfang des vergangenen Jahres konnte die italienische Regierung direkt und indirekt im Euromarkt rund 7 Mrd. Dollar aufnehmen, mit denen sie die Lira stützte und diese Einfuhrüberschüsse finanzierte. Nicht sehr viel besser sieht es für Großbritannien aus, das den Euromarkt in der gleichen Zeit mit 6,6 Mrd. Dollar beanspruchte, um ebenfalls Einfuhrüberschüsse zu decken. Vor kurzem hat die britische Regierung ihren Roll-over-Kredit von 2,5 Mrd. Dollar noch ganz gut unterbringen können. Aber für dieses Jahr droht ein Zahlungsbilanzdefizit von insgesamt 10 Mrd. Dollar. Um dafür die erforderlichen Mittel zu erhalten, müßten noch mehrere Operationen ähnlicher Größenordnung in diesem Jahr durchfinanziert werden. Noch gewichtiger sind die Zahlen für Japan, dessen Zahlungsbilanz im letzten Jahr mit nicht weniger als 13 Mrd. Dollar in den roten Zahlen war, darunter freilich 9 Mrd. Dollar durch Kapitalausfuhr. Wir wissen aber, daß die Öleinfuhren Japan in diesem Jahr allein mit fast 10 Mrd. Dollar belasten werden.

Am Euromarkt sind wir an astronomische Zahlen gewöhnt. Nach zuverlässigen Berechnungen betrug seine Größe am Ende des ersten Quartals dieses Jahres über

300 Mrd. Dollar. Aber die Addition von Bilanzsummen sagt nichts aus über das neue zusätzliche Kreditpotential eines Bankensystems. Das ist beim Euromarkt nicht anders als bei unseren nationalen Bankensystemen, ganz abgesehen davon, daß es sich bei diesen Krediten zu einem sehr großen Teil um Interbankkredite handelt. Die Zahlen werden wesentlich bescheidener, wenn wir die Kreditgewährung an Nichtbanken betrachten. Im Jahre 1972 sind insgesamt für knapp 7 Mrd. Dollar mittel- und langfristige Roll-over-Kredite bekannt geworden, für 1973 aber schon das Dreifache. In den ersten Monaten des laufenden Jahres erfolgte der große Ansturm einiger Länder, die sich vorsorglich mit etwa 12 Mrd. Dollar eingedeckt haben, von denen Westeuropa etwa drei Viertel beanspruchte, während die Entwicklungsländer mit knapp 1,8 Mrd. Dollar, verglichen mit knapp 8 Mrd. Dollar im ganzen vergangenen Jahr, kaum noch zum Zuge kamen.

Gewiß, der Euromarkt wird auch von den Ölmilliarden versorgt werden. Doch dies löst unser Problem nicht. Banken dürfen sich nun einmal bei ihrer Kreditgewährung über bestimmte Normen der Bonität und Liquidität nicht hinwegsetzen, wollen sie sich nicht selbst in Gefahr bringen. Kurz gesagt: Der Mangel wird nicht beim Geld, er wird beim Kredit liegen.

Was also ist zu tun, wenn wir schwerwiegende Störungen vermeiden wollen? Es ist deutlich geworden: ein sogenanntes »recycling« der Ölmilliarden über die privaten Märkte hat seine Grenzen. Grenzen haben aber in einer Weltwirtschaft letzten Endes auch alle staatlichen Maßnahmen, die in gleicher Zielrichtung gleichzeitig in vielen Ländern ergriffen werden. Mit den veränderten Energiekosten ist die große Gefahr ins Haus getreten, daß eine Vielzahl von Ländern den Ausweg aus den Zahlungsbilanzdefiziten gleichzeitig mit gleicher Methode verfolgt. Wie sähe die Welt aus, wenn wir uns alle zugleich die japanische Rezeptur verordnen würden, nämlich etwa in diesem Jahr 1974 die gesamte Kapitalausfuhr zum Stillstand zu bringen und gleichzeitig die Inlandsnachfrage durch monetäre und fiskalische Mittel bis zu dem Punkt einzudämmen, an dem ein Exportüberschuß erwirtschaftet und das Öldefizit abgedeckt werden kann? Wie sähe die Welt aus, wenn wir alle weniger importieren und alle mehr exportieren wollten?

Es bedarf keiner Diskussion: Dies können nicht alle gleichzeitig mit Erfolg. Ja, man braucht wenig Phantasie, um sich vorzustellen, daß etwa eine weltweite Tendenz zu knappem Geld und hohen Zinsen, zu Einfuhrbeschränkungen und Abwertungen, im Endergebnis zu nichts anderem führen muß, als daß wir uns gegenseitig in die Rezession hineindrücken.

Ich möchte meinen, wir sollten über einen Ausweg nachdenken, bei dem die nun wahrlich unkonventionellen Energiekostenerhöhungen mit einer ebenso unkonventionellen Betrachtung der Zahlungsbilanzen korrespondieren. Man wird wohl nicht alle Weisheit der Zahlungsbilanzdisziplin in den Wind schlagen, wenn man einen langsamen Anpassungsprozeß an diesen Kostenfaktor zuläßt, indem man die Zahlungsbilanzziele etwa in dem Sinne neu definiert, daß Defizite aus den Mineralölimporten einstweilen toleriert werden müssen. Ich fürchte, die Realitäten werden uns zu einer begrenzten Abkehr von unserem klassischen Anspruch an die Zahlungsbilanzen zwingen und Öldefizite als bedingt salonfähig deklarieren. Dies ist natürlich nur denkbar, wenn gleichzeitig über die Finanzierung eben dieser Defizite internationale Vereinbarungen getroffen werden. Und ich meine, wir haben alles Interesse daran – und hier liegt, wie ich nach allem Gesagten meine, ein besonderes Interesse auch der Bundesrepublik Deutschland –, den erkennbaren Willen der Ölproduzenten zu aktivieren, die verfügbare Liquidität in ein zwischenstaatliches Kreditsystem einzubringen. Die Gefahrenzeichen sind deutlich, die Initiative liegt auch und gerade bei denen, deren Bilanz noch stimmt.

Daß im übrigen unsere Sorgen um die Entwicklungsländer nicht geringer geworden sind, beschäftigt uns alle. Nach Angaben des Internationalen Währungsfonds die Rohstoffpreise unter dem Einfluß einer sich abzeichnenden Abkühlung der Weltkonjunktur sinken sollten. Sie werden einmal mehr in die Klemme kommen, sobald könnte das Gesamtdefizit dieser Länder 1974 über 20 Mrd. Dollar hinausgehen. Hier hat der Euromarkt bestimmt seine Grenzen. Zu den Kreditschwierigkeiten dieser Länder trägt nicht zuletzt auch ihre nunmehr gewaltige Verschuldung mit entsprechendem Schuldendienst bei. Unter Zugrundelegung von Ziffern der UNO hat die Äußere Öffentliche Schuld von 81 Entwicklungsländern im Jahre 1972 einschließlich der privaten Schulden bereits wesentlich über 100 Mrd. Dollar gelegen. Man wird uns einmal zur Rechenschaft ziehen, wenn es nicht gelingt, hier international die Kredithilfe zu organisieren.

*

Doch nun zu Europa – Europa stellt sich wieder einmal selbst in Frage. Immer, wenn wir unter uns Europäern sprechen, genießen wir es ja eigentlich: Wir leben von unseren Unterschieden, wir lieben sie, und unsere Differenzen beleben uns. Den einen Kamm, über den man alles scheren kann – die Europäer werden ihn nie benutzen. Ist es aber vorstellbar, daß wir in einer Zeit, in der jede ökonomische Vernunft auf eine Verbindung der Energien und Märkte drängt, den Weg zurück suchen in die Abschirmung und Idylle unserer Großväter? Ist es vorstellbar, daß wir die Zollgrenzen zwischen uns wieder aufbauen – hierzu wären wir ja gezwungen nach den GATT-Regeln, aber auch nach der Logik der Trennung, wenn wir die Gemeinschaft technisch in Frage stellen wollten. Ich kann mir nicht denken, daß ein Land ernsthaft diese Konsequenz in Erwägung zieht. Die Addition der Eigeninteressen reicht, soweit ich sehe, bei keinem europäischen Land aus, um die Vorteile der Verbindung aufzugeben. Wir könnten nur Gefangene unserer Abhängigkeit, Souverän in unserem eigenen Desaster werden. Den erschreckend negativen Bemerkungen so vieler europäischer Politiker müssen wir, soweit uns dies möglich ist, den Zwang zur gemeinsamen Organisation entgegenstellen, und wieder ist es nicht zuletzt die Energiefrage, die Europa unter Organisationszwang stellt. Welch eine absurde Konsequenz, wenn die Industriegesellschaft gegen Ende des 20. Jahrhunderts in Europa über Bauernkriege stolpern würde!

Die Position Deutschlands scheint mir nicht sonderlich kompliziert zu definieren. Auf die ökonomischen Tatsachen reduziert besagt sie, daß von den 180 Mrd. DM, die unsere Ausfuhr im Jahre 1973 ausmachte, in den EWG-Raum unter Einschluß der assoziierten Staaten 62% gegangen sind. Wir haben die Stellung der Geduld und der Hilfsbereitschaft zu beziehen; wenn wir auch auf absehbare Zeit keinerlei Fortschritt in Richtung Währungsunion erhoffen können und die Enttäuschung zum Training des Europäers gehören muß, so sollten wir doch auch monetär immer unser Interesse an der Integration auf unserem Kontinent unterstreichen. Dies ist, wenn ich recht lese, durch unseren soeben in sein Amt eingeführten Bundeskanzler geschehen, indem das Angebot auf Hilfe verbunden wird mit dem Fortgang der Integration auf ein handlungsfähiges Europa hin. Ich sehe in Deutschland keine Europa-Müdigkeit – allenfalls hier und dort Verdruß über die Tatsache, daß wir zu oft in die gemeinsame Kasse einschießen, ohne eine adäquate Gegenleistung für die Gesamtheit zu sehen.

Es ist nur natürlich, daß in einer Generation die

Länder und Provinzen Europas ihre Vorstellungen von sich selbst und ihre Voreingenommenheit gegen den anderen nicht gänzlich abbauen können. Es sind aber ja nicht nationale Ressentiments, die uns im Wege stehen, sondern, wie ich meine, ausschließlich die technischen Probleme, die sich zwangsläufig aus den unterschiedlich organisierten und mit noch sehr unterschiedlichen Zielsetzungen geführten Volkswirtschaften in diesem Raum ergeben. Die Ermüdungserscheinungen, die wir bei den Integrationsversuchen weltweit und auch in Europa feststellen, sie sind weitgehend bedingt durch die Versuchung, unter dem Druck der inneren Auseinandersetzung mit wirtschaftlichen und politischen Problemen die äußeren Verbindungen, die internationale Kooperation, hintanzusetzen. Für Europa gilt dies in Sonderheit für die sehr unterschiedlichen Wege und Mittel, mit denen sich die Staaten der Gemeinschaft gegen die Inflation gestellt haben, beziehungsweise – wenn Sie mir diese Umkehrung erlauben – den unterschiedlichen Grad an Bequemlichkeit, mit dem man der Geldentwertung auszuweichen versucht.

*

Lassen Sie mich damit zu der für unser Land und – wie ich schon sagte – letzten Endes für uns alle entscheidenden Frage übergehen, der Auseinandersetzung mit der Inflation.

Es sieht so aus, als ob der verhältnismäßig frühzeitige Beginn und die außerordentliche Härte und Entschlossenheit des Kampfes gegen die Geldentwertung, wie er von der Deutschen Bundesbank geführt worden ist, heute schon einen gewissen Modellcharakter besitzt für diejenigen, die den Abstand von der Inflation erproben wollen. Denn schließlich ist in vielen Ländern die Übernachfrage, die bei der Geldentwertung auch beteiligt war, vorbei; der Preisanstieg aber hat sich weltweit beschleunigt. So liegt es nahe, nach den Methoden zu fragen, die bisher mit einiger Konsequenz gegen diese Geißel – vor allem der westlichen Industriegesellschaft – eingesetzt worden sind, und deren Erfolge zu erkunden.

In dem Bemühen, die Inflation von unseren Grenzen fernzuhalten, sind in der Bundesrepublik Deutschland alle Register der Geld-, der Zins- und der Fiskalpolitik gezogen worden: Steuererhöhungen, ein sogenannter Schuldendeckel für die öffentlichen Hände, Abschreibungseinschränkungen für Maschinen und Bauten, eine Investitionssteuer, und vor allem eine rigorose Mindestreserve- und Zinspolitik, nicht zu vergessen aber auch eine Wechselkurspolitik, die der Wirtschaft kein Pardon mehr gab. Ich bitte um Nachsicht, wenn ich hier auf den uns gelegentlich unterlaufenden militärischen Ausdruck nicht verzichte: Es wurde aus allen Rohren geschossen, mit dem bekannten Nachteil dieser Methode, daß man am Ende nicht weiß, welche Schüsse tatsächlich getroffen haben und welche am Ziel vorbeigingen. So sind die uns noch verbliebenen Gelehrten in der Konjunkturpolitik uneins darüber, wie die einzelnen Maßnahmen und Instrumente nun tatsächlich gewirkt haben. War es die Geldpolitik? War es die Fiskalpolitik? In welchem Umfang hat die Wechselkurspolitik beigetragen? Wir wären froh, wenn wir Ihnen nach dieser Prüfung eine bündige Auskunft geben könnten. So wissen wir nur: Es wurde alles eingesetzt, und der Vorwurf etwa, man hätte in der hier in Rede stehenden Phase zu wenig getan, er wird die Bundesbank gewiß nicht treffen.

Das, was man heute ein »Unbehagen« nennt, ist uns und der Öffentlichkeit allerdings dabei nicht auszureden, nämlich, daß ein gewaltiger Aufwand an Mitteln und Opfern, die doch in vielen Fällen über das Zumutbare hinausgegangen sind, ein letzten Endes relativ bescheidenes Ergebnis gezeitigt haben, ja daß sich Zweifel, Enttäuschung und Resignation mehren, wenn es um die Frage geht: Kann man die Inflation noch aufhalten? Ja, es scheint heute aus dem Vorstellungsvermögen vieler Menschen ausgeschieden zu sein, daß es überhaupt noch möglich ist, den permanenten Druck in die Inflation aus dem jährlichen Lohnanstieg heraus aufzuhalten. Hier hat bei uns die Auseinandersetzung der Gewerkschaften des Öffentlichen Dienstes bis hin zur rücksichtslosen Konfrontation mit der Regierung ihre Spuren hinterlassen.

Was nun die Politik der Deutschen Bundesbank im engeren Sinne angeht, so hat sie von Anfang an mit den widersprüchlichen Reflexen von einander entgegengesetzten Funktionen in der Geldbewegung zu kämpfen gehabt. Wer hohe Zinsen und knappes Geld als Schlüssel zur Restriktion im Inland ansetzt, der wird von außen Geld anziehen, der wird – auch noch bei frei schwankenden Wechselkursen – die andrängende ausländische Münze ankaufen müssen und im unvermeidbaren Gegenzug den Gegenwert in Inlandswährung einstreichen und stillegen wollen – schon in sich ein komplizierter Mechanismus. Wer aber überdies die Wirtschaft über den Zins regulieren will, kommt ihr nur dort und in dem Umfang bei, wo sie verschuldet ist. Dort, wo die Kasse verfügbar ist oder aus der besonderen Geschäftsstruktur permanent oder gar forciert zuwächst, wird das Gegenteil dessen erreicht, was beabsichtigt war: Man schränkt den Kredit nicht ein, sondern man verlagert ihn aus dem Bankenapparat heraus in die produzierende und handelnde Wirtschaft. Anders ausgedrückt: es wird nicht nur Liquidität und Einkommen belastet und reduziert, um – der Hebelwirkung des Modells folgend – die Produktion zurückzuführen, es wird gleichzeitig und nicht minder eindrucksvoll Liquidität und Einkommen geschaffen, zum Einsatz angeregt und der Produktion zugeführt. Glück und Unglück mischen sich nur noch nach dem Grad der Verschuldung – die ökonomische, vor allem aber die soziale Problematik wird damit evident.

Es wird Ihnen bei der Lektüre von Berichten aus Deutschland vielleicht aufgefallen sein, daß gelegentlich von der »Neuen Geldpolitik« die Rede war. Neu ist an der Politik der Entschluß, den Banken mit einer erstaunlichen Konsequenz sämtliche freien Liquiditätsreserven zu entziehen, sie an die Grenzen ihrer Dispositionsmöglichkeiten zu führen und ihnen gerade noch die Chance zu lassen, die rigoros erhöhten Mindestreserveverpflichtungen zu erfüllen. Mit anderen Worten: die Liquiditätsquote wurde an den Gefrierpunkt herangeführt – und damit wieder an die Einsicht Detlev von Liliencrons: »Geld im richtigen Zeitpunkt zu haben – das ist Geld.«

Ihnen als Kennern unserer Branche und als unseren Nachbarn brauche ich nicht auszuführen, was sich bei einer Liquiditätsquote in der Zone Zero abspielen kann, zum Beispiel wenn es bei einem Großen Steuertermin zu einschneidenden Liquiditätsbeengungen kommt. Auch Sie erinnern sich an die exotischen Sätze, die an unserem Geldmarkt zustande kamen, Sätze, die unvermeidlich und unvertretbar andere Zinssätze nach sich zogen. Es gelang, den Bankenapparat Monate hindurch in Hochspannung zu halten, und obgleich das Kreditgeschäft – letzten Endes der Zielpunkt aller Operationen – bereits in der Mitte des Jahres 1973 deutlich abzuebben begann, trieben nunmehr die Bankinstitute auf den völlig außer Kontrolle geratenen Märkten die Zinssätze gegenseitig noch in die Höhe. Es ist heute erstaunlich, wie gering von den Verantwortlichen die außergewöhnliche, im Vergleich zu den Vorjahren schon bedenkliche Kreditschwäche beachtet wurde, wie wenig man die Entwicklung der Binnenkonjunktur, um die es ja allein gehen konnte, im Auge behielt.

Uns sind aus dem vergangenen Jahr die Telefonanrufe unserer ausländischen Kollegen in Erinnerung, die sich über unsere Zinsrekorde am Geldmarkt um bis zu 40% entsetzten. Die Dinge haben sich normalisiert, aber unser

Beispiel hat allem Anschein nach international Schule gemacht, mit dem bemerkenswerten Unterschied allerdings, daß exorbitante Zinssätze heute nicht mehr sonderlich verblüffen.

Ganz offenkundig – und das ist die böse Folge dieser Vorgänge – haben sich die allgemeinen Zinsvorstellungen radikal gewandelt. Ja, es gibt viele, denen die Zinsen auch heute noch nicht hoch genug sein können. Obwohl bei uns in Deutschland die Inlandskonjunktur heute wahrlich auf bedenklich schwachen Füßen steht und die Lage einiger Wirtschaftszweige in Krisengefahr steht, wird von einem großen Teil der Experten und Analytiker immer noch vor Zinssenkung gewarnt – auch noch in einem Zeitpunkt, in dem die Banken selbst die Belastungen ihrer Kunden im Aktivzins behutsam zurücknehmen.

Denn entgegen mancher anderslautenden Beteuerung sind unsere Währungshüter in eine weise Korrektur der Extreme eingetreten; die Technik bietet sich unter den Zwängen des Systems von selbst an, die Stützungsoperationen an den Devisen- und Rentenmärkten bringen die Kasse an den Markt zurück, ohne daß Richtsätze klassischer Provenienz verändert werden müßten. Es sind einige Milliarden DM mehr im Markt, die nicht nur die Sätze auflockern, sondern vor allem die Gefahren eingrenzen sollen, die dieser Politik immer immanent waren: die besondere Belastung kleiner und mittlerer Betriebe, insbesondere solcher, die der seit langem gedrosselten, schleppenden Inlandskonjunktur verhaftet sind, ohne einen Ausweg in die Chancen des Exports zu finden. Hatte die Zahl der Zahlungseinstellungen bereits im vergangenen Jahr 5000 überschritten, so werden für das erste Quartal des laufenden Jahres die Insolvenzen gegenüber dem vergleichbaren Vorjahreszeitraum bereits um mehr als 40% erhöht gemeldet, darunter Unternehmen, deren Marktgeltung unbestritten, deren Schulden aber – aus welchen Gründen auch immer – höher als die ihrer in- und ausländischen Konkurrenz waren.

Die bedenklichen Folgen einer derart angelegten Restriktionspolitik treten vor allem immer dann in Erscheinung, wenn sich bei Unternehmen mittlerer Größe ein lohnkostenintensives, also besonders inflationsempfindliches Programm mit einem hohen Schuldenstand trifft. Gravierend sind die Probleme auch dort, wo stark auf den Export orientierte Unternehmen in dem Absatz ihrer Produkte hart von den Wechselkursschwankungen getroffen wurden und wiederum zugleich eine hohe Schuldenlast zu finanzieren hatten. Und wir sehen schließlich, daß hiervon besonders solche Branchen betroffen sind, die sich ohnehin als unsere Sorgenkinder präsentieren, nämlich jene Zweige, die im vergangenen Jahrzehnt nicht oder weit unter dem Durchschnitt gewachsen sind.

Das kann man zwar von der Baubranche wirklich nicht sagen – sie ist aber durch diese Politik in eine besonders kritische Situation geraten, ohne daß sich feststellen ließe, daß eine Politik dieser Schärfe sich wenigstens hier als sinnvoll erwiesen hätte. Hoher Kapitalbedarf und minimaler Kapitalumschlag haben diesen Sektor immer besonders zinsempfindlich gemacht, und Bauträger und Bauunternehmer, auch vorsichtig kalkulierende, stehen vor dem Hintergrund der Zinsexplosion nunmehr vor weithin unrentablen Neubauten; eine große Zahl der fertiggestellten Wohnungen muß heute in Deutschland mit Verlust untergebracht werden, und irreparabel lastet der hohe Zins auf den Mieten.

Bei einem Rückblick auf die Problematik unserer Restriktionsmethode können wir auch die Wirkung des hohen Zinses in seiner Hebelwirkung auf die Wertpapiermärkte nicht übersehen. Alle notierten Werte haben im Reflex auf den Zinsanstieg außerordentliche Kursverluste erlitten. Es sind Vermögensverluste eingetreten, die, nicht nur bei uns, oft das Sparaufkommen eines ganzen Jahres überschritten haben.

Zusammengefaßt: Wenn es darum geht, mit Hochzins

und knappem Geld den Bankenapparat in seiner Funktion als Kreditumschlagstelle nahezu stillzulegen, so waren die Operationen erfolgreich; erfolgreich vor allem dadurch, daß die Finanzierungswege und Ausleihungsspielräume an die Nullinie herangeführt wurden. Soweit es aber darum ging, das Geldvolumen außerhalb des Kreditapparates der Banken zu erfassen und die Kreditwege zu treffen, die an den Schaltern vorbeiführen, waren die Operationen ohne Erfolg.

Niemand wird nun die Wechselwirkung, in der Inflationsrate und Zins miteinander stehen, bestreiten können. Und der Restriktionsgrad hoher Zinsen darf schon deshalb nicht unterschätzt werden, weil er die Gewinnchancen der Unternehmen drastisch reduziert. Wir können aber die Frage nicht zurücknehmen, ob nicht der Hochzins als eine zusätzliche Kostenbelastung seinerseits Inflation erzeugt hat, und ob nicht überhaupt das Exerzitium letzten Endes in eine Strategie des Ausweges oder zumindest des Umweges einzuordnen ist. Wir alle neigen dazu – und der Politiker aus guten Gründen in verstärktem Maß –, nicht gerade den Weg des größten Widerstandes zu suchen. Und sicher ist jede auf die Begrenzung des Geldvolumens oder die Verteuerung des Geldes angelegte Konzeption leichter in die Entscheidung der Verantwortlichen zu bringen als etwa eine Auseinandersetzung an der Wurzel der Inflation, vor allem bei den Lohnkosten.

*

Wir sehen jetzt, enttäuscht und ernüchtert von den Erfolgen der bisherigen, auf die Finanzierungswege ausgerichteten Strategie, in zunehmendem Maße die Neigung, wieder über andere, von der Wissenschaft erneut präsentierte Modelle nachzudenken. Sie erscheinen mir allesamt wiederum nur als Auswege, die uns mit Sicherheit nicht weiterführen werden.

Da wurde von der Doppelstrategie gesprochen, die uns vorschlägt, an die Stelle von Zinssenkungen Mehrausgaben der öffentlichen Hand zu setzen, oder, anders ausgedrückt, die Restriktion für den freien Markt fortzusetzen, dem Staat aber Luft zu geben. Nun, hier kommen wir nicht weiter, denn man kann weder die beiden Wege und Wirkungen gehörig trennen, noch bleibt der Zins isoliert, wenn der Staat verstärkt an den Markt geht, das heißt noch mehr Kredit aufnimmt.

Da wird angesprochen, ob man nicht Inflationsgewinne erfassen und verteilen könne, und man meint, einen einfachen Zugang zu besitzen: die Wirtschaft als Eigentümer umfangreicher Sachwerte müsse aus der Mechanik der Inflation reichlichen Ertrag verfügbar machen, denn Inflation sei profitabel für jeden, dessen Investment länger zurückliege, und vielen leuchtet es sofort ein, daß Inflation für die Wirtschaft eine Quelle leichten Gewinns sein muß. Hier wird die Argumentation schon schwieriger. Es wird nicht jeden beeindrucken, daß nach aller Statistik klar und deutlich belegbar ist, daß Unternehmenserträge trotz steigender Preise nicht etwa zunehmen, sondern generell unter Druck stehen. Es wird nicht jeder wissen, daß der Wertzuwachs im Sachwert gerade für den Unternehmer immobil ist. Und was die Sachinvestition gegen Schulden und die Chance der Rückzahlung mit entwertetem Geld angeht, so mag hier eine positive Rechnung aufzumachen sein, die aber weithin aufgezehrt wird durch die erschreckend gewachsenen Zins-, Material- und Lohnkosten. In der Breite sind heute auch die Unternehmer Inflationsverlierer. Sie vermögen die Balance nur zu halten, wenn sie den Druck von innen nach außen, in die Preise, ableiten können; das ist jedoch bei uns in Deutschland weithin nicht möglich. Wir haben heute statt einer Gewinninflation eine starke Deflationierung der Gewinne.

Ein weiterer methodischer Vorschlag unserer Wissenschaftler wird allenfalls noch zögernd präsentiert: Ich meine den Ausweg über die Wechselkurspolitik. Mit den Wechselkursänderungen haben wir uns von der Inflation nicht freigeschwommen. Wir gönnen Ihnen in Österreich bessere Erfahrungen, als wir sie gemacht haben. Unsere deutsche Anhänglichkeit an das akademische Streitgespräch dürfte dazu führen, daß wir uns bis zum Jüngsten Tag darüber in den Haaren liegen, ob es richtig oder falsch war, in das Abenteuer des Floatens einzusteigen. Beim ersten Schritt waren wir frei, beim zweiten aber schon Knechte. Wenn auch heute gelegentlich noch Aufwertungsgerüchte für die D-Mark placiert werden, so sollten wir uns darüber klar sein, daß dies schon technisch gar nicht mehr so einfach ist. Wogegen sollen wir eigentlich noch aufwerten? Wir können die Kursänderungen nur noch in den berühmten dunklen Tunnel verschieben, und das bringt bei den derzeitigen Proportionen für die Inflationsfrage in Deutschland gar nichts.

Und schließlich wird erneut als Novität am Markt angeboten die Indexierung der Geldentwertung. Ich bin erstaunt, daß sich eine Gruppe prominenter und auf die Stabilität eingeschworener Professoren für diese institutionalisierte Inflation zu Wort meldet. Ich kann mir nicht helfen: Ein Anpassungsmechanismus in Permanenz an die Geldentwertung, verstanden als Ausweg aus der Inflation – dies könnte eine Erfindung Münchhausens sein. Einen Ansatz allerdings sollten wir bei der neuen Präsentation nicht übersehen, nämlich den Vorschlag, zumindest einen Teil der Lohnerhöhungen in einem Sockelbetrag an den jeweiligen Produktivitätszuwachs anzupassen. Und mit dieser Variation zum Thema finden wir meines Erachtens auch den Zugang zum eigentlichen Problem:

Wir müssen, wo immer wir Einfluß darauf haben, die Kosten nach unten bringen und damit die Basis für Preisstabilisierung einrichten. Bei uns in Deutschland haben wir letzten Endes Einfluß nur auf die Kosten unseres Kapitals, unseres Geldes und unserer Arbeit – vielleicht einmal, wenn wir mit unseren Kräften richtig umgehen, auch auf die Kosten der Energie. Sie wissen, daß wir in den Rohstoffkosten in nahezu allen wesentlichen Positionen von den Weltmärkten abhängig sind.

Wir können uns zur Stunde also nur konzentrieren auf die Senkung der Geldkosten – davon haben wir gesprochen – und der Kosten unserer Arbeit. Hier aber kommen wir bei uns und auf der ganzen Welt sicher nur voran, wenn wir die Automatik unseres derzeitigen Tarifmechanismus zumindest modifizieren. Wir reden weiter an der Sache vorbei und werden uns weiter dem Chaos der Inflation ausliefern, wenn wir weiterhin beispielsweise im Januar 1974, im Januar 1975 und im Januar 1976 jeweils Lohnerhöhungen und damit feste Kostenerhöhungen für die Produktion festlegen, anstatt uns im Januar 1975 für das Jahr 1974 und im Januar 1976 für das Jahr 1975 an einen Tisch zu setzen, um über die Verteilung des erwirtschafteten Ertrages an alle zu befinden. Nur so – und ich glaube, die Beispiele können nicht schlicht genug gewählt werden – werden wir die Kosten für unsere Arbeit wieder in eine Relation der Vernunft zu dem Zuwachs an Produktivität setzen. Und nur wenn uns das gelingt, kommen wir weiter. Anders ausgedrückt: wir müssen dafür eintreten, die Produktivität zu teilen und abzurechnen, wie wir das durch die Weltgeschichte eigentlich immer getan haben, nämlich post numerando. Ich bin überzeugt davon, daß wir nicht vorankommen, wenn wir diesen Weg ausklammern, und ich bin gewiß, wir haben eine große Chance, wenn wir ihn endlich gehen.

*

Ich kehre zu meiner Zusage zurück, Ihnen abschließend wenigstens einige Worte zu den neuesten Ereignissen in Deutschland zu sagen, und dies in Verbindung auch mit der Frage nach unserer Chance, Preisstabilität zurückzugewinnen.

Ich meine, wir sollten nicht ohne Zuversicht leben, und ich geniere mich nicht, Ihnen zu sagen, daß meiner Ansicht nach bei uns sowohl die Regierung als auch die Opposition an Qualität gewonnen haben. Ich finde, das ist nach 25 Jahren Bundesrepublik Deutschland eine gute Nachricht. Es sieht so aus, als funktioniere bei uns der demokratische Mechanismus recht gut.

Für die Schwerpunkte unserer heutigen Aussprache ist dabei von besonderem Gewicht: Sowohl die neue Regierung als auch die Opposition befinden sich offensichtlich in einem Prozeß der Abkehr von einigen Illusionen, einigen als Reformen vorgestellten Programmen, deren Diskussion allein sehr viel Verwirrung und Unsicherheit in unser Land getragen hat. Ich glaube, wir haben begründeten Anlaß zu der Feststellung, daß sich die Regierung zur Sache qualifizieren will.

Hierfür bringt allein die Tatsache eine Indikation, daß der neue Bundeskanzler in sein Amt die Erfahrung eines Finanzministers einbringt, eines Mannes also, der traditionell in Abgründe schaut. Es spricht manches dafür, daß Regierung und Opposition die Fähigkeit besitzen, kritische Phasen zu bestehen, und daß bei uns die Vernunft eine neue Chance hat. Die Chancen der Vernunft werden durch die Weltgeschichte skeptisch beurteilt, und unser gemeinsamer Freund Goethe hat uns hinterlassen, daß alles Große und Gescheite nur in der Minorität existiere und daß nie daran zu denken sei, daß Vernunft populär werde. Es sieht so aus, als bestehe bei uns sogar der Mut zum Unpopulären.

Wenn dem so ist, dann gibt es für die Erwartungen, die wir in die Preisstabilität und in die ökonomische Zukunft setzen, durchaus auch positive Anzeichen. Es ist ja nicht nur so, daß auch Rohstoffpreise, ja sogar Mineralölpreise sinken können. Wir haben in Deutschland im Zusammenhang mit der anstehenden Steuerreform, das heißt einer Steuersenkung für die mittleren und kleineren Einkommen und einer entsprechenden Verknappung der Mittel beim Staat, die große Chance, zwei Dinge miteinander zu verbinden: die Drosselung der Staatsausgaben und damit einer Inflationsquelle mangels Masse, und die Drosselung unserer Arbeitskosten, sofern und soweit es gelingt, im Lande Überzeugung dafür zu schaffen, daß die Entlastung von der Steuer eine Reduzierung der Lohnansprüche in sich schließen muß.

Der Stoff, über Geld, Wirtschaft und Währung zu reden, wird uns niemals ausgehen. Ich gehöre zu denen, die in dieser Materie nichts a priori Böses, Verdorbenes, Unheilbares sehen. Ich halte überdies Hoffnung nicht für einen Luxus – ich glaube nicht einmal, daß Nachdenken und Optimismus sich völlig ausschließen. Es wäre mir sympathisch zu wissen, daß Sie diese Meinung im Grunde teilen.

Die währungs- und finanzpolitische Lage Europas

Es gehört zu der Weisheit der Veranstalter in Alpbach, ungeliebte und umstrittene Themen vor einer unveränderbar schönen Landschaft zur Aussprache zu bringen. Und man hat sich sicher etwas dabei gedacht, wenn man mir kurz vor Sonnenuntergang das Wort zur währungs- und finanzpolitischen Situation unseres Kontinents erteilt. Aber nicht nur dieser Tag nähert sich seinem Ende, auch der Sommer hat seinen Höhepunkt überschritten, ein Sommer, der uns zeitlich und räumlich weit ausgedehnte Tiefs über Europa gebracht hat – nirgendwo hat man dies besser, oder besser: schlechter – in Erinnerung als hier in Österreich. Daß man daran von seiten der Fremdenverkehrswirtschaft unter anderem die Forderung nach Steuererleichterungen geknüpft hat, gehört auch zur finanzpolitischen Lage in Europa, aber mehr zu dem Teil, für den primär mein verehrter Vorredner, der Herr Finanzminister, zuständig ist.

Für mich soll der Blick auf die europäische Wetterkarte lediglich das Entrée zu der Feststellung sein, daß Europa auch ökonomisch in ein umfangreiches Tief geraten ist und sich einstweilen noch keine Station gemeldet hat, die eine durchgreifende Wetterbesserung in Aussicht stellen könnte.

Nun, Berichte und Betrachtungen über den hier anstehenden Themenkreis werden wohl zu keiner Zeit von

---

Vortrag im Rahmen des *Wirtschaftsgesprächs Alpbach/Tirol 1974*

besonderer Heiterkeit oder gar Zufriedenheit getragen gewesen sein, einmal abgesehen davon, daß unsere Analysen so oder so Balanceakte im Seilwerk der Statistik bleiben und unsere Deutung der Ziffern anfällig und meilenweit entfernt ist von der Aussage des Mathematikers über die absolute Zahl. Aber derartige Überlegungen können unsere Sorge über Europa nicht vermindern, eine Sorge, die um so größer ist, als unser wenig erfreulicher finanzieller Status keineswegs etwa aus der Logik der Zusammenfassung unserer Kräfte in Europa auf ein gemeinsames Wirtschaften hin folgt. Im Gegenteil: Die Zusammenarbeit zwischen den Ländern, die sich unmittelbar oder mittelbar in die Bindung der Römischen Verträge begeben haben, hat wirtschaftliche und psychologische Erfolge gezeitigt, ein Gefühl und – noch wichtiger – die Realität von Sicherheit vermittelt, wie sie in der europäischen Geschichte neu ist. Ich darf hinzufügen: Wenn ich hier von Europa spreche, so meine ich die europäischen Staaten in der vorbezeichneten Bindung. Es gehört zu der Tragödie dieses Kontinents, daß er sich im Gegensatz zu allen anderen Erdteilen beständig in sich definieren muß, um verständlich zu bleiben. Wir sollten auch bei einer Zusammenkunft wie der heutigen gewärtig sein, daß Geschichte und Geographie Europas weiter ausgreifen, und daß man auch andernorts über Europa nachdenkt, Europa sucht. Schauen wir aber nun auf den hier eingegrenzten Teil unseres Kontinents, so sollten wir schon des rechten Gleichgewichts wegen nicht darauf verzichten, den Anmerkungen über die Finanzen eine Skizze der eindrucksvoll zum Positiven veränderten Daten europäischen Wirtschaftens voranzuschicken:

Noch niemals in der europäischen Geschichte war die Zahl der für einen wirtschaftlichen Beruf – insbesondere für industrielle Arbeit – ausgebildeten Menschen in Europa so hoch wie heute, und die Arbeitslosigkeit, bezogen auf diesen erweiterten Kreis, so niedrig wie heute. Zu keiner Zeit war überdies die Mobilität der Arbeitskräfte so gewährleistet und so genutzt wie heute, und niemand aus der lebenden Generation wird sich erinnern, daß Europäer jemals zuvor in ähnlicher Weise über die Barrieren ihrer geschichtlichen Erfahrungen hinweg in der Breite konstruktiv und mit Verständnis füreinander zusammengearbeitet hätten.

Auf dieser Basis hat das Europa der Wirtschaftsgemeinschaft an der Prosperität des hinter uns liegenden Dezenniums mehr als verhältnismäßigen Anteil genommen. Die Industrieproduktion Europas hat sich seit 1960 weit stärker und nachhaltiger entwickelt als etwa die der Vereinigten Staaten von Amerika; dies gilt auch für das laufende Jahr 1974. Überdurchschnittlich günstig schneiden die europäischen Länder auch ab, wenn wir die Außenhandelsströme vergleichen. Auf Dollarbasis gerechnet haben sich die Ausfuhren der ursprünglichen Sechsergruppe in der Zeit von 1960 bis 1973 auf fast 173 Mrd. Dollar annähernd versechsfacht, während z. B. die US-amerikanischen Ausfuhren in der gleichen Zeit – die strukturellen Unterschiede kennen wir – mit 71 Mrd. Dollar erst das Dreieinhalbfache ihres Standes von 1960 erreicht haben. Und besonders bemerkenswert ist, daß nicht nur der Warenaustausch zwischen den EWG-Ländern, den man als Binnenhandel betrachten möchte, sondern auch der Handel darüber hinaus im gleichen Tempo gewachsen ist.

Mit gewissen Vorbehalten möchte ich den Ziffern über die wirtschaftlichen Erfolge der Europäischen Gemeinschaft einen weiteren Vergleich hinzufügen. Fassen wir das Sozialprodukt aller westlichen Industrieländer zusammen, dann hat sich der Anteil der alten EWG – die ich hier als statistische Größe herausgreife – von 1965 bis 1972 von 23 auf 26% vergrößert. Dagegen ist der Anteil der Vereinigten Staaten von 54 auf 46% zurückgegangen.

Ich meine, wir sollten darin übereinstimmen: Diese Entwicklungen, zusammen mit einem gesichert erscheinenden Frieden, sind gute Nachrichten, und nichts läßt sich per se aus ihnen ableiten für ungeordnete Finanzen. Die Grundlagen für eine starke Finanz- und Währungsposition wären besser denn je, nachdem wir Kriegsfolgen und Wiederaufbau auch finanziell weitgehend bewältigt haben.

Tatsächlich aber sind wir dabei, uns in einen Verschuldungsgrad hineinzubewegen wie nie zuvor in Friedenszeiten; die daraus resultierenden Gefahren und Spannungen können nun ihrerseits das ökonomisch Erreichte in Frage stellen. Die gravierenden Unterschiede von Land zu Land innerhalb Europas sind uns gegenwärtig – sie machen unsere Probleme und die Gefährlichkeit unserer Lage aus.

Die Fakten und die Hintergründe, die ich vor Ihnen ausbreiten möchte, haben in diesem Kreis von Experten kaum den Rang von Neuigkeiten; sie zu erwähnen, heißt Pessimisten bestätigen und Optimisten provozieren. Ihre ständige Kenntnisnahme bleibt aber unabdingbar, um auf die Konsequenzen zu drängen, Konsequenzen, die Europa eher ziehen muß als jede andere vergleichbare geographische oder politische Größe. Denn kein Kontinent, soweit ich die Dinge übersehe, ist von einer Deroutierung seiner Finanzen, seines Geldes und seiner Kapitalordnung so gefährdet wie Europa. Kein Kontinent lebt bei vergleichbar hohen Ansprüchen in derartiger Abhängigkeit von anderen Kontinenten, von deren Produkten und von deren Preisen, wie Europa. Anders ausgedrückt: Kein Kontinent ist so auf seine Zahlungsfähigkeit angewiesen wie der unsere. Das Wort von Coudenhove-Kalergi gilt unverändert: »Die Welt kann ohne Europa leben, während Europa ohne die Welt stirbt.«

Ich möchte aber auch meinen, daß kaum ein Kontinent

es so in der Hand hat wie unser europäischer, Ordnung in seinem eigenen Haus zu schaffen; denn die uns hier beschäftigenden Probleme sind weit weniger das Resultat ungünstiger oder falsch verlaufener ökonomischer Prozesse, mangelnder industrieller oder kaufmännischer Leistungsfähigkeit. Sie liegen weit eher darin begründet, daß sich die staatliche Gewalt, das staatliche Gewicht und die politischen Entscheidungen derzeit nicht in den Proportionen bewegen, die dem wirtschaftlichen Geschehen entsprechen. Es sind unsere Staaten, die noch nicht das richtige Verhältnis zu den eigenen Kräften gefunden haben, die immer wieder über ihre Verhältnisse leben, während die Europäische Gemeinschaft als Ganzes zweifellos weit unterhalb ihrer Möglichkeiten organisiert ist und einen stabilen Bilanz- und Finanzstatus noch nicht präsentieren kann.

Lassen Sie mich nun zunächst die Finanzprobleme Europas auf drei Aspekte konzentrieren:

- zum einen den Aspekt der Verschuldung und der in Unordnung geratenen Zahlungsbilanzen, wobei ich unterstreichen möchte, daß diese Unordnung nicht nur auf die spezifischen Energieprobleme zurückzuführen ist, vor die sich Europa gestellt sieht;
- zum zweiten möchte ich mich der Finanzierung dieser Verschuldung und in diesem Zusammenhang auch den Euro-Märkten zuwenden;
- und drittens ist mit einigen Bemerkungen auf die Auseinandersetzung mit der Inflation in Europa, ihre Mißerfolge und ihre Erfolgsmöglichkeiten einzugehen.

*

Wenden wir uns zunächst der *Verschuldung* zu. Auch diesen Komplex möchte ich bei der Betrachtung der europäischen Szene betont unter dem Aspekt der Wettbewerbsfähigkeit unseres Kontinents sehen. In dieser besonderen Perspektive genügt es hier, daran zu erinnern, daß die Verschuldung der europäischen Industrie im Durchschnitt beträchtlich höher liegt als die der Vereinigten Staaten, während sie in bezug auf Japan vergleichbar ist. Hinsichtlich der staatlichen Verschuldung, diese jeweils bezogen auf die Leistungsgröße Bruttosozialprodukt, waren die Relationen für Europa im Vergleich mit den Vereinigten Staaten günstiger, während sie für Japan vergleichbar verliefen. Für die jüngste Zeit stellen wir nun allerdings einen kräftigen Anstieg der staatlichen Verschuldung in fast allen europäischen Ländern fest. Wir tun den Dingen sicher keine Gewalt an, wenn wir den wesentlichen Hintergrund hierfür in dem Mißverhältnis der in der Regel sozialpolitisch motivierten Etats einerseits und des Steueraufkommens andererseits sehen. Ich will hier nicht der meines Erachtens sehr interessanten Frage nachgehen, inwieweit z. B. durch staatliche Konjunkturpolitik in den verschiedenen europäischen Staaten der Schuldensaldo negativ beeinflußt worden ist, insbesondere dadurch, daß infolge eines hochgesetzten Zinspegels die von der Öffentlichkeit zu erbringende Zinslast hochgetrieben worden ist, und wieweit – im Reflex – die gleiche Methodik über die sinkende Ertragskraft der Unternehmen zu Steuerausfällen geführt hat. Immerhin, dies scheint mir ein Punkt des Nachdenkens wert, wenn wir uns mit den Proportionen unserer staatlichen Schulden auseinandersetzen.

In der äußeren Verschuldung, die ich hier einmal als die zwangsläufige Folge der Zahlungsbilanzdefizite in laufender Rechnung sehen möchte, bietet Europa insgesamt bis zum Jahresende 1973 ein fast ausgeglichenes Bild; die Differenzierungen im einzelnen sind uns auch hier nur allzu gegenwärtig.

Wesentlich anders sehen die Dinge aus, wenn wir die Ziffern in das laufende Jahr hinein – und darüber hinaus – verfolgen, wenn wir also die unabweisbaren Rechnungen der Energielieferanten für diesen Kontinent in unsere Überlegungen einbeziehen. Dann verschieben sich nicht nur die absoluten Dimensionen in dramatischer Weise, es verändern sich vor allen Dingen die Proportionen zu den industriellen Wettbewerbern USA und Japan nachhaltig. Dabei stellt sich, nachdem der erste Schock, der sich ja weitgehend auf das Belieferungs- und Mengenproblem konzentriert hatte, verflogen ist, nicht nur die Hochrechnung der Preiserwartungen als eine entscheidende Frage für unsere Wirtschaft. In der vergleichenden Betrachtung von Kontinent zu Kontinent kommt eine nicht geringe Bedeutung auch der Frage zu, wer es bei der Finanzierung der Öllieferungen in dieser oder jener Form belassen muß, wer sich von importierter Energie unabhängiger machen kann, und wer sich durch Gegenlieferungen oder Investitionsangebote zu jeweils optimalen Konditionen den Öllieferanten empfehlen kann, Lieferanten, von denen wir eines genau wissen – und das ist völlig neu in der Weltgeschichte –, daß sie die Einnahmen aus ihren Leistungen in ihren eigenen Ländern gar nicht verbrauchen können.

Wir haben es inzwischen zumindest als Arbeitshypothese zur Kenntnis genommen: wir stehen vor gewaltigen Störungen des Gleichgewichts der Zahlungsbilanzen, wir stehen vor gewaltigen Leistungsbilanzdefiziten der Ölverbraucherländer, mit allen einschneidenden Wirkungen auf Einkommen und Kaufkraft in diesen Ländern, bei einem gleichzeitig sprunghaft ansteigenden internationalen Kreditbedarf. Wir wissen mit einiger Genauigkeit, daß in diesem Jahr 1974 die ölproduzierenden Länder ihre Deviseneinnahmen aus Ölexporten mit etwa 100 Mrd. Dollar ausweisen werden, von denen etwa 60 Mrd. Dollar nicht durch entsprechende Gegengeschäfte gedeckt sind und Anlage suchen. Die Weltbank errechnet den kumulativen Überschuß bis zum Jahre 1980 bereits auf das Zehnfache, also 600 Mrd. Dollar, während die OECD eine etwas niedrigere Prognose vorgelegt hat. Bei diesen Dimensionen kommt es auf gewisse Abweichungen in der Schätzung aber nicht mehr an, und wir können auch offen lassen, ob die Lieferkonsortien eine in dieser Größenordnung noch nicht erprobte Wirtschaftsoffensive durchhalten werden. Es ist ja nicht ganz von der Hand zu weisen, daß die an dem Konflikt zwischen Kapital und Arbeit interessierte geistige Welt hier früher oder später eine spezifizierte Stellung beziehen wird, und daß sich auch gewisse Fragen der internationalen Rechtsordnung neu stellen.

Und vielleicht werden die Europäer, die durch spektakuläre Aktionen ihrer eigenen ländlichen Bevölkerung immer wieder an deren Rentabilitätsprobleme erinnert werden, einmal darüber nachdenken, wie sie sich verhalten würden, wenn dieser fraglos bedrängte Stand sich dazu entschließen würde, Milch-, Butter- oder Eierpreise plötzlich zu vervierfachen in der erklärten Meinung, den Differenzbetrag industriell investieren zu wollen.

Per heute steht fest: die Zahlungsbilanzsalden der Länder der Europäischen Gemeinschaft haben sich von einem leichten Plus per Ende 1973 für das laufende Jahr in ein Minus von annähernd 20 Mrd. Dollar verwandelt. Ein weiterer Beleg: die Währungsreserven Europas sind seit Ausbruch der Ölkrise im September 1973 um 6,5 Mrd. Dollar zurückgegangen, während die der wichtigsten Ölproduzenten um fast 15 Mrd. zugenommen haben.

*

Ich darf mich jetzt der *Finanzierung* dieser letzten Endes unbezifferbaren Lasten zuwenden. Um einen Anhaltspunkt auch hier zu geben: Wir stehen vor der Erwartung, daß Frankreich, Italien und Großbritannien zusammen in diesem Jahr ein Zahlungsbilanzdefizit von insgesamt 25

Mrd. Dollar ausweisen werden. Unser Gefühl für diese Größenordnung wird konkreter, wenn wir hinzufügen, daß diese Defizite im Falle Großbritanniens und Italiens jeweils 5 % des Sozialprodukts ausmachen, und beispielsweise das amerikanische Leistungsbilanzdefizit auf dem Höhepunkt der Dollarkrise nur ganze 1 % des Sozialprodukts erreichte.

Ich glaube, wir kommen heute an der Feststellung nicht vorbei, daß eine konzentrierte, auf Ausgaben- und Importbeschränkung ausgerichtete Politik etwa der vorbezeichneten Länder, eine drastische Einschränkung auch des Verbrauchs von Mineralölerzeugnissen, letzten Endes nicht zu einer Lösung der hier für die Industrienationen aufgeworfenen Fragen führen kann. Ich gehe darüber hinaus mit der Feststellung, daß es ein seriöses Konzept für die Finanzierung von Staatsschulden und Zahlungsbilanzdefiziten der sich hier in einer Hochrechnung abzeichnenden Größenordnungen nicht gibt. Selbstverständlich kann man zwischenstaatliche Finanzeinrichtungen, internationale Garantiegemeinschaften und auch Abnehmerkartelle erdenken und durchführen: die hier projizierbare Dimension der Schulden ist nach unserer derzeitigen Vorstellung aber einfach nicht finanzierbar, und ich möchte meinen, daß Schuldner und Gläubiger diese Erfahrung wohl gleichzeitig machen müssen.

Ganz sicher sind die sogenannten Euro-Märkte – sie werden diesem Kontinent im Namen zugerechnet, obwohl sie aus der Substanz unserer Freunde von der anderen Seite des Atlantiks stammen und keineswegs etwa nur für Europäer verfügbar sind – zur Lösung von Finanzierungsaufgaben dieser Größenordnung und dieses Schuldnerkreises nicht in der Lage.

Da die Struktur dieses spezifischen Marktes heute besonders lebhaft diskutiert wird und diese Diskussion und ihre Ergebnisse ganz sicher auch zur Finanzsituation Europas gehören, gestatten Sie mir zu diesem Markt einige zusätzliche Anmerkungen, die mir schon deshalb angezeigt erscheinen, weil die Funktion und auch die Leistungsfähigkeit des Euromarktes zur Zeit völlig überdeckt sind von der Erörterung der Risiken dieses Marktes.

Entgegen mancher landläufigen Auffassung besteht die Problematik dieses Kreditmarktes nicht etwa darin, daß eine besondere, nicht faßbare Münze gehandelt wird, sondern seit geraumer Zeit in der Erfahrung, daß sich die Wünsche der Gläubiger des Marktes nach Frist und Zins nicht mit den Fristvorstellungen der Schuldner decken und dementsprechend die langfristigen Kreditwünsche nur bedient werden können durch eine Addition kurzfristiger Dispositionen der Geldgeber. Die Initiatoren dieser Finanzierungsform haben sich über das Volumen der Entwicklung auf diesem Spezialmarkt sicher kein zutreffendes Bild gemacht, und sie standen mit der Technik ihrer Operationen auch etwas außerhalb des Bildes eines konservativen Bankiers. Sie konnten sich aber bezüglich der Transformation der Fristen vom Gläubiger zum Schuldner durch das Medium der Banken hindurch immerhin auf die jahrzehntelange Übung dieses Berufes auch im klassischen Inlandsgeschäft berufen, wobei alles wiederum – und darauf kommt es heute in mehrfacher Beziehung an – entscheidend von den Proportionen abhängt, die eingehalten werden.

Was nun dem Marktgeschehen seine neuen Akzente gibt, ist eine wesentlich verschärfte Auswahl der Klientele sowohl der Schuldner – inzwischen sind, wie Sie wissen, allererste staatliche Adressen unter dem Eindruck der Überschuldung, den sie bieten, gestrichen worden – als auch der eingeschalteten Banken. Mit anderen Worten: Gläubiger, deren Zahl und Liquidität potentiell zunimmt, werden sich heute unter wesentlich verschärften

Bedingungen über ihren Erst- und Zweitschuldner schlüssig – und hier können in der Tat gewisse Komplikationen im Zusammenhang mit einer Umschuldung unter den Banken entstehen. Der Wunsch nach Liquidität, nach Verfügbarkeit in möglichst kurzen Terminen, macht das Problem des Euro-Marktes aus; dies ist aber auch kennzeichnend für das Geschehen auf den nationalen Finanzmärkten. Und wenn Sie mir in diesem Zusammenhang einen Blick auf die deutsche Szene gestatten: die Dispositionen der Einleger in Deutschland werden von genau den gleichen Überlegungen bestimmt. Auch bei uns steht nicht etwa die Funktionsfähigkeit des Bankensystems oder unserer Bankenaufsicht in Frage. Es sind die deformierten Fristen, die uns beschäftigen. Die gleiche zentrale Frage stellt sich aber für die Refinanzierung in Europa, ja für die Finanzmärkte in der Welt überhaupt. Unsere Finanz- und Kapitalmärkte sind weltweit zu kurz geworden, und nichts ist für uns alle heute wichtiger, als daß das Finanzangebot der Anleger wieder in ein angemessenes Verhältnis zu den Erfordernissen der kapitalsuchenden Stellen gebracht wird.

Was das Volumen dieses Marktes angeht, so können wir davon ausgehen, daß sich die stürmische Entwicklung der vergangenen Jahre ihrem Ende nähert. Dies folgt schon aus der abnehmenden Zahl der Schuldneradressen. Der Euro-Anleihemarkt unterliegt bereits einem Schrumpfungsprozeß, und der Euro-Geldmarkt zeigt (im zweiten Quartal dieses Jahres) erstmalig reduzierte Zuwachsraten. Soweit jetzt staatliche Initiative erkennbar wird, die aus vielfach verständlichem Anlaß nach mehr Aufsicht und Kontrolle über diesen Markt nachsinnt, sollten wir vielleicht drei Punkte nicht aus dem Auge verlieren:

– Der Euro-Markt ist vorrangig und stets zunehmend von staatlichen und internationalen Organisationen angesprochen worden, also nur zum geringeren Teil von privaten Unternehmen, und das will bei den hier in Rede stehenden Größenordnungen schon etwas heißen.

- Zum anderen: Hätte es in der prekären Situation, in die einige unserer europäischen Partnerstaaten durch die Öldefizite in ihren Zahlungsbilanzen geraten sind, nicht den Finanzierungsweg über den Euro-Markt gegeben, so wären finanzielle Zusammenbrüche dieser Adressen nicht unwahrscheinlich gewesen.
- Und schließlich: Dieser Markt, der sich aus internationalen Quellen speist und an dessen Überschaubarkeit niemand ein größeres Interesse haben kann als der Bankier, wird – wenn überhaupt – nur durch eine internationale, alle Staaten abdeckende Evidenz sinnvoll kontrolliert werden können. Denn dieser Geld- und Kapitalmarkt sui generis ist keineswegs an Europa gebunden. Der Euro-Markt kann mit wechselndem Vornamen auf jedem Kontinent stattfinden.

*

Lassen Sie mich nun zu dem dritten Teil unserer Bestandsaufnahme übergehen, zur Situation Europas in der weltweiten *Inflation.* Wir können diese Analyse heute immerhin vor dem Hintergrund einer wachsenden Einsicht in die sozialen und politischen Folgen des permanenten Substanzverzehrs unserer Währungen vornehmen. Es sieht so aus, als habe man weltweit erfaßt, daß nur die Rückkehr zur Stabilität den drohenden Auflösungsprozeß aller ökonomischen Ordnungen aufhalten kann. Man wendet sich offensichtlich ab von der Vorstellung, daß Inflation der reelle Preis für die Vollbeschäftigung sei. Man sieht klarer durch die Entwicklung hindurch und erkennt, daß Inflation letzten Endes zur Rezession führen muß und daß die Inflation ihre eigenen Kinder frißt.

Ganz sicher ist Europa in die stärkste und nachhaltigste Inflationsphase seit Ende des Krieges geraten: In den 60er Jahren lagen die Preissteigerungsraten in den verschiedenen Ländern durchschnittlich noch bei 4%. Dabei reichte die Spanne von fast unglaublichen 1% in der Bundesrepublik Deutschland im Herbst 1967 bis zu der damals als extremer Größenordnung angesehenen Rate von 6% in einigen skandinavischen Ländern. Heute nehmen wir von extremen Preissteigerungsraten von 20% und mehr Kenntnis, und die 7%ige Inflationsrate, die wir in Deutschland für das laufende Jahr erwarten müssen, gilt als ein ungewöhnlicher Stabilisierungserfolg. Die Erschütterungen weniger Jahre haben die Maßstäbe vollkommen versetzt, und die EWG muß es sich gefallen lassen, als Inflationsgemeinschaft bezeichnet zu werden.

Wenn man sich wohl auch bis zum Jüngsten Tag darüber streiten wird, in welcher Reihenfolge und mit welchem Gewicht die verschiedenen Ursachen der Inflation zueinander stehen, so beruhigt sich doch ersichtlich der Meinungsstreit über die Bewegungen selbst, die zur Geldentwertung führen: weit überhöhte Staatsausgaben, weit überhöhte Lohnforderungen und Kostensteigerungen sonstiger Art, die ich hier einmal generell als internationale Inflationsherde bezeichnen möchte, wie Preissteigerungen von Rohstoffen jeder Art. Unser Problem liegt heute im Ausmaß und in der Entwicklungsgeschwindigkeit, mit der sich die Inflation bewegt. Mit dieser veränderten Dimension hat auch die Dimension des Irrtums, wie und wann und wie lange und mit welcher Methode die Geldentwertung anzugehen sei, sich vervielfacht. Und es ist wiederum insbesondere hier für uns in Europa keine Nebenfrage, sondern eine zentrale Frage, wie wir auf die schnellste und schonendste Weise, d. h. unter weitgehender Eingrenzung des Risikos von Massenarbeitslosigkeit, die Inflation überwinden können.

Unter diesem Gesichtspunkt muß unser konzentriertes Interesse in erster Linie auf Methodik und Erfolg der

Geldpolitik gerichtet sein. Ihre Bedeutung folgt schon aus der Tatsache, daß unsere europäischen Demokratien zwar unterschiedlich strukturiert sind, aber gemeinsam an der Schwäche tragen, sich durch den Rhythmus der Wahlentscheidungen des Wohlwollens der Wähler versichern zu müssen. Jede politische Instanz bemüht sich daher nach Kräften, Streit zu vermeiden. Man will den Bürger fröhlich sehen und nicht mit ihm über die Begrenzung seiner Ansprüche im Detail oder Einsparungen in seinem Haushalt rechten. Es kommt hinzu, daß bei der weitgehenden Auffächerung der Kompetenzen in unserer modernen, ja weitgehend auch regional agierenden parlamentarischen Demokratie die Regierbarkeit als solche in Frage stehen kann. So liegt in der Verheißung, die Geldpolitik könne Inflation überwinden, Verführung und Ausweg zugleich für den Politiker, der sich ohnehin schon meist ermattet zeigt durch die Auseinandersetzung im eigenen Hause, in der Reduzierung und Begrenzung des Staatshaushalts.

Ich könnte mir vorstellen, daß Wirtschaftshistoriker unsere Zeit einmal charakterisieren werden als eine Epoche der einsamen, der allein gelassenen Notenbanken. Wie sind nun die Lehren aus der konzentrierten und auch mutigen Politik europäischer Notenbanken zu ziehen? Wie sind die Spuren zu deuten, die eine Politik der konsequenten Abschöpfung der Liquidität, einer rigorosen Heraufsetzung des Zinssatzes und im Effekt einer drastischen Beschränkung der Möglichkeit, Kredite zu vergeben, hinterlassen hat? Ich meine, daß bei solcher Betrachtung die Wirkungen der Arbeit der Deutschen Bundesbank eine gewisse Priorität und Signifikanz schon insofern beanspruchen dürfen, als sie sowohl zeitlich als auch im Ausmaß als repräsentativ angesehen werden müssen. Fand das konzentrierte Vorgehen der Bundesrepublik Deutschland international schon beim Beginn Erstaunen und Kritik, so gebietet doch die Fairneß, den relativen Stabilitätserfolg in Deutschland in unmittelbarem Zusammenhang mit der Restriktionspolitik der Deutschen Bundesbank zu sehen. Überdies aber gebietet die Objektivität die Klarstellung, daß wir mit dieser Politik in der Mitte Europas keineswegs allein gestanden haben. Einen ähnlich harten Restriktionskurs haben die Niederlande, die Schweiz und Norwegen zu bieten, und ebenso würde ich Österreich und Belgien zu den Ländern zählen, die zwar in vorsichtiger und gedämpfter Form, aber in der Methode vergleichbar vorgegangen sind. Ich meine schließlich, die Tatsache, daß Großbritannien unter der gegenwärtigen Labour-Regierung eine ungewöhnlich harte Geldpolitik betreibt, härter noch als sie in der Bundesrepublik Deutschland verfolgt worden ist, verdient mehr Interesse, als sie allgemein findet. Bedenken Sie bitte, daß der Kapitalzins für erstklassige Industrieanleihen in Großbritannien bei 18%, für Staatsanleihen um 16% steht. Die italienischen und französischen Stabilitätsmaßnahmen sind auf die gleichen Ziele gerichtet, in ihrer verschärften Form aber noch zu jung, als daß man ein abgerundetes Urteil über ihre Auswirkungen schon jetzt anbieten könnte. Ich meine jedoch, etwas generalisierend können wir davon reden, daß sich in Europa zunehmend eine gleichgerichtete Stabilitätspolitik entwickelt.

Sosehr wir uns über alle Anzeichen eines Stabilitätserfolges freuen, sosehr ist es an der Zeit, daß wir die Gefahren erkennen, die dieser Politik innewohnen. Eine auf 7 oder 8% reduzierte Inflationsrate gibt keinerlei Aufschluß darüber, wer die außerordentlichen Kosten dieser Operation zu tragen und zu verarbeiten hat. Es soll sich niemand darüber täuschen, daß insbesondere das Zusammenwirken von Geldpolitik, permanenter Wechselkursänderung und ungehemmter Lohnpolitik von der produktiven Wirtschaft Opfer verlangt, deren Auswirkungen sich erst allmählich zeigen und in vielen Fällen untragbar sein werden. Das wesentliche Risiko der harten Geldpolitik besteht in der Verzerrung der Zusammenhänge; die zwangsläufig grobe Mechanik dieser Politik entstellt auf ihre Art die Struktur der Wirtschaft, was keineswegs mit dem so ansprechenden Bild einer Strukturbereinigung definiert werden kann.

Gerechte und Ungerechte, Verschuldete und Unverschuldete werden letztlich ohne ökonomische Rechtfertigung für die Unterschiede getroffen, und es wird in der Breite der Wirtschaft Substanz verzehrt, in einem Ausmaß, von dem die Öffentlichkeit offensichtlich nichts weiß. Die in dieser Politik enthaltenen Zwänge, wie Verteuerung und Begrenzung des inländischen Konsums und der Investitionen, führen zu einem Exportdruck, zu einem Ausweg der Preise über die Grenzen, und – in Wechselwirkung hierzu – zu einem wieder für das Inland sich einstellenden Liquiditätsüberschuß. Die Geldpolitik in der hier skizzierten Form ist eindeutig eine Politik des Exports von Problemen, die das europäische Problem der Inflation nicht lösen kann, sondern noch gravierender werden läßt. Wir müssen zur Kenntnis nehmen, daß diese Politik zwar nicht in ihrer Zielsetzung, wohl aber im Effekt letzten Endes integrationsfeindlich ist.

Die ganze Problematik einer primär monetär akzentuierten Stabilitätspolitik wird auch an ihren Erfolgen deutlich; man verweist heute in meinem Lande gern auf den radikalen Einbruch in der Bautätigkeit als einen deutlichen Erfolg der Geldpolitik, und es ist zweifellos richtig: die Politik der Deutschen Bundesbank hat einen Boom im Baugewerbe hart unterbrochen. Die Frage entsteht aber für uns, ob dies eine ökonomisch vertretbare Operation unter mehreren möglichen Alternativen ist. Bedenken wir, daß auch in unserem Land kein Stein auf den anderen gelegt wird ohne staatliche Genehmigung, und daß – jedenfalls im Wohnungsbau – kaum etwas in Angriff genommen wird ohne staatliche Finanzierungsbeihilfe, sei sie direkt oder indirekt über Steuerpräferenzen, so macht doch dieser Casus stutzen. Denn wie werden Vernunft und Kapital vergeudet, wenn der gleiche Staat, der an der Förderung der Bautätigkeit einen entscheidenden Anteil nahm, im nachhinein die kalkulatorischen Grundlagen des Bauens und damit das Ergebnis dieser Aktivität vernichtet, und dies alles nun noch als einen Erfolg seiner Politik feiert. Was ich damit sagen will, ist in erster Linie dies: Es ist ökonomisch und, wie ich glaube, auch politisch ein Unding, die Notenbanken allein zu lassen. Geldpolitik in dieser Form ist ultima ratio – es muß ja doch wohl auch eine ratio davor geben.

Wenn schließlich die Zentralbanken das Ziel verfehlt haben, die Gewerkschaften durch die Geldpolitik an sich zu beeindrucken und zu einer Reduzierung ihrer Lohnforderungen zu bewegen, dann sollte auch dieser Sachverhalt nur jedermann in der Einsicht bestärken, daß eine Zentralbank nicht auch noch die Ordnung des Lohnkonflikts übernehmen kann. Hier stehe für vieles die kürzlich einmal von Herrn Dr. Emminger getroffene Feststellung, daß sich die Lohnkosten eben verselbständigt haben.

Es ist damit, auch hier bei unseren Betrachtungen, an der Zeit, die Auseinandersetzung mit der Lohnfrage zu vertiefen. Es hat, wie ich meine, keinen Sinn mehr, über die Bekämpfung von Inflation nachzudenken, wenn man nicht zugleich die traditionellen Vorstellungen und Usancen im Rhythmus unserer Lohnbewegungen grundsätzlich in Frage stellt. Ist es schon von der Proportion her unbefriedigend, wenn nach allem staatlichen Zwang und unter unkalkulierbaren Opfern die Inflationsrate unter Druck gesetzt wird und dann im Ergebnis alle staatliche Autorität mit Bangen auf die Frage verwiesen ist, ob es nun 5, 10, 15 oder 20% Lohnforderungen geben wird, so zwingen uns die Realitäten unseres Kontinents einfach dazu, von der Lohnkostenseite her unsere Chancen und

Risiken im Wettbewerb mit anderen Kontinenten zu begreifen.

Lassen Sie mich auch hier noch einmal einen Vergleich zwischen Europa und den Vereinigten Staaten anstellen, deren primäres Ziel es nicht immer sein muß, nur an Europa zu denken. Wie will der Kontinent Europa, dem im Gegensatz zu nahezu allen anderen Wirtschaftsräumen ohnehin die meisten seiner Kosten höher einstehen, zurechtkommen, wenn er sich nicht entschieden mit den Kosten seiner Arbeitskraft, mit den Preisen, die er sich selbst für seine Arbeit bewilligt, auseinandersetzt und bescheidet! Die Zahlen: Von 1970 bis zum ersten Quartal dieses Jahres sind in Großbritannien die Stundenlöhne um 52%, in Frankreich um 57%, in Italien um 77% und bei uns in Deutschland um knapp 50% gestiegen. In den Vereinigten Staaten von Amerika berechnet sich für den gleichen Zeitraum die Steigerung der Stundenlöhne auf 25%. Nun kommt es für die Ertragslage der Unternehmen letztlich darauf an, in welcher Beziehung der Lohnfaktor zu den Preissteigerungen zu sehen ist. Nach Abzug der gleichzeitigen und vergleichbaren Zunahme der Lebenshaltungskosten ergibt sich ein realer Anstieg der Löhne für Großbritannien von 13%, für Frankreich von 28%, für Italien von 42% und für die Bundesrepublik von 24%. In den USA steht der gleiche Satz bei 3%. Rechnen wir nun den Lohnkostenanstieg je Produkteinheit auf Dollarbasis ab, dann ergeben sich, wiederum für die Zeit von 1970 bis zum ersten Quartal 1974, Steigerungen in Großbritannien von 30%, in Frankreich von 42%, in Italien von 55% und in der Bundesrepublik Deutschland von 64%. Die USA melden für diesen Zeitraum 11%.

Wir werden uns natürlich immer schwer darin tun, das Gewinnerfordernis der freien Wirtschaft in das Allgemeinbewußtsein zu bringen. Dabei sind die Einsichten und Reden nicht von heute: Erträge im Unternehmen sind unverzichtbar, wenn Arbeit auf Dauer angelegt sein soll. Der fehlende Gewinn vernichtet Arbeit – unmißverständlich schrieb Keynes schon vor einem halben Jahrhundert: »Arbeitslosigkeit entsteht, weil die Unternehmen ihrer Gewinne beraubt sind, und es führt kein Weg zurück in eine bessere Beschäftigung, bevor man nicht die Gewinnmargen restauriert.« Wir würden das heute etwas anders ausdrücken – es gibt eine Solidarität von Kapital und Arbeit, die wir begreifbar machen müssen, eine Solidarität, die vor allem Dingen die Politiker sehen und in ihre Entscheidungen aufnehmen müssen.

Mit der souveränen Disposition in der Lohnfrage, so wie wir sie heute handhaben, kommen wir jedenfalls nicht durch dieses Jahrhundert. Hier muß der Politiker sich politisches Wirken und auch Entscheidungen zutrauen. Anders ausgedrückt: an der Auseinandersetzung mit den traditionellen Vorstellungen einer Lohnautonomie, so wie sie weitgehend von den Gewerkschaften aufgefaßt wird, kommen wir nicht vorbei. Für jede Phase und für jede neue Lohnrunde stehen neue (oder neu präsentierte alte) Argumente zur Verfügung, sie pflanzen sich von Branche zu Branche fort – was der Chemie gerade noch möglich ist, soll auch der Maschinenbau können –, und die Vernunft einer Beteiligung am Ertrag bleibt auf der Strecke. Die Inflationsrate wird zum Minimum jeder Kalkulation, und so reicht sich die Inflation selbst von Lohnrunde zu Lohnrunde fort.

Viel kann davon abhängen, daß sich die Repräsentanten der Gewerkschaften auf der Welt mehr umsehen – ganz offenbar sind so manche von ihnen noch in der Vorstellung von einer wirtschaftlichen Vorherrschaft Europas befangen. Wenn sie die Konkurrenzdaten dieser Welt, so wie sie heute ist, besser kennen, wenn sie wissen, daß Europa fast alle Prioritäten von einst verloren hat, werden sie bei uns den eigenen Hintergrund für eine veränderte, an der Produktivität der Wirtschaft orientierte Lohnpolitik wiederfinden können. Erst dann haben wir eine Chance, aus dem Teufelskreis der Inflation auszubrechen.

*

Eine Betrachtung der *Währungsprobleme Europas,* also ein Blick auf das Verhältnis und das Verhalten der europäischen Währungen zueinander, selbstverständlich seinerseits bezogen auf den ständigen Reflex zum Dollar, könnte entmutigen. Von dem großen europäischen Block, einem ersten zaghaften Ansatz zu einer Paritäten-Union, ist nicht viel übrig geblieben. Die Schlange im Tunnel ist zu einem Wurm in der Röhre geschrumpft, und von den verbliebenen Fünf, die sich mit durchaus differenzierten Gefühlen als DM-Block begreifen können oder müssen, distanzierten sich drei bedeutende europäische Währungen, der Franc, die Lira, das Pfund, in einem isolierten Floaten.

Es mag beruhigen, daß die Neigung nachgelassen hat, mit wechselkurspolitischen Experimenten die inländische Konjunktur zu beeinflussen. Die Enttäuschungen mit den Aufwertungen waren nicht weniger groß als die Enttäuschungen mit den Abwertungen. Deutschland hat nach einer Serie von Aufwertungen so ziemlich genau das Gegenteil des gesetzten Ziels erreicht, nämlich den größten Export- und Leistungsbilanzüberschuß seiner Geschichte. Und auf der anderen Seite stehen die Länder mit den relativ stärksten Abwertungen ebenfalls am Ende ihres Lateins, nämlich vor den größten Defiziten.

Mag hier also die Enttäuschung beitragen zur Ruhe an den Devisenmärkten, die ja auch aus anderem Grund eine Atempause einlegen, so bleiben doch die Ungleichgewichte innerhalb Europas zu groß, als das man glauben könnte, die Stürme seien endgültig vorüber. Nach den neuesten Schätzungen der OECD, die vielleicht noch nicht das letzte Wort sind, wird Deutschland in diesem

Jahr mit 7–8 Mrd. Dollar Leistungsbilanzüberschuß abschneiden, gegenüber einem Defizit von fast 10 Mrd. Dollar für Großbritannien, knapp 9 Mrd. Dollar für Italien und 6 Mrd. Dollar für Frankreich. Wenn die Devisenmärkte trotz dieser Hochspannung zwischen den Währungen Europas verhältnismäßig ausgeglichen reagieren, so liegt es jedenfalls zur Zeit daran, daß aus Deutschland Geld abfließt und die anderen Länder sich in dem schon erwähnten Rahmen verschuldet haben. Ein solcher Zustand kann schwerlich andauern. Wer möchte in dieser Situation Wechselkursprognosen stellen?

Die Atempause steht uns aber gut an, wenn wir nun einmal mehr die Vor- und Nachteile gebundener oder ungebundener Wechselkurse, ihre Auswirkungen auf das internationale Währungssystem und den Welthandel überdenken – vergessen wir es auch hier nicht: ein Währungssystem und einen Welthandel, von dem Europa stärker abhängig ist als so mancher andere Wirtschaftsraum. Ich meine, Befürworter und Kritiker eines Systems frei beweglicher Wechselkurse sollten heute einsehen, daß die beachtliche Entlastung einzelner Notenbanken von Währungsfluten, die ungehemmt ins eigene Haus schlagen konnten, gegenüberzustellen ist den zum Teil bedrohlichen Gefahren, die für den Welthandel, das internationale Finanzsystem, in vielen Fällen für einzelne Unternehmen, entstanden sind und weiter bestehen. Die Unwägbarkeit des Risikos und seine Kosten sind an die Stelle einer rückschauend beachtenswerten Sicherheit der Weltwirtschaft getreten.

Ich meine, wir sollten uns als Europäer eine sehr klare Vorstellung davon verschaffen, welche besonderen, für uns nachteiligen Dispositionen über unsere bisherigen Erfahrungen hinaus dadurch entstehen können, daß die ohnehin kaum zu bändigende Liquiditätsmasse aus Mittelost tendenziell dazu neigen wird, sich mit allem Gewicht zwischen einigen wenigen Währungen hin und her zu bewegen. Zur Stunde ist der Dollar Favorit, wer wird es morgen sein? Drängt schon diese Vorstellung allein auf eine erneute nachhaltige Beschäftigung mit den Vorzügen eines enger gebundenen Systems der Wechselkurse, so sollten wir in der enger gebundenen Gemeinschaft der Europäer wissen, daß wir uns auf unserem Kontinent noch für geraume Zeit einrichten müssen auf eine weithin fehlende Balance der wirtschaftlichen und finanziellen Ergebnisse der einzelnen Staaten, und daß das fehlende Gleichgewicht unter uns auch weiterhin die Vielzahl unserer Währungen durcheinanderbringen wird.

Vergessen wir schließlich nicht, daß eine weiter national geführte Geld- und Kapitalverkehrspolitik mit ihren ständigen Eingriffen in das eigene Währungsgefüge zwangsläufig immer zugleich Eingriffe in andere Währungen einschließt. Wir müssen wissen, daß unser derzeitiges währungspolitisches *laissez-faire* in Europa im Grunde darauf hinausläuft, daß wir einen Mechanismus arbeiten lassen, der Europa als Ganzes ständig schwächer macht.

Ich nehme nun nicht etwa an, daß sich hier in dieser Versammlung von Realisten einer findet, der unter den gegenwärtigen Umständen der gewaltigen Ungleichgewichte in den Zahlungsbilanzen für eine unmittelbare Rückkehr zu festen Wechselkursen in Europa eintreten würde. Wir haben wahrscheinlich noch eine längere Periode von Störungen im Währungsgefüge vor uns. Ganz gewiß sehen die Voraussetzungen für die Rückkehr zu festen oder wesentlich enger aneinander gebundenen Kursen eines Tages besser aus, wenn sich die Ölpreise, die Rohstoffpreise konsolidieren und sich ein Erfolg abzeichnet für die parallel verlaufenden Versuche, Konjunktur, Kosten und Preise in Europa einander anzugleichen. Wesentlich für heute, so möchte ich meinen, ist, daß wir uns auch in dieser Beziehung im klaren sind, welche Vorteile Europa als Ganzes in der Währungsfrage für uns anbietet. Auch die Entwicklung unserer Wechselkursprobleme muß es als ein Gebot der Vernunft in unser Bewußtsein bringen, daß Europa Lösungen bereithält, die den Staaten im einzelnen versagt sind. Die Vorzüge der Einheit überzeugen, und deshalb bin ich auch nicht der Auffassung, daß wir die Vorstellung von einer einheitlichen europäischen Währung als Illusion abschreiben dürfen.

*

Europa wird so oder so noch länger an den Sünden der Vergangenheit zu tragen haben, und wir sollten es positiv bewerten können, wenn wir gemeinsam die Folgen unterlassener oder auch verspäteter Entscheidungen wahrnehmen und gemeinsam die Grenzen unserer regionalen, unserer nationalen Politik erfahren – dies übrigens zu einem Zeitpunkt, zu dem wir auch am Ende einer Politik uneingeschränkt nach außen geöffneter Grenzen stehen. Wir können uns heute gegenseitig davon überzeugen, daß mehr Europa weniger Verschuldung und zugleich bessere Kontrolle unserer konjunkturellen Ausschläge und auch der Ursachen und Auswirkungen von Inflation sein kann, und daß schließlich mehr Europa mit Sicherheit unsere derzeitigen Währungsprobleme wesentlich entlastet. So wird es zu einem Gebot der Stunde, an die Stelle der Resignation die Rechenaufgabe Europa zu setzen und darauf zu drängen, daß Europa sich nicht nur als Ganzes empfindet, sondern als Ganzes organisiert. Europa ist keine Sache, die wir den Optimisten allein überlassen können, es ist eine Aufgabe für Realisten.

Die Repräsentanten der europäischen Wirtschaft haben für die Integration Europas in den vergangenen Jahrzehnten ermutigende Signale setzen können – sie kennen aber die Grenzen ihrer Handlungs- und Entscheidungsfreiheit. Um so mehr wird es für sie zur Pflicht, die politisch Verantwortlichen in ihrer Entscheidung auf Europa hin zu unterstützen. Die Zeichen stehen nicht ungünstig. Es sieht so aus, als könne sich der Mut der Politiker in unseren Ländern in der heutigen Phase besonders auszahlen. Das Ergebnis der soeben beendeten Aussprache zwischen dem italienischen Ministerpräsidenten und dem deutschen Bundeskanzler ist ein gutes Zeichen für Europa. Und wenn der französische Staatspräsident vor wenigen Tagen gesagt hat, Europa dürfe das Rendezvous mit der Geschichte nicht verpassen, so hat er mit Sicherheit für uns alle gesprochen.

Diejenigen, die den Weg nach Europa gesucht haben – und ich meine, daß Alpbach sich hier besondere Verdienste zurechnen darf –, haben sich über die Schwierigkeiten der Reise keine Illusionen gemacht. Entscheidend bleibt, daß jede Generation die Realitäten dieses Kontinents neu entdeckt und bejaht. Der deutsche Philosoph Friedrich Nietzsche hat uns aus der zweiten Hälfte des vergangenen Jahrhunderts einen Ausblick auf den künftigen Europäer hinterlassen, in dem es heißt, er werde das intelligenteste Sklaventier sein, sehr arbeitsam, bis zum Exzeß neugierig, vielfach verzärtelt und willensschwach, und er werde in einem kosmopolitischen Affekt- und Intelligenzchaos leben. Ob nun Friedrich Nietzsche ein herausragender Philosoph des 19. Jahrhunderts bleiben oder in die Geschichte eingehen wird als ein Prophet für die Entwicklung Europas gegen Ende des 20. Jahrhunderts, das wird mit Sicherheit auch von uns abhängen.

Some Aspects of the European Economic and Monetary Situation

Since you know that I will reflect on some European tasks tonight you are certainly well prepared that no gay entertainment is ahead of you. Anyhow, I will try to mix bad news and not so bad news. And as it is always preferable to start with the worst, let us at first inspect some adverse items, and then try to find out if there are any issues which might turn out to be better than they actually look like.

It is certainly a very sad story to start with: World-wide we live in a mood of uncertainty and depression. You may look where you want, everybody has an uneasy feeling about the years to come. Far too much people do not know what to do today, and you may note in different parts of the world that even peace under the present circumstances may be regarded as uncomfortable.

We do not even know world-wide what our main concern is: inflation or deflation, inflation or recession. Anyhow, we are certainly confronted with bewildering contrasts. Wages and prices have risen more rapidly than ever before in the last decades, and on the other hand contrary to all experience and expectations the current money value of practically every type of property ranging from even real estate over shares to commodities is suffering enormous declines. This drastic turn of the

---

Vortrag vor dem *Annual Meeting of the Danish National Committee of the International Chamber of Commerce* in Kopenhagen am 29. November 1974

economic and monetary climate all over the world is governed by certainly more than just one influence.

First of all, we are suffering on various levels from the consequences of world-wide inflation, and it is up to our differences in philosophy and our regional involvement whether the desaster is just the result of what governments did not do, or of what they actually did.

We are realizing that dimension and speed of inflation have multiplied the risk of error and mistake in fighting inflation, and we certainly are confronted at least with two contractive influences: On the one side persisting credit restraints produce finally their effects on our economies, whilst on the other side inflation itself absorbs more money and credit.

On top of these contractive influences we face in consequence of the fourfold increase of oil prices a dangerous interference on world energy supply. Initial forecasts made just one year ago concerning the size of the problem look like being confirmed. We are facing today a surplus of the OPEC countries of about 60 billion dollars for this year, a sum representing two thirds of the book value of the total existing United States direct investment abroad. You could buy with this amount of money all equity shares of the whole German industry, of all banks and insurance companies as they are listed on our stock exchanges.

Trying to assess the European economic situation in the world-wide context I have to state in the first place the obvious: What is bad to world economy, what is bad to world trade and free access to free markets, that is even worse to the European economy, that is even worse to trade of the European countries inside and outside the Community, and it is definitely worse to the balance between the free European countries.

Our continent reluctantly is going to realize now that Europe depends much more than any other continent on the outcome of this crisis, that we are running the risk that the basic conditions of our European life are undergoing a definite change. This transformation may result in a farewell to standards, preferences and pretentions of our history. If we disregard the continental resources of some coal in its different varieties, and if we may overlook for the time being the chance to drill in the midst of the uncomfortable waves of the North Sea this particular form of liquidity that our Arabian friends are trying to monopolize, we know that we are literally blank of the resources and raw materials our industrial and still industrious continent needs for its daily operations and consumption. Once others depended on us, today we depend on others.

Even if we agree that we have to adjust by any standards of justice some disproportions between the producing side and the consuming side, we are confronted with a claim which is going much further: We know the model – but do we accept it? Is Europe in particular really prepared to realize the claim and consequences of a massive transfer of purchasing power to a market shift in the pattern of European income, of European savings, and of our payments to a very few countries south-east of us? Do we even realize the background of the wide divergencies in the degree with which countries are affected? Whilst, for example, the oil import bill of the European Community has risen within one year by 32 billion dollars to 48 billion dollars, the additional costs to the U. S. amounts to not much more than 10 billion dollars.

These facts and figures may indicate that on both sides of the Atlantic the interests concerned are not necessarily the same. We Europeans share basic principles with our American friends and partners, but it is high time to accept the fact that this our partner is certainly our constant and powerful competitor, too. Even more: It is beyond any doubt that all other continents do at least follow the lines of some inspiration, of some mood that development is ahead, that future is promising. Contrary to this, our continent apparently is inclined to contemplate, to wait and to talk. We are the continent in waiting; what are we waiting for?

Reflecting on the economic situation, our time apparently offers more questions than answers, and if there should be a specific European answer it will certainly not be given by one voice. But we have to concentrate at least on the questions that should govern our way of thinking if we feel that thinking is still an appropriate way to prepare action. I hope we agree that vis-à-vis the pressure of international competition and our particular dependence we should look on those figures which we still might steer, that we concentrate on facts and developments where we might have the chance to control ourselves. In this context certainly the costs of our labour and of our money and capital come up as crucial problems which we have to solve by our own ability to act in compliance with the standards of European tradition, that means to enjoy our time, but not to forget about the future.

Let us look to some key figures of the European future: From 1970 to the middle of this year hourly wages have risen, for instance, by 55% in the U. K., 61% in France, 74% in Denmark, 85% in Italy, and 52% in Germany. In the same period wages increased by just 29% in the U. S. If we calculate these wage increases on a dollar basis, then unit labour costs for the same period in the European countries concerned represent a raise between 30 and 65%. This we have to compare with the U. S. figure of just 11%, and if we agree that this our wage explosion has certainly its push on inflation, we have to accept the adequate reaction on inflation rates in Europe between 7 and 40% (Iceland), while the U. S. still keep a standard of 12%.

We shall certainly miss our point if we do not invest some courage in the question how wage increases and productivity could be tied together once again. We have to accept the uncomfortable consequences of changing the traditional automatics of wage and price increases beyond any reasonable link to the economic possibilities. There seems to be a general consensus that all employees should have a fair share on the positive results of our industrial machinery, but it is certainly far beyond any political reason to bring in particular our European economy in additional trouble just by following the given habit of a wage increase at least once a year.

Let us continue our resumé en tristesse; our indebtedness, our troubles in capital and money. We all know – if I may refer once more to our big Atlantic partner – that the debt burden of the European industry is considerably higher than the average of that of the United States, a direct consequence of lower profit margins, of an insufficient self-financing, and of our higher dependence on outside financing; all that means in general higher interest costs. In respect of public debt relative to that monstrum which we call gross national product, Europe was not in a bad shape thus far. In the recent past, however, we are confronted with a rise of public debt in almost all European countries. In my country for instance which is permanently misunderstood as "Dydsmønster" – den bedste i klassen –, the deficit and the budgets of our many complicated governments is predicted in increase to roundabout DM 60 billion next year.

I am confident to get your credit when I abstain from further details of the European negative figures, as balances-of-payments, as to our calculations of the European burden to finance energy and raw materials of any kind and quality. I restrict myself to the blunt truth: It is beyond our imagination for the time being, it is beyond any serious financial planning to formulate the remedies how to cure the patient.

Since there is no speech on our continent today without some thought on recycling, we should note anyhow that the Eurodollar-market is by no means an appropriate vehicle to cover everybody's concern. This market which has generously gotten its name from our continent although nor the funds neither the clients are primarily of European origin, may be estimated today at a 180 billion dollars volume of which roundabout 25 billion dollars are for the time being credited by the oil producing countries. It is certainly not designed or prepared for those among us who apparently need the money most urgently. Even if we hopefully anticipate that this particular market with particular risks will not run into some trouble just by its structure, that means that it will not run out of resources, we are facing today that certainly not all our European headaches will be cured by this market if prudent banking will govern the financial dispositions of the future, too.

*

If we are facing our monetary problems, the question of supply of capital and money in appropriate terms is just one side of the coin. On the other side we have to look at the unpleasant picture of the results of our monetary policy: the instability in the family of international currencies, this being the result of some enthusiastic philosophers and economists on a floating machinery, and our particular problems of our money at home which once more by political considerations is in general a very expensive resource to everybody who wants to have money which I feel is a very acceptable fact.

I certainly know that everybody feels happy that monetary policy is regarded a major weapon in the battle against inflation. Central bankers like it as their profession, and politicians like it even more because it may serve as an elegant escape from unpopular and unpleasant decisions in fiscal and income policies. Since we have gained some experience meanwhile we should not hesitate to present ourselves as advanced pupils: Everybody should know today that an economy is going to be overstressed and is undergoing uncalculable risks and losses in substance if the costs of money are going to stop the engine. If the costs of money are being maintained for a longer period say between 12 and 18%, the trouble may be one day equal to the proven risk of an inflation rate between 12 and 20%. And we should keep in mind that up to now no country has kept its standards of democracy for longer than just a couple of years when a rate of inflation of about 20% persisted for some time.

Now I really do feel that we should stop for a while in painting the European picture just in dark colours. Since the Europeans anyhow by experience and by temperament are inclined to expect always desaster whilst on the other side of the ocean our friends always live in the expectation of success, we should train ourselves to some confidence in between. Lord Keynes had said that to succeed men must possess immense sympathy with imperfection, and inexhaustable patience with stupidity. I think our training in this particular form of sympathy and patience is impressive meanwhile, and I hope you will follow my turn to a more optimistic outlook now, even if some of you might disagree with my general opinion that the European Community is without any alternative to all of us.

Let us collect some better facts: We should be aware that never before in European history there had been such a high number of people educated and trained for more sophisticated labour, last not least for industrial work. And never before in history such a choice of possibilities for personal activities have been offered in Europe. At no time ever the mobility of labour has been ensured and utilized as at present, and no-one of the living generation will be able to recall that the Europeans have cooperated constructively with an understanding for each other such as today, disregarding all barriers of historic experience. We should keep this positive side in mind even if unemployment in Europe should rise higher now than at any other time after the war.

Second point: On this basis and in spite of all difficulties the European Economic Community has had more than a proportionate share in the prosperity of the passed decade. Europe's industrial production, for instance, has developed more intensely since 1960 than that of the U.S.

Third point: Comparing foreign trade figures, the European countries also come off above average. Computed on a dollar basis, the exports of the original group of Six have become almost sixfold during the period from 1960 to 1973, whereas the U. S. exports have risen only $3^1/_2$ times since 1960. And it is particularly remarkable that not only the exchange of goods between the countries of the EEC, which we would like to consider already as domestic trade, has increased strongly, but also the trade with third countries all over the world.

Since European performance has proven satisfactory at least as to these figures, we should feel encouraged by some specific changes, some turns in our minds, as far as I observed this in many of our European countries. I do not hesitate to state that we have in general a more realistic approach to the economic and may be even to the political problems of our time. I would say we have a better inside knowledge of our own weakness than just one year before, and I even would say that the joint experience of so many errors and omissions and so much hesitation which we have in common by so many reasons, is going to result not only in a better understanding, but will create a much better basis for common action.

Some examples:

First example: Inflation apparently is being detected now as the illness of the West and of free markets. And I hope that this illness is definitely going to be defined as nothing but the fair result of an unfair play; a play against the rules of balance between the different partners of just one market. Inflation is the reflex of misuse of power. We know the addresses in our countries, and I would say even world-wide. The philosophy, for instance, of more pay for less work is at the end of its tether for our continent. The claim that fighting against inflation is a political question, and necessity is beyond any discussion today.

Second example: We feel a renaissance in thinking as to the essentials of our commercial life, last not least as to minimum standards of profit requirements. I am personally impressed by some statements of prominent German union leaders claiming for more profits, for more investments in order to ensure employment and labour for tomorrow. Thus the minimum standards at least of the free competitive markets we have to live with are being accepted, and once more this might prove to be more important for Europe than for any other continent.

Third example: Although the monetary communication between the European partners is today not too far from calamity, I would dare say that at least the major European partners in trade, commerce and industry agreee today that most of our troubles in the monetary field could be handled easier, cheaper and certainly with a much better international representation and efficiency, if we would act as one entity as which by the way we are normally regarded world-wide today. Our main reserves certainly are a better organisation of this Community on which we have agreed. We do not need much investment in our phantasy to realize that at least the troubles which some of our European friends are experiencing today could be handled and settled much easier if and in so far we would agree to more common action with reference to just one cash reserve and just one consolidated balance-sheet.

And finally, there are plenty of reasons to reject the rumours that a crisis of world economy is imminent and unescapable. Any reference to the early 30ies is not backed by a realistic assessment of the facts of today. On the contrary: the markets on which we Europeans can be active have multiplied in the meantime. Our techniques and our know-how are not only expected; they are accepted, in many regions, with preference.
Apparently the main obstacle of European future is the great European past, a past which is being identified with so many characters of so many nations. If we inspect in an open mind the history of our continent we will rarely find a great personality who was not by the range of this thoughts a European. Should'nt we take into our consideration, besides other men of dignity, Jean Jaques Rousseau's "Contrât Social", a philosophy which in its essence means nothing else but that we are better off with the formulas of reasonable cooperation than just with the attempt of safegarding our present conditions. We should not convince just ourselves, we should even try to organise a system in this particular spirit which might balance the claims of the new economic powers of the world with our own ones. This world is longing for stability of prices, of production and money.

I am definitely convinced that we do not have the chance of the past any more, a past in which the consequences of our failures were manageable. To be or not to be a European – that is no more a question. I hope Shakespeare will forgive me for that remark.

Erlauben Sie mir bitte, Ihnen zum Abschluß noch einige Worte in meiner Muttersprache zu sagen.

Der Reichtum Europas besteht in seiner Vielfalt,

seinen Unterschieden – auch die vielen Sprachen, die wir sprechen, sind unser gemeinsamer Reichtum. Wichtig ist für uns, daß wir uns in dieser Vielfalt nicht nur verständigen können, sondern daß wir uns verstehen – daß wir Verständnis füreinander haben.

Ich war gestern abend in den herrlichen Räumen der alten Hofburg in Wien, einem Mittelpunkt unserer europäischen Geschichte, und wir sprachen auch dort mit dem Bundeskanzler Kreisky über Europa. Herr Kreisky, ein herausragender und erfolgreicher Repräsentant der Sozialdemokratischen Partei seines Landes, sprach nicht ohne Zärtlichkeit von der Kaiserin Maria Theresia. Das, was er von ihr sagte, möchte ich heute abend als Gruß von ihm mit nach Kopenhagen bringen, und wir sollten die Bemerkungen dieser großen Kaiserin als die Worte einer großen Frau verstehen. Sie hat einmal gesagt, daß die Kraft des Verständnisses füreinander mehr sei, größer sei als die Kraft des Verstandes, und ich meine, in dieser Tugend sollten wir uns üben – wir werden den Verstand dabei sicher nicht verlieren. Und ich meine weiter, wir sollten trotz aller Sorgen, die uns belasten, die Fähigkeit behalten, es als ein Glück zu empfinden, daß auch unsere Länder Dänemark und Deutschland von Verständnis füreinander getragen werden und sich wieder als gute Nachbarn gefunden haben, und daß Europa entstehen kann auch aus unserer guten Nachbarschaft.

Monetäre Grenzen für die technische Entwicklung

Ich erscheine hier mit dem Handikap Bertolt Brechts, reden zu dürfen, ohne geforscht zu haben – jedenfalls nicht in den Horizonten des deutschen Ingenieurwesens, mit dem mich andererseits das Handikap verbindet, daß auch mein Berufsstand sich in der parlamentarischen Szene in Bonn stark unterrepräsentiert sieht. Auf der anderen Seite gereicht es mir zum Vorteil, das Wort vor der angekündigten Festrede zu erhalten, denn damit bleibt für meinen Beitrag die Vorstellung ausgeschlossen, ich würde etwa zur festlichen Stimmung des Hauses beitragen. Mein Part wird vielmehr der zeitgemäßen Ernüchterung, dem verstärkten Bewußtsein für die Grenzen dienen, innerhalb deren wir wirken können. Einen festlichen Klang vermittelt allenfalls das Wort »monetär«; gemeint ist damit sicher die Frage, ob wir für die vom Prinzip her unbegrenzten technischen Entwicklungsmöglichkeiten einen ausreichenden Finanzierungsspielraum besitzen und auch künftig zur Verfügung haben werden. Oder, schlichter ausgedrückt: Haben wir Geld und Kapital genug, um den Fortschritt zu bezahlen – soweit wir technische Entwicklung und Fortschritt einmal als identische Vorstellung akzeptieren wollen.

Da Sie sich nun als Interpreten monetärer Grenzbereiche statt des hier eher prädestinierten Fachmannes aus dem Hause der Deutschen Bundesbank, der zentralen

Vortrag vor dem *Deutschen Ingenieur-Tag* in Augsburg am 10. Juni 1975

Gewalt also über alles, was sich an Geld und Kapital bewegen darf, den mehr kommerziellen Typus des Geld-Mannes hierher bestellt haben, ist damit zumindest die Möglichkeit provoziert, daß dieser aus seiner gelegentlich intimen Kenntnis des Konflikts zwischen Technik und Kapital einiges zum Besten gibt. Davon werde ich aber absehen, um wieder einmal die Gelegenheit zu nutzen, für unser Beicht- und Bankgeheimnis zu werben.

Aber soviel ist uns allen gegenwärtig: Geld und technische Entwicklung sind voneinander nicht zu trennen, sind voneinander abhängig. Leider haben sich die Proportionen in der Effizienz von Kapitalaufkommen und Kapitaleinsatz einerseits und dem technischen Ergebnis andererseits verschoben, und zwar zuungunsten des technischen Resultats. Und hierdurch sind die den etwas gegensätzlich gestimmten Geschwistern Kapital und Technik eingeborenen, instinkthaften Ansätze zum gegenseitigen Mißtrauen eher verschärft worden. Mit Ihrem Einverständnis einmal sehr allgemein gesprochen, sagt man dem Techniker gelegentlich nach, daß er im Kapital eine ihm nur allzu oft und stets zu unrecht vorenthaltene Kategorie minderen Ranges erblicke, während derjenige, der über das Kapital verfügt, sich gern in der Überspitzung gefällt, Technik sei eine besondere Form der Verschwendung von Kapital.

An die Realitäten zurückgeführt erinnern diese Gefühle aber daran, daß – gemessen an unseren heutigen Dimensionen – der Kapitaleinsatz für produktive Investitionen, für technische Entwicklung, in früheren Zeiten vergleichsweise gering war. Die Erfindung – oder besser: die Entdeckung – des Rades bedurfte kaum des Kapitaleinsatzes. Die Dampfmaschine konnte mit bescheidenen Finanzierungsmitteln entwickelt werden. Und wer ist nicht berührt von dem schlichten Arbeitstisch, an dem Otto Hahn seine bahnbrechenden Versuche eingeleitet hat; die Technik von heute allerdings, die sich nun aus diesen Einsichten ableitet, sie kann dem Zwang zur Allianz mit Geld und Kapital nicht mehr entrinnen.

Lassen Sie mich zunächst einige Vorstellungen über die beteiligten Größenordnungen vorlegen:
Für den Investitionsbedarf der deutschen Unternehmen zeichnet sich für den Zeitraum von heute bis 1985 eine Größenordnung in der Nähe von 4 Billionen DM ab. Über die Eigenfinanzierung (Abschreibungen und investierte Erträge) werden nach unseren Vorstellungen kaum mehr als 60% aufgebracht werden können. Es verbleibt somit eine »Deckungslücke« von schätzungsweise 1,5 Billionen DM. Der gesamte Fremdfinanzierungsbedarf dürfte sich bei Hinzurechnung der gleichfalls expandierenden Umsatzfinanzierung auf rd. 2 Billionen DM stellen, beansprucht in sehr unterschiedlichen Portionen und von Unternehmen jeder Größenordnung.

Sie entnehmen dieser Hochrechnung in nicht ganz faßbare Dimensionen mit Sicherheit eines: Verfügbares Kapital war knapp, ist knapp und wird – jedenfalls in Relation zu den sich abzeichnenden Erfordernissen – knapp bleiben, und wir tun sicher gut daran, uns auch in Zukunft auf eine im Prinzip verknappte Kasse einzustellen. Wie stark nun wieder eine reduzierte Geldversorgung auf Investitionen und damit indirekt auch auf technische Innovationen einwirkt, mögen wir der Tatsache entnehmen, daß wir zwar auch im Jahre 1975 in der Bundesrepublik für Anlageinvestitionen ungefähr 230 Mrd. DM aufwenden werden, also einen Betrag, der weit höher liegt als die allgemeine Vorstellung erwartet, und der auch im Zusammenhang mit den gleichzeitig laufenden deutschen Investitionen im Ausland die Formel etwa vom »Investitionsstillstand« oder gar »Investitionsstreik« nicht trägt. Aber: Hinter diesem Volumen steht in realen Größen, preisbereinigt gerechnet, ein im Vergleich zu den Vorjahren rückläufiger Investitionshaushalt der Industrie. Unsere produktiven Investitionen sind in den 70er Jahren laufend abgefallen, und falls die Prognosen einigermaßen zutreffen, wird das Investitionsvolumen der Industrie bei uns 1975 um etwa ein Viertel unter dem von 1970 liegen. Dieser Abwärtstrend reicht über die konjunkturzyklischen Schwankungen hinweg und ist demnach auch nicht mehr erklärbar aus kreditpolitischen Gegenwinden. Wir haben allen Grund, darüber nachzudenken, wie die Tendenz unserer Investitionen wieder nach oben gerichtet werden kann, zumal dieser Trend abweicht auch von dem, was wir von anderen vergleichbaren Ländern wissen – wenngleich sich dort das gesamtwirtschaftliche Erscheinungsbild zur Zeit keineswegs eindrucksvoller darbietet als bei uns.

Ich stelle dies hier nur deshalb heraus, weil ich verdeutlichen möchte, daß wir allem Anschein nach einen Investitionsrückstand und damit wahrscheinlich auch einen technischen Nachholbedarf haben, den sich ein Land in unserer Position – darüber bedarf es in diesem Kreis keiner Worte – auf mittlere Sicht nicht leisten kann.
Verengen wir das Spektrum auf die Aufwendungen, die sich mehr auf die technische Innovation und damit auf die technische Entwicklung konzentrieren, so fallen die Zahlen zurück, ohne daß damit etwa eine qualitative Aussage fällig werden kann. Hier stellt sich für das Jahr 1975 ein Volumen vor, das 22 bis 24 Mrd. DM ausmacht, wobei wir positiv zumindest zwei Dinge anmerken sollten: Die staatlichen Ausgaben zur Förderung von Wissenschaft, Forschung und Entwicklung sind in den letzten Jahren überproportional angestiegen. Sie haben sich von 1969 bis 1974 per annum mehr als verdoppelt. Und zum zweiten: Der über die Jahre zu unserem Nachteil gezogene Vergleich des relativen Aufwands für Forschung und Entwicklung etwa mit den Vereinigten Staaten von Amerika hat sich deutlich zu unseren Gunsten korrigiert. Die jetzt vorliegenden Ziffern weisen jedenfalls aus, daß wir in vielen technischen Bereichen gleichgezogen haben,

auch wenn wir die veränderten Währungsrelationen berücksichtigen.

Diese positive Anmerkung müssen wir allerdings mit der Feststellung begleiten, daß unsere Gesamtaufwendungen etwa je zur Hälfte von Staat und privater Wirtschaft getragen und finanziert werden. Wenn wir diese Aufwands- und Arbeitsteilung in der Beschaffung der nötigen Finanzmittel einmal als eine günstige und vernünftige Relation akzeptieren wollen, dann müssen wir auch die Abhängigkeit der beiden Finanzierungsträger von ein und demselben Fundament einmal mehr unterstreichen, nämlich die Abhängigkeit von der Leistungsfähigkeit der Volkswirtschaft, und das heißt letzten Endes von der Ertragskraft der Unternehmen. Die Ertragsstabilität allein kann langfristig unsere technischen Investitionen – und das heißt unsere technische und wirtschaftliche Zukunft – absichern. Und hier sehen, wie Sie wissen, die Tatsachen gegenwärtig nicht sehr gut aus – die Zuwachsrate der von der Wirtschaft bereitgestellten Investitionsmittel für Forschung und Entwicklung geht seit Jahren zurück.

Wir halten uns ganz sicher in einem gefährlichen monetären Grenzbereich für unsere technischen Chancen auf, wenn der für unsere Unternehmen verfügbare Raum für die eigene Innenfinanzierung weiter zusammenschmilzt. Die für die Selbstfinanzierungskraft und damit auch für die eigene technische Entwicklung unserer Unternehmen entscheidende Größe, der sogenannte nicht entnommene Gewinn, ist in den wenigen Jahren von 1970 bis heute auf ein Fünftel zusammengeschmolzen. Anders ausgedrückt: Wer – wie Sie – an der technischen Weiterentwicklung in unserem Land ein vitales eigenes Interesse hat und hierzu entscheidend beiträgt, sollte sich sehr klar der Kraft und Bedeutung der Kapitalbildung im eigenen Hause bewußt sein.

Wir haben Anlaß, auch hier noch einmal zu begrüßen,

daß sich der Herr Bundeskanzler mit Entschiedenheit klar und objektiv für die Absicherung unseres wirtschaftlichen Geschehens aus dem Ertrag der Unternehmen heraus eingesetzt hat. Ich glaube, daß hierdurch zumindest ebenso viel erreicht werden kann wie durch die Investitionszulage oder irgendwelche anderen fiskalischen Maßnahmen.

Es spricht erfreulich viel dafür, daß die Erkenntnis allgemein an Raum gewinnt, daß wir es bei der Bildung von unternehmerischem Eigenkapital, technischer Innovation, Verbesserung der Produktivität, Absicherung des Lebensstandards und damit auch Sicherstellung unseres Steueraufkommens, mit kommunizierenden Größen zu tun haben. Das Deutsche Industrie-Institut hat kürzlich in einer Studie dargelegt, daß bei einer weiterhin auch nur stagnierenden Investitionstätigkeit das Produktionspotential, das gegenwärtig bei uns im Jahr um etwa drei Prozent zunimmt, in der Zunahme bis 1980 auf weniger als 1,5 Prozent absinken kann. Nur wenn das Investitionsvolumen um jährlich etwa fünf bis sechs Prozent angehoben werden könnte, ließe sich der Zuwachs dieses Produktionspotentials bei etwa drei Prozent jährlich stabilisieren.

Nun haben wir es in der Wirtschaft nicht mit idealen Abläufen, sondern mit vielfältig gestörten Prozessen zu tun. Sparen wir uns die Gründe. Lassen Sie mich zu drei Komplexen aus unserem Themenkatalog Kapital und Technik einige Anmerkungen machen:

- Einmal zu der Frage, wie weit sich private und staatliche Stellen in der Forschung und Entwicklung auch verschulden können, verschulden müssen und verschulden sollen.
- Sodann möchte ich zu einer gewissen Konfrontation von Stabilitätspolitik und Investitionsaktivität Stellung beziehen.
- Und schließlich sollten einige Worte zu der Frage

gesagt werden, wie es mit der Finanzierung der sogenannten kleinen Erfindungen und des kleinen Erfinders steht.

Zur ersten Frage: Es kann keinem Zweifel unterliegen, daß der Unternehmer unter dem Zwang zu Rentabilität und Existenzsicherung seinen Forschungs- und Entwicklungsaufwand vom Prinzip her nicht auf Dauer und nicht allein fremdfinanzieren kann. Zumindest setzen die Kosten dieser Finanzierungsform hier eindeutig enge Grenzen.

Beim Staat, der sich weit eher auskennt auf allen Gebieten der nicht unmittelbar rentabilitätsbezogenen Aufwendungen und Investitionen, und dem daher in unserem Interessengebiet auch mit guten Gründen die Grundlagenforschung zufällt, liegen die Dinge anders. Sein Engagement kann und muß auch unter den jeweiligen konjunkturellen Bedingungen differenzierter gesehen werden, wenngleich wir uns gerade in diesem Zusammenhang daran erinnern sollten, daß nicht die kurzfristige Reaktion nach jeweiligem Augenmaß, sondern allein die langfristige Perspektive technische Entwicklungen tragen kann.

Erfreulicherweise – und dies scheint mir eine besondere Chance unserer gegenwärtigen Situation zu sein – lassen sich gelegentlich die langfristigen Linien und das kurzfristig Nützliche zur Deckung bringen. Eine forcierte Bereitstellung von Mitteln zum Ausbau unserer heimischen Energieversorgung heute auch als konjunkturpolitischen Hebel anzusetzen – dies liegt auf der Hand. Und wer will bezweifeln, daß hier für Ingenieure und Techniker in aller Breite neue Chancen bestehen, ihre Kreativität zu beweisen. Der Mangel an bestimmten Energien oder Rohstoffen braucht nicht für Generationen unser Schicksal zu sein.

Wo aber liegen die Grenzen für den Staat? Nun, bei einem Land mit den Lebens- und Überlebensbedingungen der Bundesrepublik Deutschland wird man den jeweils durch das Steueraufkommen gedeckten Etat nicht zum alleinigen Maßstab erheben dürfen. Hier müssen wir mit vielen guten Gründen die Formel akzeptieren, daß der Aufwand für unsere Zukunftssicherung auch von der kommenden Generation mit getragen werden sollte. Hier haben wir eine offene monetäre Grenze, die mit großem Verantwortungsbewußtsein für diejenigen, die nach uns leben sollen, überschritten werden kann. Die Verschuldung eines Gemeinwesens kann zur Pflicht werden, und der Blick in die Geschichte weist aus, daß sich jeder Staatsmann in guter Gesellschaft befindet, der in die technischen Chancen seiner Zeit und damit in die Unabhängigkeit seines Landes langfristig investiert hat. Wer die Gipfel der Zukunft erklimmen will, der muß manchmal über Schuldenberge aufsteigen. In diesem Sinne: »Glück auf!«

Auf die Arbeitsteilung von privater und staatlicher Investition allerdings sollten wir hier dezidiert Wert legen. Eine sich etwa aus dem unverzichtbaren staatlichen Forschungs- und Entwicklungsaufwand ableitende erweiterte Investitionskontrolle schmeckt nicht gut und hat, wie wir zu unserer Erleichterung erfahren haben, auch nicht die Zustimmung des Bundeskanzlers. Vielleicht mag es für den Ingenieur etwas durchaus Verführerisches, Faszinierendes haben, seine Arbeit in einer langfristigen staatlichen Investitionslenkung abgestützt zu sehen. Er mag sich bei der Entwicklung seiner Projekte geborgen fühlen, wenn ihm der Staat den Investitionsrahmen anbietet. Er möge aber überdenken, wohin wir langfristig mit unseren Entscheidungen geraten, wenn wir Ökonomie und Technik im Grundsatz voneinander lösen wollten. Es gibt in der Breite keine bessere Lenkung des Kapitals als die solide, unternehmerisch kalkulierte Ertragsaussicht. Diese Kalkulation allein kann – im großen Maßstab – an Kapitalverschwendung und Fehlinvestitionen vorbeiführen und die Chance der sozialen Vernunft gewährleisten.

Wenn wir uns Gedanken über die Effektivität und Produktivität von Kapitalverwendung in ihrer technischen Beziehung machen, dann sollte auch einmal der andere Teil Deutschlands in die Betrachtung mit einbezogen werden – eine Perspektive, die leider viel zu häufig vernachlässigt wird. Hier können wir ja eindeutig von vergleichbaren Voraussetzungen im Intelligenzgrad und in dem den Deutschen eingeborenen Forschungs- und Gestaltungsdrang ausgehen, ebenso vom gleichen technischen Ehrgeiz. Aus den Zahlen, die uns vorliegen, geht hervor, daß die DDR zwar insgesamt mit dem wirtschaftlichen Wachstum in der Bundesrepublik Schritt halten kann, daß aber der Wirkungsgrad von Investitionen aller Art, nicht zuletzt im Energiebereich, ungleich niedriger ist als bei uns. Im Anlagenbau wird in der DDR doppelt soviel Kapital eingesetzt wie in der Bundesrepublik, und wir können, wie ich glaube, den Einkommensrückstand der Bevölkerung drüben letztlich unschwer mit einer ausgesprochenen Kapitalverschwendung erklären, einer Verschwendung, die sich vor allem aus der zentralen Steuerung der Wirtschaftsunternehmen zwingend ableitet, zumal der Mangel an Effizienz in den Investitionen auch noch von einem überhöhten Materialverbrauch begleitet wird. Aber ich darf vielleicht der Fairneß wegen hinzufügen, daß – wiederum entgegen einer landläufigen Auffassung – der Kapitalverschwendung in der Industrie eine auffallende Sparsamkeit im Staatsverbrauch bei unseren deutschen Nachbarn im Osten gegenübersteht; auf den Kopf des Einwohners gerechnet, wird das Staatsschiff drüben zum halben Kostensatz gefahren. Trotzdem und ohne Arroganz sei festgehalten: Unsere Verfahrensordnung, unsere Technik im Umgang mit der knappen Ware Kapital, scheint eher zu stimmen. Der soziale Reflex, das soziale Ergebnis der Zusammenführung von

Technik und Kapital – sie sprechen eindeutig zu unseren Gunsten.

Doch nun zu unserer zweiten Frage: dem Konflikt von Stabilitätspolitik und Finanzierung von technischem Fortschritt. Unter den zahllosen Inflationstheorien, die unsere Zeit hervorgebracht hat, gibt es auch eine, die den technologischen Fortschritt mit seinem immensen Kapitalbedarf als die wesentliche Inflationsursache sehen will. Sie geht im Kern dahin, daß der technologische Trend zur Ballung von Großinvestitionen führe und dadurch die natürlichen Ressourcen permanent überfordert würden. Die Diskrepanz müsse zwangsläufig zur Verschlechterung der Relation zwischen Geldmenge und am Markt verfügbaren Gütern führen, und damit zu einer Aushöhlung des Geldwertes. Als Lösung wird übrigens auch hier nichts anderes als ein Gremium zur Investitionssteuerung angeboten. Ich möchte mich hier auf die schlichte Feststellung beschränken, daß alle Evidenz gegen die Haltbarkeit dieser Inflationstheorie spricht. Wenn wir als einen wesentlichen Maßstab jeder technischen Investition die Vereinfachung und nach Möglichkeit die Verbilligung wirtschaftlicher Abläufe begreifen, dann erweisen sich neue Technologien letzten Endes als ein Mittel, den Kampf gegen die Kosten und damit einen entscheidenden Inflationsfaktor aufzunehmen. Hier zeigt sich einmal mehr das Dilemma, das einer jeden Stabilitätspolitik innewohnen muß, die – aus welchen Überlegungen heraus auch immer – Investitions-, Forschungs- und Entwicklungsprozesse unterbricht. Die Drosselung und Verteuerung unserer Geldversorgung kommt nicht an der Unterbrechung und Verteuerung unserer technischen Investitionen vorbei. Sie stört damit zwangsläufig in bester Absicht den technischen Fortschritt und die ihm nicht immer, aber doch häufig genug, innewohnenden Möglichkeiten der Kostensenkung. Ganz sicher ist nicht jede Investition technischer Fortschritt. Technische Entwicklung läßt sich aber nur durch Investitionen realisieren, und mit Sicherheit gedeihen Forschung und Entwicklung am besten in einem Klima der Kontinuität. Sie sind am meisten betroffen von den härteren Ausschlägen einer unausgeglichenen oder auch nur beunruhigten Wirtschaft. Sie werden aber unmöglich – und hier liegt des Pudels Kern –, wenn der Geldwert verfällt, wenn die Stabilität abgebaut wird. Dann wird das monetäre Schlußlicht jeder technischen Entwicklung aufleuchten. Unser Dilemma ist also ohne Alternative, es sei denn, wir entwickeln eine Technik, Inflation im Keim zu ersticken.

Und noch ein Wort zur dritten Frage: Geschieht genug für die kleinen Erfinder, die zu allen Zeiten Großes für die technische Entwicklung geleistet haben? Dies ist eine Frage, die sich nicht zuletzt an unser Bankensystem richtet. Ich glaube, wir können hier eindeutig sagen, daß die Notwendigkeit dieser Entwicklungshilfe besonderer Art im eigenen Lande längst erkannt ist. Die Bank, in der ich arbeite, hat beispielsweise schon seit vielen Jahren durch verschiedene Einrichtungen diesen besonderen Markt gesucht und sich auch an einer europäischen Spezialbank, der European Enterprises Development Company, beteiligt. Die Erfolge allerdings, d. h. in erster Linie die Resonanz auf eine derartige Einrichtung, blieben bislang relativ bescheiden. Dies wird uns sicher nicht von dem im Prinzip als richtig erkannten Weg abbringen. Die kürzlich mit dankenswerter Unterstützung durch die Bundesregierung unter Beteiligung vieler maßgeblicher deutscher Banken erfolgte Errichtung der Deutschen Wagnisfinanzierungsgesellschaft mit der speziellen Aufgabenstellung, in diesem Wirkungsbereich tätig zu sein, stellt einen interessanten neuen Ansatzpunkt dar. Es fehlt also nicht an Institutionen.

Wie weit wird uns nun letzten Endes das Geld fehlen, wo sind die monetären Grenzen für Sie zu ziehen? Vom Volumen her bleiben unsere Aussagen ungewiß. Die aus der Statistik abgeleitete Hochrechnung bleibt eine ebenso ständige wie unzuverlässige Begleiterin.

Entscheidend ist, daß wir uns in der Verwendung des jeweils verfügbaren Kapitals die Maßstäbe immer wieder selbst bestätigen. Wachstum allein wird uns nicht zufriedenstellen. Wir dürfen aber auch nicht dem etwas modisch verlaufenden Defaitismus etwa des Club of Rome anhängen. Ein dauerhafter Verzicht auf wirtschaftliches Wachstum ist eine letztlich ideologische Vorstellung. Wir können sie uns nicht leisten, weder aus ökonomisch-technischen, noch aus ethisch-moralischen Gründen, wobei ich unsere Verantwortung, etwa für die Entwicklungsländer, durchaus mit einbeziehe.

Entscheidend ist, daß wir unser Wachstum produktiv gestalten, und das heißt, daß wir unsere Mittel in diejenigen Technologien führen, die nach unserer Einsicht höchste Ansprüche gewährleisten. Ein Land wie dieses wird sich von der Realität nie lösen dürfen, daß es sich technisch behaupten muß, daß es sich technisch aber auch nur behaupten kann, wenn es seine begrenzt verfügbaren Mittel rationell einsetzt. Und wir müssen klar erkennen, daß Verschwendung auch in Zeitverlust bestehen kann, in Instanzenwegen und Genehmigungsumwegen. Auch hier werden wir unsere Meisterschaft nur in der Beschränkung, in der eigenen Begrenzung erweisen. Unser Gemeinwesen gründet sich nicht auf Zwang, sondern auf Vernunft; wir sind damit allerdings auch zur Vernunft gezwungen. Unter dieser Perspektive einer kalkulierten Zukunft passen Sie, die Phalanx des technischen Fortschritts, und wir, die finanziellen Ingenieure, die Bankiers, vielleicht gar nicht so schlecht zusammen.

Begegnung von Kunst und Wirtschaft in unserer Zeit

Um es gleich am Anfang zu unterstreichen: Unser Thema umschließt die Aussage eines Optimisten – den Skeptiker mag schon der Leichtsinn stören, mit dem hier zwei weithin als gegensätzlich empfundene Kategorien menschlichen Handelns, nämlich Wirtschaft und Kunst, zueinander in eine Beziehung gesetzt werden, in eine Beziehung überdies, die sich über das distanzierte, von hinreichendem Mißtrauen begleitete Verhältnis der beiden zueinander offenbar hinwegsetzt, um nun auch noch mit der These von der Begegnung die Behauptung vorzustellen, hier verringere sich eine Kluft, hier bewegten sich zwei aufeinander zu – und dies in einer Zeit, in der nahezu alles auseinanderstrebt!

Da man so gute Nachrichten heute von einem Sachverständigen ganz allgemein nicht mehr erwartet, fühle ich mich in der Logik unserer Zeit gut aufgehoben, wenn ich hier als Laie erscheine, dem allenfalls das Herz des Liebhabers den Mut verschafft, vor Ihnen zur Sache zu sprechen. Die Definition, was hier als Wirtschaft, was als Kunst angesprochen werde, soll uns in diesem Kreise nicht aufhalten. Beide sind nur vielgestaltig faßbar. Wenn ich hier aber von Wirtschaft spreche, so denke ich vornehmlich an den Bereich, in dem Menschen industriell und im engeren Sinne unternehmerisch tätig sind.

Vortrag auf der Jahrestagung des *Kulturkreises im Bundesverband der Deutschen Industrie e. V.* in Hannover, 14. Oktober 1973

Auch wenn wir den Zufall in der Geschichte der Kunst und in der Historie der Wirtschaft nicht missen wollen, so macht doch das Zufällige im Wesen der beiden wenig aus. Und so ist auch die hier zu erörternde Annäherung nichts Überraschendes, sondern vielmehr das Ergebnis eines Prozesses von einiger Dauer – eines Prozesses, den wir auf drei Ebenen verfolgen können, nämlich auf einer handwerklichen Ebene, auf der Ebene einer geistigen Beziehung und schließlich auf einer sehr persönlichen Ebene des Zusammentreffens von Menschen, von Künstler und Wirtschaftler.

Auf der Ebene des handwerklichen Prozesses scheinen mir die Dinge übersichtlich: vom Handwerk her kommen sie beide. Den gemeinsamen Boden haben sie nie ganz verleugnen können, auch wenn wir schon lange Abschied genommen haben von der Identität in der Person des Künstlers, des Handwerkers, des Erfinders – einen Abschied, der spätestens unvermeidlich wurde, als die handwerkliche Leistung reif war für den Aufbruch in die Serie, in die Massenproduktion. Der Weg in die Industrie ist eigentlich niemals anders als der Weg fort von der Natur und damit fort von dem ursprünglichen Boden der Kunst empfunden worden.

Ich glaube, wir können die Dinge heute etwas anders sehen, nachdem ganz offensichtlich die technische Kraft dieses Jahrhunderts auch den entscheidenden Maßstab für die Kunst unserer Zeit gesetzt hat. Im Vergleich zu anderen Epochen werden wir das Charakteristische für die Entwicklung der Kunst in diesem Jahrhundert aller Wahrscheinlichkeit nach in ihrer intensiven technischen Beziehung sehen – einer Beziehung, für die zunächst in der bildenden Kunst der Kubismus unmißverständliche Signale setzte und die durch alle Ismen hindurch bis zur Gegenwart den roten Faden der Technik nicht mehr aus der Hand gelassen hat. Wohin wir auch blicken, der Weg führt von der Impression, von der Inspiration hin zur

Analyse der Struktur, zur Konstruktion. Der Forscher, der Erfinder kehrt zurück in die Kunst und scheint die Grundlagen des künstlerischen Handwerks neu zu bestimmen. Die Architekten legen die Schmuckkästen der Königin Victoria und des Jugendstils beiseite und tragen sich ihre Bausteine von Grund auf neu zusammen. Die bildende Kunst, die Musik, das Drama führen Auge und Ohr zurück auf die Geometrie hinter den Dingen, auf die Ecken und Kanten, Winkel und Kreise. Die moderne Kunst selbst feiert sich in Elementen, in Elementarteilchen und materiellen Essenzen als eine Epoche der Erfindung, der Materialverwandlung, der Wiederentdeckung. Dem Künstler steht die Freude einer Reconnaissance, die Freude des Erfinders und Entdeckers, im Gesicht geschrieben. Und die Musik legt am Ende einen achten Schöpfungstag ein, um uns gar neue Töne im Grenzbereich des menschlichen Ohres beizubringen. Es erscheint mir unzweifelhaft, das wir in dem Mann, der bis zu seinem Tode nicht müde wurde, vor unseren erstaunten Augen neue Reichtümer auszugraben – ich meine Pablo Picasso –, vor allem ein Genie der Erfindung feiern werden. In seiner Kunst lebt die Ungeduld des Technikers nach Verwandlung, sein Werk scheint machmal der Fabrik verwandter als der Natur, Raum und Körper erlauben zuweilen die Vorstellung einer industriellen Funktion. Die Kunst wandert von der Komposition zur Montage. Und schließlich werden geradezu zärtlich technische Teile, vor allem jene aus der Frühzeit industrieller Fertigung, in die künstlerische Gestalt übernommen. Die entfremdeten Kinder einer Mutter umschließen sich wieder. Und heute schauen sich Künstler und Ingenieur bei neuen Werkstoffen gegenseitig über die Schulter. Im Mittelpunkt unseres Beisammenseins hier in Hannover sehen wir Kunst und Technik wieder in einer Schmiede arbeiten, ein Versuch, der sicher beide herausfordert und den Künstler nicht nur vor die Frage stellt, technische

Form zu übersetzen, sondern auch Balance zu halten mit der Schönheit und Harmonie dieser oder jener technisch vollkommenen Gestaltung. Man kann unsere Erwartungen an die Begegnung der Handwerker aus den beiden Lagern nicht hoch genug ansetzen, wobei wir nicht übersehen sollten, daß unsere vollkommensten Gebilde, die wir noch in industrieller Produktion herstellen – ich denke an das Schiff, und ich denke auch an das Flugzeug –, letzten Endes immer auch noch Handwerksarbeiten auf der Höhe unserer Zeit sind.

Lassen Sie mich nur einige verwandte Elemente im geistigen Prozeß des Unternehmers und des Künstlers ansprechen:

Beide unterliegen in ihrer Arbeit durchaus vergleichbaren Prinzipien insofern, als sie berufen sind, die Dinge zu gestalten. Wer in unser weithin abgeleitetes Leben hinein neue Formen bringt, neue Wege aufzeigt, veränderte Verbindungen herstellt, der unterliegt unentrinnbar dem Zwang zur Entscheidung. So unerschöpflich unsere Zweifel auch sein mögen, so verworren und unübersichtlich die Gedanken, die Mittel und Wege, am Ende steht das Handeln, das Bekennen, das Verantworten; Kunst und Wirtschaft müssen abschließen können. Da mag der Weg noch interessieren, es zählt die Entscheidung. Hier sind die Gesetze von Kunst und Wirtschaft identisch – die Etude kann nicht übersprungen werden, gewollt ist aber das Ganze, die Komposition!

Dem Zwang zur Tat entspricht das Risiko, das Risiko des Widerstandes, das Risiko der Nichtanerkennung, das Risiko des Versagens. Es spricht viel dafür, daß die Risiken für den Künstler genauso gewachsen sind wie für den Unternehmer, und daß ihm der Mut, aus der Kontemplation herauszutreten, in der Zukunft nicht weniger abverlangt werden wird als in der Vergangenheit, eine Courage übrigens, die die Brutalität gegen sich selbst einschließen muß, sich von dem eigenen Werk abzuwenden, ja es zu zerstören. So haben sich der Künstler und auch der Mann der Wirtschaft an der Sache zu erweisen. Und von der Sache her vereint sie beide Argwohn und Distanz gegenüber allem Dilettantischen, gegenüber den geschwätzigen Amateuren.

Ich meine, diese Gemeinsamkeiten sind bemerkenswert, bedenkenswert vor allem vor dem Hintergrund der sonst so unterschiedlichen Perspektiven von Wirtschaft und Kunst. Der Künstler bleibt der einzelne, der in der Zwiesprache die Begegnung mit dem anderen einzelnen sucht. Er ist der Souverän, und sein Anspruch, an das Vollkommene, das Einmalige, an das von ihm Geschaffene zu gelangen, bürdet ihm die Lasten des absoluten Herrschers auf. Er scheint befreit zu sein von den schwankenden Launen der Wissenschaft, aber in seiner Freiheit der vollkommenen inneren Unabhängigkeit ist die Freiheit der vollkommenen Vereinsamung enthalten. Aus ihr heraus ist er der Bestimmende, auch dort, wo er unverbindlich sein will; als Mitbestimmter gibt er seinen Rang auf.

Wie anders bleibt da unsere Welt der Wirtschaft: in die Unverbindlichkeit werden wir nie entlassen! Wohl selten wird unser Erfolg das vollkommene einzelne sein, wir suchen die Multiplikation, die Serie. Wir leben von der ständigen Wiederholung des Erfolges, von der Verteilung, vom Markt. Die Wirtschaft ist Gruppe, ohne Zusammenarbeit, ohne Team nicht vorstellbar. Ihr Erfolg ist immer Zusammenwirken vieler gewesen. Unsere Kunst ist es, die Vielfalt noch zusammenzubringen, und, eingeklemmt zwischen die Antriebe und Schübe der Wissenschaft, zu überdauern. Und dennoch – auch in diesen Unterschieden gibt es eine Bewegung aufeinander zu: Management, Präsentation, Werbung und das Placement; wer wollte sich hierbei nur auf den Industrie- und Handelsmann festlegen lassen? Es ist immer eine legitime Seite des Künstlers und der Kunst gewesen, Erfolg zu sichern und auch zu vervielfältigen. Auch die *ars multiplicata* heutiger Prägung, die Kunst also, die an den Markt tritt und dort den Konsumenten aufsucht wie andere Wettbewerber auch – sie ist kein Kind allein dieser Zeit. Wir haben künstlerischen Erfolg immer auch numerisch gemessen an der Höhe der Auflage des Buches, der Schallplatte, an der Zahl der Aufführungen im Theater, und damit auch – ärgerlichster aller Maßstäbe – an der vollen oder an der leeren Kasse. Und ungeniert und verräterisch nimmt das Wort Kunstbetrieb davon Kenntnis, daß Kunst auch Serie, auch Umsatz sein kann. Und letzten Endes ist das, was wir eine »Schule« nennen, nichts anderes als auch der Versuch, einer besonderen künstlerischen Leistung – wenn Sie mir den Ausdruck erlauben – eine Provenienz nach Art einer Schutzmarke zu sichern. Eine frivole Vorstellung? Sicher nicht – die größten Maler haben darüber nachgedacht.

Die Milch der frommen Denkungsart allein – wer will sie schon auf die Dauer trinken? Und doch: sie bleibt ein Maßstab; wehe dem Erfolgreichen auch hier – er lebt fortan verdächtigt wie unsereins. Der Deutsche mag die Großen lieber arm, und ein bißchen übel nimmt er es Goethe heute noch, daß er zu allem nun auch noch ein reicher Mann war!

Doch nun zu dem dritten Bereich, der Ebene der persönlichen Begegnung zwischen dem Künstler und dem Mann der Wirtschaft. Wenn Sie meinen Überlegungen über die Annäherung auf der handwerklichen Grundlage, aber auch über gemeinsame geistige Essentialen beim Künstler und beim Wirtschaftler zustimmen, dann liegt der Schluß nahe, daß vor allem der Industrielle in besonderer Weise für die moderne Kunst aufgeschlossen sein mußte. Der Weg der Moderne kam seinem virulenten Interesse an der Entwicklung neuer Formen, seiner permanenten Neugier, seinem auf Progression eingestellten Rhythmus, entgegen. Er ist – richtig verstanden – immer der Progressive, er ist mit Sicherheit sehr viel progressiver, als es so manchem lieb ist. War die Abstraktion für viele ein Hindernis vor dem künstlerischen Erlebnis, so war sie für ihn eher ein Spiel mit Modellen, mit Initialen und Chiffren, für neue Formen und neue Wege.

Die Früchte dieser Kommunikation haben nicht auf sich warten lassen. Wir haben uns daran gewöhnt, künstlerische Erfindung im täglichen Gebrauch um uns herum wiederzufinden. Die Graphik ist aus ihrer kommerziellen Verwendung nicht mehr fortzudenken, sie zeichnet dort heute die Linien und die Farben nach, für die eine Avantgarde vor fünfzig Jahren durchs Feuer gehen mußte. Wir sollten uns aber das Staunen nicht nehmen lassen, das Staunen über die Präzision, über die geistige Brillanz, mit der in der Kunst die technische Entwicklung so oft vorausgeahnt wurde. So gibt es Arbeiten von Kandinsky, die wir nicht mehr betrachten können, ohne zugleich in ein Skizzenbuch, ja eine Regieanweisung für die Raumfahrt zu blicken, und die Welt, durch die Klee wie durch einen Traum zu wandeln schien – nun, wir haben uns in ihr eingerichtet.

Ich meine, daß dieses auf gegenseitige Anregung bezogene Verhältnis des Künstlerischen zum Wirtschaftlich-Technischen eine durchaus beglückende Erfahrung unserer Zeit ist, eine Tatsache, die ihr Gewicht erfährt aus der Vielzahl der persönlichen Begegnungen beider Seiten – Begegnungen, in denen die innere Anlehnung austauschbar wird, und die vor allem für den Künstler die Erfahrung beinhaltet, daß er in der Resonanz seiner Arbeit leben kann. Diese Erfahrung geht über die Vielfalt und Wirksamkeit jedes – auch des finanziellen – Mäzenatentums weit hinaus. Wir sollten es unumwunden aussprechen: Wir sind glücklich über die Breite, ja vielleicht die Einmaligkeit, mit der sich hier in Deutschland Kunst und Wirtschaft in Freiheit begegnen können. Und die Auszeichnung des hier versammelten Kreises besteht vor allen Dingen darin, daß man hier immer mit aller Entschiedenheit Geld und Gewissen voneinander getrennt hat, daß man das Mäzenatische begriffen hat vornehmlich als eine Chance, dem jungen Künstler beizustehen, ihn aufzumuntern, anzuregen, und ihn bei fehlendem Erfolg vor Resignation zu bewahren – nicht etwa als Versuch, ihm einen Weg vorzuschreiben, sondern ihn auf seinem Wege zu halten, ihm die Angst zu nehmen, er könne nur Epigone sein, ihm zu verdeutlichen, daß man auch nach Caspar David Friedrich eine Eiche und nach van Gogh eine Sonnenblume, nach Nolde den Himmel malen dürfe, daß wir alle, jeder auf seinem Gebiet, immer Nachfahren sind. Das ist es, was die Fruchtbarkeit dieser Begegnung ausmacht.

Wir wollen dabei keineswegs übersehen, daß die Vorstellung vom Unternehmer für den Künstler in aller Regel nicht dadurch erleichtert wird, daß er in einem besonderen Spannungsverhältnis einem Unternehmer seines Faches begegnet, dem Agenten, dem Verleger, dem Intendanten, dem Produzenten, dem Kunsthändler, und daß in dieser Beziehung Leistung und Gegenleistung besonders schwer gegeneinander abzuwägen sind, viel schwieriger etwa als in einem industriellen Arbeitsverhältnis. So kann sich für den Künstler die Vorstellung von einem Mißverhältnis, ja von der Ausnutzung seiner Arbeit sehr viel unmittelbarer und gegenständlicher einstellen als in anderen Berufen. Dies gilt heute um so mehr, als die Früchte seiner Arbeit oft in einer Weise der Spekulation auf dem Markt ausgesetzt sind, die zumindest irritieren muß – dies auch dann, wenn der Kunstmarkt damit letztlich freundliche Zeichen setzt, indem er nur den Hunger nach Kunst signalisiert.

Wenn das Verhältnis zwischen Kunst und Wirtschaft heute nicht schlechthin als ein kommerzielles Ereignis erlebt wird, dann verdanken wir das in Deutschland mit

Sicherheit vielen herausragenden Unternehmern, die nicht nur in ihrer Persönlichkeit und ihren Begabungen ökonomische und künstlerische Elemente zur Wirksamkeit brachten, sondern die sich in ihrer Entscheidung für die Kunst und den Künstler durch nichts beirren ließen. Der Heiligenschein ist für den Mann aus der Wirtschaft ein verfehlter Schmuck. Es ist aber gut zu wissen, daß auch deutsche Unternehmer mit Entschiedenheit hinter den verfemten und verfolgten Künstlern gestanden haben, ihre Arbeiten kauften, als andere sie verbrannten, und ihnen im wahrsten Sinne des Wortes über die Zeiten geholfen haben. Unverlierbar für uns die Erinnerung an die Zeit danach, als die Kunst aus ihren Notunterkünften und Verstecken heraus emporblühte, in unser Leben zurückkehrte und erlebt wurde wie die Weihnachtsfeste der Kindheit.

Wird unser Gefühl füreinander Bestand haben? Kein Zweifel: eine Epoche, die Nachkriegszeit, ist zu Ende gegangen. Ihr geht der Ruf nach, ein Wunder an Wirtschaft erbracht zu haben. Die Zeichen für diese Zeit aber, Wirtschaft und Kunst haben sie gemeinsam gesetzt, beide haben in die verwüsteten Provinzen das Leben zurückgebracht. Eine Zeit der Ernte allerdings war es weder für den einen noch für den anderen.

Ein halbes Menschenalter nach der Katastrophe sehen wir die Verluste, die sich nicht überdecken und nicht vergessen lassen, vielleicht schärfer. Und wir erfahren überdies, daß die Zeit wohl beispielloser wirtschaftlicher Erfolge auch Skepsis, auch Unruhe erzeugt hat, ja mehr noch: offene Verachtung für die wiedergewonnene Welt, für die Freiheit, in der sie sich darstellt, vor allem aber für den Inhalt, den ihre Liberalität ausmacht.

Wir sollten uns ein waches Gedächtnis dafür bewahren, von welcher Art die *Intelligencia* war, die zunächst einmal sich selbst in dieser Ordnung nicht gefallen hat, um dann aus dem von Geist und Wissenschaft gewährten

Asyl heraus Fundament und Gesicht des wiedergewonnenen Staates zu denunzieren, seine Freiheit in Verruf zu bringen als ein Angebot zur Überrumpelung, eine Offerte zur Manipulation, um dann schließlich mit einer schon beinahe beneidenswerten Begabung für Simplifizierung und für Klassifizierung unseren Status als Spätphase, unser Leben als Ausläufer und unsere Ordnung als eine Angelegenheit auf Abruf darzustellen. Der Ruf nach Umsturz und Gewalt, vor einem Jahrzehnt als Dummheit abgetan, erscheint heute als ein nahezu etablierter Bestandteil unserer Gegenwart.

Sie werden es mir nachsehen müssen, wenn ich bei der Frage nach der Begegnung von Kunst und Wirtschaft in dieser Zeit die Unruhe unserer Gegenwart deutlich anspreche. Denn diese Unruhe wollen jene, die sich sehr bewußt auf ein ungeliebtes Verhältnis zu dieser Gegenwart eingerichtet haben, in die Krise steuern. Und eben vor diesem Hintergrund haben wir die gestellte Frage zu beantworten.

Lassen Sie mich von den Tatsachen, die wir nicht übersehen können, nur einige hervorheben. Die Lehren vom gewaltsamen Umsturz der Dinge sind eine Tragödie in sich, eine Tragödie der Lehrer, vielleicht eine Tragödie der Schüler. Sie sind in jedem Falle der zeitlich versetzte Widerstand gegen eine Gesellschaftsform, die es in der vorgegebenen Weise jedenfalls heute nicht gibt – daher auch der risikolose Aufruhr im Beginn. Daher das Kokettieren mit dem Untergrund in einer Zeit, in der sich niemand verstecken muß. Eine Tragödie der Lehrer, weil sie den Wandel unseres wirklichen Lebens nicht erfahren haben und blind waren oder auch blind sein wollten für das Mißverhältnis ihrer Thesen zu dem sozialen Durchbruch in unserem Land. Eine Tragödie der Jugend, weil sie um Wissen und Wirklichkeit betrogen wird und statt der sachlichen Information, von der so viel die Rede ist, letzten Endes nur mit dem Drang zur Utopie und erschreckend primitiven Bildern und Vokabeln ins Leben geschickt wird. Hier und dort suchen die Lehrer erschrocken schon wieder ihr Alibi – machen wir uns aber keine Illusionen über das Maß an geweckter Radikalität und an Aufbruchstimmung ins Kollektiv hinein. Zwei Dinge sollen gleichzeitig versucht werden: die radikale Flucht aus der Vergangenheit – die totale Abkehr von der Geschichte –, und der radikale Zugriff auf das Morgen und Übermorgen, die – entsetzliche Wiederholung in wenigen Dezennien! – gefälligst wiederum genauso zu erscheinen haben, wie sich dies unsere neuen Kolonnengeister in ihren Sprechchören vorstellen. Ein überzeichnetes Bild? Wohl kaum. Die Belege sind erdrückend – die Gegenwart gibt hier keine Rätsel auf, denn noch niemals redeten so viele mit so wenig Wissen und so wenig Können, aber so weitreichenden Ansprüchen in unser aller Leben hinein. Über die Totalität des Anspruchs täusche sich niemand, etwa weil er sich nur am Rande beteiligt sieht, solange der Wortschwall nur auf den Politiker, auf den Wissenschaftler, auf die Wirtschaft hereinbricht. Hier ist nichts zufällig. Der vermeintlich geringste geistige Aufwand scheint erforderlich, um die Wirtschaft zu diskriminieren; hier kann man eine ganze Weile ungestraft im Allgemeinen verbleiben und das Bilderbuch der Klassen aufschlagen, in dem sich so ohne weiteres niemand auskennt. Und vor allem: die Ausbeutung – hier ist sie zu Hause!

Die Argumente und der Stil, sie richten sich gegen alle! Das Wort vom Fachidioten war deutlich gegen jeden gerichet, dem nun einmal aufgetragen ist, Kenntnisse zu bewahren, zu entwickeln und weiterzureichen. Gegen sie alle stellen sich diese tauben Moralisten mit nichts Geringerem als zunächst dem Anspruch, daß wir uns alle und vor allem zu schämen hätten, zu schämen, daß wir eine Sache verantwortlich in die Hand nehmen und damit – auf diese Automatik wollen diese Geister nicht verzichten – andere Menschen ausbeuten. Und der Ausweg aus dieser grotesken Szene? Die Überwindung – wie sie sagen – des Systems, oder, klarer ausgedrückt, die Entmündigung des einzelnen. Dies im Namen von Freiheit, Gerechtigkeit und Solidarität, Abschied von der Person als dem Subjekt freier Entscheidung, Abschied von der Persönlichkeit als dem tragenden Element der Gesellschaft, und, wenn irgend möglich, damit auch zugleich Abschied von allem Gewachsenen, Überkommenen in den Kulturen dieses Kontinents. Historische Parallelen fallen schwer. Ein Aufbruch ins Nichts aus einer Zeit ohne Not – Revolution aus Langeweile –, das bringt die Weltgeschichte in Verlegenheit. Ein neues Zeitalter für Enzyklopädisten? Wohl kaum, in dieser Epoche des Ancien Régime gehörte für die Teilnahme am geistigen Leben schon ein wenig mehr als nur ein »Nein«.

Aber eins wissen wir: dies ist kein Spiel an der Oberfläche, es kann kein Zweifel sein, die gegenwärtige Szene wird beherrscht von einer tiefgreifenden Krise. Der Verlust des Vertrauens in das Bestehende ist für viele eine Tatsache, man mag über die Proportionen noch philosophieren – hier entscheidet sicher viel die Perspektive des Betrachters, sein Alter, sein Gefühl für die Norm auf der einen Seite und für die Katastrophe auf der anderen Seite. Nicht mehr im Disput sollte die Tatsache stehen, daß wir es hier nicht mit einer technischen, sondern mit einer geistigen, mit einer moralischen Krise zu tun haben. Technische Krisen lassen sich letzten Endes auf der Ebene der Fachleute beherrschen und durch Eingriffe in die Bedingungen, zu denen wir miteinander verkehren – denken Sie etwa an eine Währungskrise –, in etwa korrigieren. Auch Wirtschaftskrisen, letztlich nichts anderes als überdimensionierte Verluste von Vertrauen in die Zukunft, lassen sich mit einer technischen Methodik angehen. Die Teilhaber moralischer oder geistiger Krisen sind anders geartet. Hier sind die Geister im wahrsten Sinne des Wortes aufgerufen, sich zu scheiden und zu entscheiden. Eine geistige Krise, und diese im besonderen, ist immer eine Krise um die Freiheit und die Toleranzen, die wir uns gegenseitig zugestehen. Sie kann an niemandem vorbeigehen und trifft zentral diejenigen unter uns, die sich täglich aus der Freiheit heraus verwirklichen müssen. Und so ist die Krise um die Freiheit unabwendbar auch die Krise des Künstlerischen, des Künstlers, der Kunst.

Die Frage »Quo vadis« ist für alle gestellt, denn in Frage gestellt ist von allen alles, von der Kunst, von der Religion, von der Philosophie, die Formen und Inhalte des Rechts, der Ökonomie.

Für die Wirtschaft ist die Antwort eindeutig. Dabei ist es nicht so, daß wir den Zweifel etwa nicht kennen. Im Gegenteil: in ihm sind wir erzogen und wir arbeiten in ihm. Die Perspektiven der verbleibenden 25 Jahre dieses gequälten Jahrhunderts können ermutigen, sie können ausgesprochen positiv sein. Wir kennen aber auch die unübersehbaren Gefahren, die sich vor uns auftürmen, wenn uns das Gefühl verrät – und hier genügt das Gefühl –, daß eine gesicherte Grundlage für das Planen und für das ökonomische Streben nicht mehr besteht. Hier können die maßlosen Forderungen der Unvernunft das Maß des Vernünftigen durchaus verändern. Und hier kann die Krise von Wirtschaft, Gesellschaft und Kultur ineinandergreifen.

Wenn wir uns aber in einem verläßlich sicher sind, dann darin, daß das System unserer Arbeit und Zusammenarbeit nach aller Erfahrung und allem Vergleich die vernünftigste Form ist, in der sich der Anspruch des einzelnen auf Beweglichkeit und Wahl seiner Ziele und seiner Ausbildung mit dem Zwang verbindet, daß der Mensch nun einmal arbeiten muß, und daß er diese Arbeit organisieren und teilen muß. Wir weichen dabei den Fragen nicht aus: Wer arbeitet? Wer leitet? Wer hat was zu beanspruchen? Wir lächeln nicht über die Vision von der totalen Gleichheit und Gerechtigkeit. Aber wir haben ein gutes Gewissen, wenn wir uns das Machbare vorstellen, wenn wir immer wieder erfahren, wie der einzelne sein Leben verwirklicht.

Es ist eine unbedingte Rarität in der Geschichte, daß sich zwei Alternativen, unser Weg und die Formel der anderen, so einfach, so plastisch und für jeden Einsichtigen so einsichtig vor uns darstellen. Nicht die Theorie, die Praxis ist hier aufgeschlagen, mitten durch unseren Kontinent hindurch, mitten durch unser geteiltes Land und schließlich auch noch durch die Stadt hindurch, die einmal sein Mittelpunkt war. Der Wandel, die Reform, sie sind unserem System immanent – wir können sie uns leisten. Die Vernichtung aber, die totale Absage an den Menschen und sein Recht, als ein Einzelwesen zu bestehen, verlangen gebieterisch, daß wir hier unser Nein entgegenstellen.

Kann sich nun die Kultur außerhalb des Konfliktes stellen, kann sie im Wartezimmer bleiben? Nun, das kann sie schon vom Begriff her nicht. Die Frage ist wohl eher nach dem Weg des Künstlers in unserer Zeit zu stellen, nach seiner Entscheidung und nach seiner Chance.

Ist ein Zweifel überhaupt erlaubt?

Nun, der Künstler ist in besonderem Maße der Verführung, der Imagination ausgesetzt, daß radikaler Wandel, in welcher Richtung auch immer, eine fruchtbare Bewegung sein könne, daß jedes Establishment, auch das künstlerische, von Übel sei, und daß Not ihre eigenen Früchte trage. Ja, eine bestimmte, sehr späte Romantik liegt hier bei uns in Deutschland immer ein wenig in der Luft, eine Romantik, in der sich Kunst und Armut in die Arme fallen, in der sich Unglück und Produktivität verbünden. Wären die besten Gedichte Hölderlins nicht ungeschrieben geblieben, wenn er glücklich gewesen wäre mit Diotima? Und sind die Musen nicht freundlicher, wenn der Poet unter dem Regenschirm in der lädierten Dachkammer fabuliert? Und schließlich: Hat die Weltwirtschaftskrise der 20er und 30er Jahre Kunst und Kultur im Wesen überhaupt berührt? Finden wir heute nicht in den Museen der Welt, was damals gemalt wurde?

Nun, die Atempause war kurz, die Apokalypse ließ nicht auf sich warten. Die Kunst saß bald auf der Anklagebank, und Kultur wurde vernichtet, unwiederbringlich, nicht wiederherstellbar, nicht wieder aufzubauen. Unsere Städte sind heute weithin eine Ansammlung von Unterkünften mit Komfort. Ihnen scheint etwas wie die Kraft der Zeugung genommen, es ist etwas vom Eros der Dinge dahin, dem Gotik, Barock, Rokoko, Klassizismus und zuletzt auch der Jugendstil ihr Formenspiel verdanken. Die Kunst, der Künstler, sie haben entsetzlich für das bezahlen müssen, was man auch damals den Aufbruch in eine neue Zeit genannt hat.

Andere Zeiten – neue Illusionen? Wer stellt sich denn hier vor? Diese totalen, elenden Bürokraten auch dieser Zeit, sie können sich einen Spielraum an Freiheit für die Künste nicht leisten. Die Fürsten wollten auch an ihren Untertanen Freude haben, sie adelten Köche und Kammerdiener, und der Hofnarr war eine Versicherung ihres Gottesgnadentums. Wehe denen, die da meinen, die Narrenfreiheit an den Fürstenthronen kehre wieder! Die Herrscher unserer Tage leben nicht in der Furcht des Herrn, aber sie bekommen kein Auge zu in der Angst vor ihresgleichen. Sie mögen von rechts kommen, sie mögen von links kommen: sie schaffen es nicht mit der Freiheit! Ungeliebt, wie sie sind, brauchen sie ständig den Applaus. Sie reden noch von der Kunst für das Volk und von »Kulturpolitik«, aber sie können Kunst und Kultur des Volkes frei nicht ertragen. Der freien Stimme geht schnell die Luft aus, und dem »Kulturschaffenden« bleibt als Gnadenbrot und letzte Erwerbsquelle das Pathos, mit dem der Staat sich selbst feiert. Wir haben es erlebt – die Weltgeschichte hält das ziemlich lange durch. Die Republiken des 20. Jahrhunderts haben dem Künstler ungeahnte neue Risiken auferlegt. Bedarf es des Beweises?

> »Ich kenne zwei führende Übersetzer im besten Alter, die sich als Nachtwächter aufreiben, ich kenne drei Historiker, die im Keller die Zentralheizung bedienen, ich kenne einen Poeten, der nur mit Mühe die Stelle eines Bademeisters bekam, ich kenne einen ausgezeichneten Prosaiker, der Milch austrägt, ich kenne einen anderen, der Portier im Hotel gewesen ist.«

Eine Erzählung? Nein, Pavel Kohuts Brief an seinen Prager Kulturminister, Sommer 1973. Er spricht von der Gesellschaft der Totgeschwiegenen, von seinen ehemaligen Freunden, die gestorben sind, überhäuft mit Orden und Titeln, weil sie mitgeholfen hatten, ihre nicht minder begabten Kollegen und langjährigen Genossen mundtot zu machen.

Wofür arbeitet der Künstler letztlich? Für einen Auftraggeber? Für sich? Für den Fortgang der Qualität? Für die Freiheit? Wer will hier eine summarische Antwort geben! Wenn wir aber an die minimale, unverzichtbare Erwartung denken, mit der ein Künstler leben muß, so ist es doch zumindest die, daß er sich verständlich machen kann. Diese Erwartung an seine Freiheit ist – so glaube ich – selten von einer Zeit so breit und so offen akzeptiert worden wie von der Gegenwart. Von unserer Gegenwart.

In dem Maße nun, in dem wir wissen können, daß der Künstler sich seiner Freiheit bewußt ist, können und müssen wir davon ausgehen, daß auch er den lauten Geistern der Ignoranz, der Intoleranz und letztlich auch der Unfähigkeit entgegentreten wird. Wir müssen uns eine Vorstellung davon machen können, daß dem Ungeist dieser Zeit nun auch aus dem Geist des Künstlerischen heraus geantwortet wird. Nur so können wir hoffen, daß das geistige Leben in unserem Lande, und das ist das Leben mit Andersdenkenden und die Freude eben daran – dem Künstler und uns unverzichtbar, dem Radikalen letzten Endes unvorstellbar –, erhalten bleibt.

Es spricht alles dafür, daß wir uns auch hier mit der Kunst begegnen werden.

Der Künstler ist betroffen durch jeden Aufruf, der Leistung erniedrigt und lächerlich macht. Sein Werk ist ohne Fleiß nicht vorstellbar.

Der Künstler ist betroffen von jeder Philosophie, die uns Geschichte ausreden will, die uns von der Vergangenheit trennen möchte, denn kein Künstler kann das Handwerk, die Lehre, den Meister verweigern. Seine Absage an die Vergangenheit würde ihm den Sinn für die Gegenwart, den Weg in die Zukunft nehmen. Für ihn gilt uneingeschränkt das Wort Platos, daß Lernen Erinnerung ist. Er kann nicht Geschichte ausschlagen, ohne gleichzeitig die Chance zu verwerfen, Leben zu wiederholen. Die Torheit einer Abkehr von der Geschichte – hier wird sie besonders deutlich. Denn in der immer lebendigen Geschichte der Kunst sind die unübersehbaren Reichtümer dieser Erde gestapelt – ein Maßstab zugleich für unsere Armut, wenn wir auf uns allein und unsere Zeit starren wollten.

Und schließlich: Der Künstler ist betroffen von jedem Dilettanten, der sich ihm als Lehrmeister vorschreibt und die Kunst in erlaubte und verbotene Zonen aufteilt.

Behalten wir nur diese drei Dinge im Auge, so sehen wir den Grund für unsere Hoffnung, daß der Künstler berufen ist, die Zeit im Lot zu halten, aus dem Rang heraus, den er einnimmt, aus dem Anspruch heraus, den ihm sein Können, seine Arbeit, verschafft.

Dürfen wir schließlich noch nach dem Rang fragen und nach der Macht der Künste, die Sinne zu wandeln?

Wenn es so etwas wie eine internationale Bewertung

geben kann für das, was einer gilt, so scheint es mir zu den guten Nachrichten dieser Zeit zu gehören, daß sich mit dem Bilde von der Bundesrepublik Deutschland in zunehmendem Maße neben der Vorstellung von einer außerordentlichen wirtschaftlichen Leistung, eines immer noch beachtlichen technischen Könnens, endlich wieder die Kunst als ein entscheidendes Element für die Begabung und Darstellung unseres Lebens in der Welt vorstellt.

Dies gilt zunächst und vor allem für die Musik, für die Kunst, von der Kastner sagt, daß hier der Deutsche seine Ursprünglichkeit besitze und daß letzten Endes jede Kunst, die zu sich selbst kommen wolle, zur Musik strebe. heute eine Ausstrahlung, die über die Grenzen hinaus-Dirigenten, die großen Orchester, die konzertante Arbeit in allen Provinzen, man möchte meinen, in der Musik sind wir uns selbst treu geblieben.

Aber auch die Bildende Kunst unseres Landes besitzt heute eine Ausstrahlung, die über die Grenzen hinausgeht. Es sieht so aus, als konzentrierten sich hier Interesse und Bewunderung auf die herausragenden Talente in Zeichnung und Radierung. Hier scheinen unsere Erzähler heute zu sitzen, hier ist ganz offenbar – etwa in Horst Janssen – so manches Genie unterwegs. Hier wird eine Distanz zu den Dingen sichtbar, die früher jedenfalls nicht so ohne weiteres mit dem so oft besungenen deutschen Wesen in Verbindung gebracht wurde: ich meine das Augenzwinkern hinter der Sache, den Humor, mit dem die Szene gesehen werden kann, den Spaß an den Dingen, mit denen man umgeht. Qualitäten, die durch alle Formen hindurchscheinen. Hier wird deutlich, wie sehr die Kunst in den vergangenen Jahrzehnten Rang und Raum der Freiheit erweitert hat, wie sehr sie die Sinne schärfte für die Vielfalt, mit der man sich in Freiheit bewegen kann.

Und der Sinneswandel? Nun, ich glaube, hier haben

wir geradezu eine Demonstration der Macht der Kunst vor uns. Wir sehen anders, wir hören anders als vor Jahrzehnten – Gesichtsfeld, Sehvermögen und unser Gehör, sie haben sich verändert, nicht nur für den kleinen Kreis der ständig Begeisterten, der berufsmäßigen Seher und Hörer. Ja, es scheint so zu sein, daß wir nicht nur ein anderes Verhältnis zu den einfachen, allerdings oft genug kompliziert arrangierten Formen und Farben gefunden haben, sondern daß sich auch der Zugang zu den gewohnten Bildern und Tönen geändert und – wie ich meine – vertieft hat. Die Werte sind neu bestimmt, und aus der Bewertung sind für unser Sehen das Erlebnis der alten Kulturen Afrikas, Südamerikas und Asiens, für unser Hören die Rhythmen der gleichen Kontinente nicht mehr wegzudenken. Das »Primitive« definiert sich anders als vor fünfzig Jahren.

Wie sieht es nun mit der Sprache aus? Sprechen wir auch anders? Vor allen Dingen: sprechen wir klarer, einfacher? Hier habe ich meine Zweifel. Ich sehe nicht, daß der Literatur etwa die Distanz geglückt ist, mit der sich unsere Musik und unsere bildende Kunst heute präsentieren, und die damit auch dem Risiko entkommen sind, etwa nur deutsch verstanden zu werden. Von Ausnahmen abgesehen, scheint mir für die Literatur in unserem Lande auch heute noch kennzeichnend zu sein, was man früher allgemein der deutschen Kunst nachgerufen hat, nämlich, sie sei eine »verspätete Kunst«.

Die unterschiedlichen Bedingungen für den Literaten liegen auf der Hand: er ist es, der in erster Linie den Verwüstungen unserer Sprache ausgesetzt ist. Er spricht und schreibt in der Sprache eines geteilten Landes, ihm werden die Inhalte und Vokabeln unterlaufen von Ost und West – die Sprache wird ausgewechselt, um mitreden zu können.

Das Ganze umfassen und in der Sprache vermitteln – dies ist heute schwerer als in früheren Zeiten. Ist es überhaupt noch vorstellbar, daß ein Schriftsteller in der Vielfalt zur Realität vordringt? Kann er noch wissen, worüber er schreibt? Es hat manchmal den Anschein, daß der Dichter bei Hofe die Wirklichkeit seiner Zeit und seines Volkes weniger verfehlt hat als dieser oder jener Schriftsteller der Gegenwart. So steht er denn im besonderen in der Gefahr, den Utopisten dieser Zeit nachzuschauen, zumal sich jedenfalls in unserem Lande einige – erlauben Sie mir den Ausdruck – »klassische Spannungsfelder« der literarischen Szene wie etwa Krieg und Frieden, Schloß und Hütte, die Verfolgung, der Hunger, aus unserem Alltag entfernt haben. Dem Anschein nach haben sich die Konflikte verödet; sie müssen heute überdies in Zweieinhalb- oder Viereinhalb- oder Sechseinhalb-Zimmerwohnungen placiert werden.

Ich bin sehr im Zweifel, ob die gnadenlose Feder des heutigen Schriftstellers das Verstehen erleichtert, dem Mißverständnis entgegenwirkt. Heinrich Vormweg hat in seiner Einleitung zu der Ausgabe des Kulturkreises 1972 unter dem Titel »Jemand der schreibt« gesagt, daß der Widerspruch des Schriftstellers eine gesellschaftliche Funktion sei, er sei unentbehrlich als Moralist, vielleicht sogar als Gallionsfigur des Neinsagens.

Nein zu allem? Gewiß ist es für die Literatur unzumutbar, das Anomale etwa normal finden zu sollen. Und selbstverständlich ist Kunst immer auch Streit mit der Gegenwart. Aber darf sich Kunst in diesem Streit erschöpfen? Kann die Betrachtung des endlosen Verlustes ein künstlerisches Prinzip sein? Was bleibt von einem Herzen, das nicht lieben will? Die Philosophie des Nein führt zur Resignation, zum Zynismus, und letzten Endes zum Nein gegenüber der Freiheit, auch unserer Entscheidungsfreiheit, nein sagen zu können, aber nicht ja sagen zu müssen.

»Verfluchtes Volk!
kaum bist du frei,
so brichst du dich in dir selbst entzwei ...«

Dieser Vers Goethes bestätigt sich einmal mehr in seiner bedrückenden Wahrheit.
Wenn wir unser Verständnis von Kultur ableiten wollen aus dem lateinischen Ursprungswort »colere«, also hegen und pflegen, bebauen, ausbilden, tätig verehren, so müssen sich die Neinsager an der Grenze sehen. Es wird einem Kulturvolk schwerlich genügen, zu wissen: wir haben Dichter! Es muß auch die Möglichkeit besitzen, seine Dichter zu kennen, es will bei ihnen zu Hause sein. Das Theater hat wieder einmal erfahren müssen, daß eine Szene, die sich in Permanenz als Tribunal präsentiert, verödet, und daß dieser Welt nicht beizukommen ist mit Revolutionsübungen zwischen dem Eisernen Vorhang und der Proszeniumsloge. Es sieht so aus, als stünden Shakespeare und Schiller wieder ante portas.

Und noch eins: Dieses zerrissene, zerstrittene Land ist nicht immer »ein Land voll Lieb' und Leben« gewesen, aber es ist auch nicht nur ein »Wintermärchen«, es ist auch noch ein Vaterland. Man wird wohl einmal fragen, ob wir in dieser Zeit, in der wir in diesem Teil Deutschlands frei sprechen konnten, etwa an den Herzbeschwerden dieses Landes vorbeigeredet haben.

»Ich hatte einst ein schönes Vaterland.
Der Eichenbaum
wuchs dort so hoch, die Veilchen nickten sanft.
Es war ein Traum.
Das küßte mich auf Deutsch, und sprach auf Deutsch,
(man glaubt es kaum, wie gut es klang)
das Wort: ›Ich liebe Dich.‹
Es war ein Traum.«

Träumen wir heute den Traum Heinrich Heines? Sind wir jetzt alle ausgewandert – des Landes verwiesen?

Unsere Zeit kann Minnesänger nicht erwarten. Sie wird sich um so mehr der einfachen, der unmißverständlichen Form und dem klaren Wort öffnen. Wir können heute in der Malerei, in der bildenden Kunst und auch in der Musik nach aller Abstraktion und Analyse eine zunehmende Neigung zum Naiven, zur Natur, zur Landschaft, zum Lied nicht übersehen, nicht überhören. Trügt die Hoffnung, daß wir es auch in der Literatur einmal wieder mit einer Landpartie versuchen könnten? Der junge Wolfgang Borchert ließ uns in der kurzen Spanne, die ihm zwischen Kriegsende und seinem Tod verblieb, noch wissen, daß eine Injektion Nihilismus oft bewirke, daß man aus lauter Angst wieder Mut zum Leben bekomme. Und wenn es bei den anderen Künsten stimmt mit der Ironie, dem Zwischenraum, mit dem Sinn für Witz, ja einfach für Unterhaltung – sollten wir dann nicht neugierig warten, ob nicht auch in der Literatur wieder die Distanz gelingt und ob die Satire, die Komödie ihre Renaissance erfahren? Vor gut einhundert Jahren faszinierte Nietzsches Vorstellung von der »Geburt der Tragödie aus dem Geiste der Musik«. Dürfen wir uns auf eine Wiedergeburt der Komödie aus dem Geiste der bildenden Kunst einstellen? Vielleicht hilft dabei die Mahnung Nietzsches heute mehr als damals, der Deutsche laufe Gefahr, von seinen Idealen betrogen zu werden, weil er verlernt habe, persönlich zu denken, weil ihn sein Egoismus unfähig gemacht habe, zu lieben, und weil ihm deshalb seine Ideen über den Kopf gewachsen seien. Halten wir es doch mit unseren Ideen einmal so, daß wir auch wirklich in sie hineinwachsen können. Das Wort vom »Lebenskünstler« kommt eigentlich nur in unserer Sprache vor – warum erfüllen wir es nur so zögernd mit einem Inhalt?

Und endlich: auch an die Freude stellen wir immer

noch Ansprüche. Das Deutschland Thomas Manns und Bertolt Brechts, es hat sich mit mehr Elend auseinandersetzen müssen als wir heute. Thomas Mann aber antwortet auf die Frage nach dem eigentlichen Ziel seiner Arbeit: »Ich sage einfach: Freude.« Und Bert Brecht schrieb, in das zerbrochene Deutschland zurückgekehrt:

> »Das untrüglichste Zeichen, daß etwas nicht Kunst
> ist oder jemand Kunst nicht versteht, ist Langeweile.
> Sie ist so heftig wie andernfalls das Vergnügen.
> Die Kunst sollte ein Mittel der Erziehung sein,
> aber ihr Zweck ist das Vergnügen.«

Überflüssig zu sagen, daß hier auch der Schlüssel liegt für alle Wirklichkeit einer Kunst für das Volk. Nur hier kann der Schriftsteller und Dichter das Tor öffnen für alle, damit jeder bei sich einkehre. Nur dann wird er ein Bestandteil seiner Zeit sein, so wie uns dies vom Ende des vorigen Jahrhunderts aus Lübeck übermittelt wird, als eine alte Frau bei Erhalt der Nachricht vom Tode Immanuel Geibels gefragt haben soll: »Wer kriegt nu de Stell? Wer ward nu Dichter?«

Dieses Zitat verdanke ich dem Beitrag von Hans Bender in der Festschrift zu Ehren unseres listen- und ideenreichen Freundes Gustav Stein. Er hat uns hier zusammengeführt. Ihm, dem Siebzigjährigen, salutiere ich hier nicht von ungefähr. Er ist heute – wie eh und je – ein lebendes und lebendiges Stück Begegnung von Wirtschaft und Kunst in einer Haut. Ohne seinesgleichen würden wir uns in Symbolen verständigen, und auch Optimismus braucht seine Fixpunkte.

Ich hatte Ihnen die Aussage eines Optimisten angekündigt, nicht etwa eine fröhliche Rede. Ist Optimismus zulässig, auch für die künftigen Begegnungen von Wirtschaft und Kunst? Ich glaube ja. Wir sehen vor uns den Menschen, die vielen Menschen, mit denen wir zusammenarbeiten. Sie besitzen und erwarten als Frucht ihrer Arbeit, ihres Umgangs mit der Technik, die freie Zeit für sich in einem Ausmaß, wie sie früheren Generationen unvorstellbar war. Es sollte den beiden Welten, von denen hier die Rede war, gelingen, den Menschen in dieser neuen Dimension des Freiseins wieder heimisch zu machen in der unbegrenzten Vielfalt an Phantasie, an Erlebnis, an Leben, das in der Kunst auf ihn wartet. Durch nichts sollten wir uns entmutigen lassen, wenn es darum geht, in der Begegnung von Wirtschaft und Kunst den Menschen an die wohl wichtigste Erfahrung seiner Existenz heranzuführen: nämlich an das Erlebnis, daß das Leben unter den Menschen letzten Endes doch eine gute, eine sehr gute Sache sein kann.